深圳学人文库

Towards High-Quality Development:
Urban Quality Research in the New Era

迈向高质量发展之路
——新时代大都市城市品质建设

张国平 ◎著

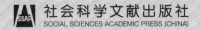

社会科学文献出版社
SOCIAL SCIENCES ACADEMIC PRESS (CHINA)

目 录
contents

第三篇　城市品质建设

第一篇

引言

当前，我国已从"乡村中国"进入"城市中国"时代。传统中国是农业社会，1949年中国城市化率仅为10.64%，到2022年中国城市化率已超过65%，其中，上海、北京、天津三个直辖市城市化率超过了80%，广东、江苏、辽宁、浙江、重庆和福建城市化率在70%~80%，"城市中国"加速到来。同时，中国已经迈入从低收入向中高收入国家发展的快车道。我国已全面进入小康社会，解决了困扰中华民族几千年的绝对贫困问题。2022年，全国GDP超过18万亿美元，人均GDP超1.27万美元，按照此前40年的经济增长速度，到2035年，我国将全面进入高收入国家行列，人均GDP将达到2.4万美元左右。中国百姓也经历了从温饱到小康再到开始追求更美好的生活的过程。《管子·牧民》说："仓廪实，则知礼节；衣食足，则知荣辱。"自进入小康时代起，人们追求的目标就成为迈向更加美好的生活。让人民过上幸福的生活一直是习近平总书记心中最为重要的国家大事。以习近平同志为核心的党中央，专注于解决新时代社会所面临的社会主要矛盾，并明确了解决当代中国发展问题的根本立足点，指出了我们国家新时代的社会主要矛盾是人民日益增长的美好生活需要与不平衡不充分的发展之间的矛盾。这为推动高质量发展、创造高品质生活以及不断满足人民对美好生活的向往，提供了重要的指导原则。应该说，"城市中国""迈向中高收入国家""对美好生活的追求"等因素正在共同塑造着中国城市的发展，"城市中国"中富裕起来追求社会品质的人们共同推动着城市的发展，中国城市开始全面进入以品质推动的高质量发展时代。

第一章 城市品质的基础理论

一 城市品质：一种"以人为本"的城市可持续发展状态

与"城市品质"相关的论述最早出现在美国经济学家加尔布雷斯于1958年出版的《富裕社会》对生活品质（quality of life）这一概念的探讨中，其认为社会的进步既包括经济水平的提升也包括社会服务的进步和文化水平的提高。在20世纪60年代，美国郊区和西南部地区的人口数量迅速增长，其主要原因在于人们开始追求更高品质的城市生活。随着居民财富的增加和流动性的提高，生活质量在影响社会生活方面扮演着日益重要的角色。此外，罗斯托的"经济增长阶段论"和贝尔的"后工业社会理论"，也都论述了生活质量在后工业时代城市转型和城市适宜性提升中的重要作用。这些理论与城市品质研究领域密切相关，为我们的研究提供了有价值的参考。

20世纪90年代，全球化推动西方城市进入后工业时代，在城市由单一工业驱动发展模式转向消费、金融、文化等多元驱动发展模式的背景下，相关领域学者对影响城市发展进程的因素进行了重新审视，城市品质的研究开始回归城市发展的本质，从居民与城市环境之间复杂的关系出发，不但考虑居民生活质量，还充分考虑城市的发展状况，提出并通过相关案例论证城市品质在城市发展过程中具有重要推动作用的观点。Asami（2001）认为宜居城市建设要注重绿地、公园的便捷性，鼓励宜居城市建设照顾弱势群体，包括儿童、老人和残障人士等。Evans（2002）认为宜居城市应保证工作与居住地点尽可能近、工资与房价相匹配、有便捷的健康生活环境设施，并指出城市宜居与个人和环境健康以及安全有关，建议政府建设宜居城市时一定要保持和经济发展相协调。Pacione（2003）提出城市品质主要通过城市生活满意度反映出来，通常涉及社区服务、教育、城市安全、社会治理、生态环境、居住条件、交通网络和气候等若干领域。Clark（2004）提出，物理环境是城市品质的根基，城市知名度、影响力、文化内涵及对大众的吸引力促进了城市品质的形成与变化。

进入21世纪，我国城市化加速推进，也暴露了各种城市问题，国内学者也开始关注城市品质的研究，且研究力度、广度与深度不断提升。吴良镛（1996）认为自然和人类系统是两个最基本的系统，城市是人居环境的重要场景，从自然、人类、社会、居住和支撑五大系统的角度阐释了城市作为人居环境的重要主体的建设原则、内涵，提出居住和支撑系统是满足居民生活需求的基础系统。张文忠（2007）提出宜居城市是指适宜人类居住和生活的城市，其内涵包含自然宜人、生活方便、环境健康、社会和谐、安全和出行便捷六个方面。从产品品质发展演化的角度，徐呈程（2014）认为城市品质是人文环境与自然环境的融合体满足市民多元化需求的一种性质。李康（2007）认为，城市品质涉及的要素主要包括自然资源、社会资源、自然生态环境、人工环境和人文社会环境等，这些要素组成的多元复合生态系统能够在经济社会发展环境及可持续性等方面，适应和满足不同人群的生存、享受现代文明和历史文明、实现个人全面发展等三大需求。

由于城市品质的概念涉及人类生活的各个方面，来自不同学科的研究人员从不同的角度定义了城市品质，经济学家更关注城市品质与城市发展的内生关系，地理学家和城市规划师通常密切关注城市环境的质量，生态学家强调生态系统与人类福祉之间的关系，而社会学家和经济学家则更关心作为主观感受的生活满意度（Jordan et al.，2010）。总的来看，目前学术上对城市品质没有一个权威的概念界定。在城市品质研究领域，国外学者通常从城市发展的角度出发，更多关注城市品质的某一方面，如生活质量、城市宜居性等。而国内学者则更倾向于探讨"城市病"问题，以此为出发点主要形成了两类城市品质理念。第一类理念基于居民角度，认为提升城市品质的核心在于改善城市人居环境、提高居民生活质量，从而让居民拥有更高品质的生活；第二类理念是将城市本身作为研究的对象，强调城市系统及其子系统的高品质发展。这两者并不矛盾，而是体现出人主观感受与客观的物质城市的有机结合。

对比来看，城市品质与城市竞争力的概念也不同。后者是城市发展中的重要动力来源，对其的提升强调从城市政府角度出发，通过增强产业、科技和人文等方面的比较优势，弥补资源和实力的相对不足，形成城市的集合优势和若干方面的领先优势与比较优势。前者则强调品质是不断变化的，着重关注个人需求。因此，城市品质研究者认为城市品质应该彰显城市的活力、独特性、宜居性和规范性。从这个角度来看，城市的发展最终应回归居民的直接体验。提升城市品质的核心应是以满足居民需求为最终目标，同时在外在表现和内涵上实现有机统一。

综上分析，结合相关理论，本书将城市品质的内涵定义如下：在后工业社会和信息社会城市逐渐由生产性城市向消费城市（consumer city）转变的时代大背景下，城市遵循"以人为本"理念，作为人类宜居的可持续发展的现实空间的品质水平。在经济发展的支撑下，提升城市品质的主要目标是提升居民生活质量。因此，城市品质重点关注与城市长远发展和居民品质生活需求相关的生态环境、科技创新、文化休闲等方面的建设，以及城市在规模、质量和品位上是否协调发展，城市品质提升旨在形成可持续的城市发展状态。

城市是人们生活居住的空间和精神家园，城市的品位和质量代表着该城市的品质，一个城市的建筑形式、生活环境、生态景观、产业结构、交通状况决定了其品质的高低；同时，城市的吸引力受到文化氛围、居民素养以及城市管理等多个因素的影响。综合来看，一个高品质的城市应当具备以下特征：充满活力、宜居舒适、独具个性、拥有良好的生态环境，并且具备规范的制度体系。具体如下。

一是具有充足的经济发展活力。城市的经济发展是其命脉，因此经济充满活力的城市自身也必然充满活力。高品质城市应有合理的经济结构，并拥有较高的产业层次。在制造业中应鼓励发展高投入、高产出、高附加值的产业，并建立规范的产业园区，以减少城市与产业对彼此的负面影响。现代服务业在高品质城市中应当发展得十分完善。科技研发、物流交通、商务办公、金融保险、休闲娱乐、餐饮住宿等行业应该齐全，并具有适当的规模，为城市经济发展提供有力支撑，吸引市民，增强商业活力。

二是拥有优良的居住环境。居民是城市发展建设的起点与动力，也是城市发展建设的主体。应为居民提供美好的居住环境，比如在旧居改造、旧居住区环境品质升级、棚户区更新、高品质建设新居住区等方面积极开展工作。同时，高品质的城市应该提供优质的科教文卫福利以及公共服务设施，如公共绿地等，以满足市民日常生活的需求；应当具备完善的交通体系和成熟的市政基础设施，以为居民提供充足且便捷的服务；应有完善的防火防灾等安全保障体系，同时注重城乡和区域功能板块的平衡发展。

三是拥有突出的城市特色。城市特色即城市的个性所在，是城市自己的品牌，比如提到巴黎就想到浪漫，纽约代表了前卫和开放，伦敦是金融之城，威尼斯是水乡，利物浦是足球之城，等等。塑造充满地方特色和人文精神的城市空间，是城市增强和长久维持吸引力与魅力的关键之一。城市品质各要素中历史与文化的传承也占有重要地位，城市应具备独特的文化特质和标识，延续文脉，积淀传统。通过保护和利用两个方面的手段，城市能够展示其丰富的人文精神。在城市建筑方面，应注重打造具有地方特色的建筑，合理布局，赋予建筑适度体量，运用大方的形式以及适宜的色彩，凸显城市的独特魅力，并在历史文化街区、文化名人故居、城市工业遗址、历史建筑等方面形成系统性的宣传材料和展示线路，在城市营销和品牌宣传推广上形成自己的独到之处，使城市的文化魅力和文旅发展深度融合，提高城市人文的对外吸引力。

四是具有良好的生态系统。生态安全是城市永续发展的基本保证，也是人类社会发展的前提。一方面，高品质的城市可以充分利用自身的禀赋优势，持续扩大生态宜居优势，高标准贯彻"人与自然和谐共生"理念，凸显城市独有的自然资源特色，在发展绿色化和环境品质化相统一的生态新格局构建中创造出自己的模式，做到城市生态环境质量走在前列。另一方面，城市建设应与生态基底形成良好互动。在明确的规划范围内进行城市开发建设，确保界限明晰，避免无序建设对生态基底的侵入和破坏。此举有助于充分保护城市的自然环境，包括山体、水体、林地等重要生态资源。同时，对噪声、固体污染物、污水、空气污染等也应当进行妥善处理，以确保城市居民能够享受到优质的生态环境。这种良好的生态互动将为城市品质的提升带来实质性的成果。

五是高效的管理体系。确保城市基本运转有序和高效发展的基础在于建立规范且高效的城市管理体系。高品质的城市应该拥有一批高素质的管理人才，政府系统内应有富有远见的管理者，而城市居民也应具备较高的素质。城市规划应遵循公平、公正、合理和合法的原则，保障规划的有序进行，确保规划编制完善且得到有效实施和监督，以实现城市的精细化管理。同时，智慧化管理手段也应得到完善，新型信息技术及通信技术手段的运用应变得较为成熟，这样可以对城市运行中各个部分核心系统的重要信息进行感知、采集、分析和整理。通过城市智能技术的运用对城市进行管理并为市民提供稳定、精准、高效的服务，使其涵盖公共安全、基础设施服务、环境保护、购物生活、医疗和教育等方方面面，以保障城市的稳定和和谐发展。

二 城市品质时代已经到来

城市品质是自然物质环境品质与社会人文环境品质的有机结合，城市品质的提升涵盖多个方面内容，如城市公共基础服务设施的完善、经济产业的稳定发展、生态环境文明的建设、社会文化的繁荣进步、生活质量的提升以及城市公共管理的科学化等。高品质的城市是将城市美好的外在形象与丰富的文化内涵完美结合的产物。近年来，政府、产业界、学术界等逐步认识到品质城市建设是顺应城市发展趋势的必然选择，也是回应产业发展和产业升级迫切需求的有效方法。品质城市建设不仅是吸引科技人才的有效手段，还体现了城市发展思路逐步从单一聚焦经济增长转向关注民生福祉的转变。城市规划逐渐将城市品质建设作为新的工作焦点，以塑造更具品质的城市形象为目标。

1.提升城市品质是社会经济发展的重要抓手

2022年，我国城市化率已达65.22%，但依然普遍存在城市品质发展不均衡、不充分等问题，具体表现如下，第一，"城市品质整体还不高"，尤其是中小城市基础设施投入不足、功能尚需完善，公共服务设施还不配套，老旧小区改造任务比较繁重，生态环境质量还需提升，促进农业转移人口市民化的体制机制和政策还需健全和完善。第二，"城市经济实力还不强"，中心城市的辐射带动能力不够，部分中西部省会城市的首位度较低（比如，贵州省中心城区人口上百万的城市仅有贵阳和遵义），城镇产业支撑不足，聚集人口和吸纳就业能力不强。

当前要把提升城市品质、做强城市经济内核作为推进新型城镇化的主攻方向和主要任务，作为稳投资、稳增长、稳就业、惠民生的关键举措。党的十八届五中全会上，我国明确了提出了新发展理念，即"创新、协调、绿色、开放、共享"。其中，"绿色"和"共享"理念进一步凸显了我国城市建设由粗放式到质量型、品质化的转型路径。举例来说，在2015年的中央城市工作会议后，以人为核心的新型城镇化已成为城市建设工作的重点，城市品质建设在此背景下得到全方位的推进。以习近平同志为核心的党中央高度重视精神文明建设与城市高质量发展，党的十八大以来，提出一系列新思想、新观点、新论断，推动全国文明城市创建迈向守正创新、提质增效新阶段。"城市是人民的，城市建设要贯彻以人民为中心的发展思想，让人民群众生活更幸福。""城市建设水平体现了一个城市的经济实力、治理理念、市民素质，要坚持不懈抓下去。"（张晓松等，2020）在民生方面，需要进一步加强城镇棚户区、城中村和危房改造，同时提升教育、医疗和养老等设施的建设水平，以改善与提升城市居民的生活条件和生活品质。在文化建设方面，应注重保护和传承城市的历史文脉，着力打造独特的城市特色和风貌，以丰富城市的文化内涵。在生态环境方面，城市建设要以自然为美，积极开展生态修复工作，以恢复城市的绿水青山，改善城市的生态环境和城市居民的健康状况。在做强城市经济内核方面，应优化城市布局和资源要素配置，推进二、三产业的协同发展和产城融合，激发城市的创新活力，培育壮大市场主体，促进创业和就业，不断扩大城市的有效投资和消费需求，增强城市的发展动能。这些举措将有助于推动城市朝着高品质发展的目标稳步迈进。

由此可见，党的十八大以来，特别是在我国城市发展的重要转型过渡期，城市发展正逐步由注重"速度"的增量扩张向注重"质量"的存量提升转变。提升城市品质以满足多样化的人居需求，已成为城市推动社会经济迈向高质量发展的主要目标。在这一过程中，城市品质的研究和改善扮演着关键的角色，其有助于保障城市的可持续发展和人们的幸福生活。

2.建设品质城市是双循环新格局下高质量发展的需要

于2001年12月正式加入世贸组织（WTO）后，我国也开始深度融入全球化浪潮，依托价格低廉的土地、劳动力和原材料等带来的成本优势，以及承接发达国家产业转移与国际直接投资的战略契机，我国的出口总额快速上升，"国际大循环"迅速发展，形成了从国外进口原材料，在国内完成加工后再向国外销售产品的"两头在外、大进大出"的格局。近年来，新冠疫情影响、中美贸易摩擦、逆全球化、地缘政治博弈等仍在持续，世界和中国都已迎来百年未有之大变局，旧格局下的依靠国际消费来带动国内发展的以国际循环为主的模式难以为继，需要转变为新格局下的依靠国内消费促进经济增长的以国内循环为主的模式。

2020年，中央提出了要"构建以国内大循环为主体、国内国际双循环相互促进的新发展格局"，双循环的关键是以国内循环和国内超大规模市场促进产业升级和更高水平的对外开放、促进经济的高质量发展，其要求更高的消费水平和更高的消费品质，这必然要求加快提升城市品质、建设品质城市。同时，双循环新格局下的大城市应该更多聚焦于国际商务、科教、创意以及高端制造业等相关功能空间的供给，与之相对应的是相当一部分的制造业和部分中高价值区段的服务业分工环节可以向低等级和较小规模的城市转移，这符合新时代经济社会和城市发展的内在诉求。在都市圈、城市群空间范畴内实现城市功能和产业的优化配置，不仅有利于提升经济效率和增强城市、区域竞争力，还有利于提高居民生活质量和培育内需，并有利于减少"半城镇化"现象。在这一新格局下，部分大城市将向顶级综合中心城市演化，既有"虹吸"效应，又具辐射能力，中小城市将接受产业转移并迎来专业化功能的进一步增强，这自然也会带动城市品质的提升。

3.提升城市品质是地方城市规划关注的新焦点

经过改革开放后40多年的高速发展，我国东、中、西三大地带的经济发展存在梯度差异，但提升城市品质已成为不同发展阶段城市在社会经济方面共同的工作重点。

在东部地区，北京、上海、深圳、杭州等城市提出了建设"具有世界影响力的中心城市""国际一流的和谐宜居之都"，以及"城市，让生活更美好"等城市发展定位，围绕"质量引领、品质提升、包容发展"理念推进各项民生福祉工程和城市美化工作。在中西部地区，尽管经济发展仍处于政府议程的中心位置，但品质城市建设的地位也日益凸显。武汉以打造经济、城市、民生"三个升级版"为城市发展方向；贵州致力于打造"西部地区重要中心城市"和"全国重要的生态休闲度假旅游城市"；重庆提出建设"四化城市"，即"国际化、绿色化、智能化、人文化"城市，定位上提出"两中心两枢纽"，即国家重要先进制造业中心和西部金融中心、西部国际综合交通枢纽和国际门户枢纽，凸显重庆以制造业推动经济品质提升的决心。成都则提出"西部经济核心增长极、国际性区域中心城市、美丽中国典范城市"的城市目标，全力构建"现代产业体系、创新体系、城市治理体系"。

综观我国各地区重要城市品质建设工作重点，宜居城市建设、民生保障完善、生态环境改善、工业制造业转型和城市治理能力提升等内容已成为推动城市品质提升的主要方向。在这些方面，各城市都在积极探索和推进相关工作，以逐步实现城市发展的高质量目标。

4.建设品质城市是产业发展和产业升级的必然需求

自20世纪中期以来，城市发展已成为全球性的主题。城市化、城市郊区化和再城市化等多种形式并存，竞相发展，世界各地的城市也呈现多元化的发展态势。根据罗斯托的城市发展模型，总体来看，城市发展可以分为六个阶段，包括传统社会阶段、为起飞备条件阶段、起飞阶段、走向成熟阶段、大规模消费阶段和追求生活质量阶段。这六个阶段展示了城市发展的演进过程，每个阶段都有其特定的发展特征和重点。随着城市化进程的不断推进，各个城市在不同的发展阶段都将面临各自的挑战和机遇。因此，了解这些发展阶段对于城市规划和发展决策具有重要意义。

传统社会阶段大部分资源集中在农业经济，生产力非常有限，而进入为起飞备条件阶段后，投资飞速积累，在农业迅速发展的同时向工业化过渡，这两个阶段都可以称为工业化前期阶段，主要特点是城市化水平比较低，农村人口占大多数，城市是农村汪洋大海中零星的小岛，城市的职能主要是行政统治和军事防御，尽管中国也出现过城市繁荣的宋朝，但基本上是昙花一现。这两个阶段主要是人力资源作为发展农业的主力在推动城市发展。

进入起飞阶段，投资率大于10%，生产进步明显，大规模工业推动了城市交通、物流、工厂及机械设备供应链的发展，人口开始大规模向城市聚集，城市开始出现以其主导产业工人为主的阶层，棉纺织、铁路、木材、纸浆、乳制品、钢铁、煤炭等工业得到长足发展；到了走向成熟阶段，投资率开始超过20%，资源配置持续优化，各经济部门共同发展，大部分资源开始投向有一定技术和科技含量的行业，如汽车制造、机械加工、化工、造船和铁路等工业部门。这两个阶段可以统称为工业化阶段，主要特点是城市化水平迅速提升，城市人口逐渐占据主导地位，工业化特别是重化工业的发展成为推动城市发展的动力，不区分性别的低成本劳动力成为影响工业企业区位选择的重要因素乃至决定性因素，哪个城市拥有低成本劳动力哪个城市就会获得发展，这一时期人口作为工业劳动力驱动城市发展。

进入大规模消费阶段，公共服务消费增长，对耐用品等的大规模消费开始崛起；资源多被引入耐用品生产和生活服务普及方面。收入普遍提高，管理者、科研人员及熟练工人占比提升，市民的注意力也从供应转到需求上，从生产转到消费和广义的福利问题上。到了追求生活质量阶段，投资率超25%，城市经济发展重点转变为提供劳务和改善生活质量的现代服务业（包括公办教育、文化娱乐、旅游、市政建设、社会福利）以及高技术产业的持续发展。总体来看，这两个发展阶段也可以称为信息和智能化阶段，重化工业不再是城市发展的宠儿，高新技术产业逐渐成为推动城市发展的产业基础，而高新技术产业诞生所需的各类产业高端要素，包括教育、医疗、科创、交通、人才和科研等方面的良好条件，都只有在高品质城市的建设中才能逐步积累。

5.建设品质城市是聚集科技人才的有效手段

国内几个超大城市都显示出第三产业比重较高且不断提升的特征，2022年，北京市和上海市的第三产业比重均超过70%，第二产业比重分别为15.9%和25.7%；作为"工业立市"的新兴超大城市的深圳，在2008年第三产业比重超过第二产业后，第三产业比重逐步攀升，2022年达到了61.6%。一个城市经济的服务化趋势可能带来鲍莫尔病，即"经济进入以服务业为主的发展阶段后，劳动力不断从创新的制造业部门流入不创新的服务业部门，整个国家的经济增长可能因此出现停滞现象"，这一观点是美国经济学家鲍莫尔1967年提出的，他认为经济部门分为可不断创新的制造业部门和不进行技术创新的服务业部门。后来陆续有学者研究发现，通过提升居民的教育、文化、医疗等服务水平，加快人力资本的积累，提升人力资本的价值等就可以避免鲍莫尔病。换句话说，创新成为城市跨越发展的革命性力量，科技人才的聚集，有利于避免鲍莫尔病和实现长期稳定的经济增长。

科技人才作为人力资源的重要组成部分，具有很强的创新能力，是高端制造业发展的基础。要吸引大量优秀的科技人才涌向城市，必须使城市具备完善的基础设施、高水平的公共服务、公平透明的营商环境以及优越的经济条件。科技人才的聚集是逐渐实现的。群体助长效应在组织行为学中被广泛研究，当一个活动中有其他人参与时，个人会更有积极性并提高工作效率，从而形成人力资源聚集效应。经济学认为，人力资源的聚集会产生经济正效应，促进城市生产要素的聚集，形成规模经济，进一步推动城市经济发展。同时，人才的聚集也促进信息共享和知识溢出，形成一个磁力场，吸引更多优秀人才。然而，人力资源聚集也可能带来一些非经济负面影响。人才可能不适应新的环境，产生文化交流冲突，导致人才联系不紧密，出现惰化现象，影响城市的活力和发展。因此，城市需要创造独特的品质，吸引科技人才，并克服可能产生的非经济负面影响，发挥积极效应。通过提供良好的发展环境、培育创新氛围，城市可以更好地吸引和留住优秀的科技人才，为城市的可持续发展和高质量发展提供有力支撑。

三 城市发展与城市品质提升关键要素

（一）城市发展阶段与驱动城市品质提升的关键要素

1.从工业发展各阶段特征来看，构成城市品质的核心要素转向"创新"

在前工业化时代，城市的核心品质主要由自然区位和政治地位等要素所构成，这一时期城市的发展也与自然区位和政治地位密切相关。而在工业化时代，城市的核心品质要素变为了资本、劳动力和工业原料的集聚、加工和交换能力，以及交通便利程度，等等。这一时期城市的品质主要体现在生产要素聚集和优势产业发展的情况上。进入后工业化时代，城市的核心品质又发生了变化，此时，城市的品质主要表现在与其他城市相比所具有的吸引、争夺和控制转化人才资源以创造价值和占领市场的能力上。城市成为教育、研究与发展的中心，信息的集聚和服务网络的拓展以及城市之间的互动，成为后工业化时代城市的核心品质要素。这一演变体现出城市品质会随着时代的变化而不断转换，不同发展阶段的核心品质要素有所不同，但都反映了城市在不同历史阶段的发展重点和特征（见表1-1）。

表 1–1　不同发展阶段城市的特征及核心品质要素

	前工业化时代	工业化时代	后工业化时代
城市的空间组织形式	地域性，城市主要服务于本地市场，内部均质化	国际化、面向国际竞争，强调专业分工，具有专业分区	网络化，强调城市间的合作及服务网络，呈现多功能分区和多中心的特征
城市的关键功能	生产、军事	市场	创新
城市内的主要部门	农业、手工业、公共机构、传统服务业	工业、专门化工业区	金融、会计、法律、信息等高层次的服务业
城市合作网络	无合作，城市是一种等级网络，主要由区位和规模决定	出口基地决定经济增长，城市通过劳动分工建立合作网络	城市通过经济、科技、基础设施等全方位的合作，建立起面向全球获取资源的综合网络和创新、服务网络
城市的政策目标	权力和形象	内部效率	外部效率/吸引力
象征、标志	宫殿、教堂、市场	烟囱、摩天大楼	机场、市场
城市核心品质要素	政治地位、自然区位	资本、劳动力和工业原料的集聚、加工和交换能力，以及交通便利程度，等等	信息的集聚和服务网络的拓展、城市之间的互动

2. 从经济主导部门变化规律来看，城市品质提升驱动力转向现代服务业和高新技术产业

罗斯托的城市发展模型着重强调了物质积累和确立主导产业部门对区域经济增长的重要性。在城市发展的六个阶段中，在起飞阶段，城市着重发展社会经营资本和现代农业，并加强出口业务发展，以推动经济的现代化转型。这一阶段旨在实现经济结构的调整和产业的升级，为城市的工业化奠定基础。而到了追求生活质量阶段，城市的重点任务转向了促进新兴主导产业部门的技术进步和发展。在这个阶段，城市努力提高人民生活质量，推动经济更多地关注人民的幸福和福祉。罗斯托的城市发展模型充分反映了城市发展的阶段性特征和重点转变过程。通过逐步推进现代化和技术进步，城市不断迈向更高质量的发展阶段，并更好地满足居民的需求和期望（见表 1–2）。

表1-2 罗斯托的城市发展模型

发展阶段	主导部门	投资	社会结构	典型城市
传统社会阶段	大部分资源集中在农业经济	生产力有限	等级社会：家庭和宗族关系在社会组织中发挥主体作用	19世纪之前的绝大多数地区
为起飞备条件阶段	在农业迅速发展的同时向工业化过渡	投资飞速积累	过渡性社会：传统宗族社会开始瓦解，基于经济分工的城市社会结构开始形成	19世纪的荷兰鹿特丹，英国格拉斯哥、曼彻斯特等
起飞阶段	棉纺织、铁路、木材、纸浆、乳制品、钢铁、煤炭等工业	投资率大于10%，生产进步	大规模工业推动了城市交通、物流、工厂及机械设备供应链的发展，人口开始大规模向城市聚集，城市开始出现以其主导产业工人为主的阶层	19世纪末的英国曼彻斯特、利物浦等
走向成熟阶段	各经济部门共同发展，大部分资源开始投向有一定技术和科技含量的行业，如汽车制造、机械加工、化工、造船和铁路等	投资率超开始超过20%，资源配置优化	农业人口占比降到20%，办公人员和半熟练工人数在增加，工人收入、福利、眼界和劳动技能都在提高；粗放式管理开始转向机构化管理。面临福利不足不均等问题	20世纪40年代的德国鲁尔区、英国曼彻斯特
大规模消费阶段	公共服务消费增长，对耐用品等的大规模消费开始崛起；资源多被引入耐用品生产和生活服务普及方面	投资率超20%，资源配置优化	收入提高；管理者和科研人员及熟练工人比重增加。市民的注意力也从供应转到需求上，从生产转到消费和最广义福利问题上	21世纪20年代初的深圳、上海等
追求生活质量阶段	城市经济发展重点转变为提供劳务和改善生活质量的现代服务业（包括公办教育、文化娱乐、旅游、市政建设、社会福利），以及高技术产业发展	投资率超25%	收入较高，管理、研发和高级技工类人才占比较高，市民对消费、文化、环境等方面的生活品质有追求	21世纪20年代初的美国奥斯汀和纽约、日本东京、新加坡

3.从科创成长路径来看：科技创新正成为城市品质的重要标志

国际咨询机构和科研机构通过大量数据分析，发现传统国际大都市正在加紧谋划和建设全球科技创新中心。这反映了在全球城市体系中，科技创新正成为城市品质的重要标志。那些全球综合实力靠前的城市通

常拥有着强大的科技创新实力。在全球化与世界城市研究小组及网络
（Globalization and World Cities Study Group and Network，GaWC）发布的世
界城市排名中，全球排名前20的城市几乎都属于枢纽型及更高级类型的创新
城市，而排在全球前10名的城市都是支配型的创新城市。这说明，以科技
创新推动全球城市发展已经成为世界城市发展的普遍趋势。这些城市之所以
能在全球舞台上脱颖而出，主要是因为其强大的科技创新能力。科技创新使
城市能够在经济、科技、文化等多个领域保持领先地位，吸引全球优秀的人
才和资源聚集。这些城市不仅具备雄厚的经济基础和良好的创新生态，同时
还能为居民提供高品质的生活和公共服务。因此可以说，全球城市竞争已经
进入以科技创新为核心的新阶段。城市必须增强科技创新能力，积极打造科
技创新生态，吸引创新人才和企业，不断推动城市的创新发展，以适应全球
城市发展的新趋势。科技创新将继续成为衡量城市品质和综合实力的重要指
标，全球城市将在这一领域不断竞争，实现更高水平的发展。

一是驱动类型决定城市品质提升的路径。一座城市成长为高品质的科技
创新中心的路径，受到其具有的不同内驱力的影响。驱动类型有三种：政府
扶持型，典型的如中国台湾的新竹、新加坡、德国的德累斯顿，强调政府基
于城市自身的优势以及对市场和技术的未来的精准判断，引导资本发挥对创
新的推动作用；市场导向型，是早期用以劳动力、土地和广阔市场等为主的
成本要素换取技术，通过产业转型升级推动城市品质不断提升，典型的是中
国的深圳、佛山和东莞，印度的班加罗尔等人口众多、经济增速较快的新兴
市场国家的制造业强市；大学驱动型，其聚集了世界一流的大学和众多科研
机构，知识、信息和技术优势明显，通过各种机制引入具有冒险精神的技术
企业家，构建起科技创新和商业化、市场化之间的成果转化桥梁，从源头创
新和基础科研出发，以世界最前沿技术引领城市发展（见表1-3）。

二是科创驱动城市品质不断提升。可以根据城市发展状况将其科技创新
中心的成长划分为五个阶段（见表1-4）。

目前，全球高端生产要素和创新要素正快速向亚洲转移，全球科技
创新中心呈现由西向东的演替趋势。亚太地区，尤其是作为亚洲第一大
国家和世界第二大经济体的中国，具备丰富的资源和广阔的市场，更有

表1-3　不同驱动类型城市的品质提升路径及其要素和特点

驱动类型	品质提升路径	要素和特点	典型城市
政府扶持型	豪赌 （Heroic Bets）	重点是政府在科创中心成长初期的关键性引导作用； 在很大程度上取决于政府的战略性判断和投资行为	中国台湾的新竹、新加坡、德国的德累斯顿
市场导向型	不可抗拒的交易 （Irresistible Deals）	用以劳动力、土地和广阔市场等为主的成本要素换取技术	班加罗尔、深圳、佛山和东莞
大学驱动型	知识绿洲 （Knowledge Oases）	聚集世界一流大学或者科研机构，知识、信息和技术为优势资源； 引进一批具有冒险精神的技术企业家，以便架起科技创新和商业化、市场化之间的成果转化桥梁	美国硅谷

表1-4　城市科技创新中心的五个成长阶段

成长阶段	阶段特征和要素变化	举例
初生的溪流 （Nascents）	"创新种子"在一个城市被播种，经历孕育后破土发芽，虽然该城市只有极少量创新产品出现，但这意味着这座城市已经开始向科技创新中心迈进	19世纪的利物浦
涌动的热泉 （Hot Springs）	一个规模较小但在快速成长的创新中心，它成功地集聚了以科技劳动力和资本为代表的创新资源。"涌动的热泉"中绝大多数创新依赖于个别大公司，其仅有的创新资源都集中于某一部门或产业，其中也只有少数技术可以走向世界前列	21世纪20年代初的深圳
汹涌的海洋 （Dynamic Oceans）	科技创新中心发展的鼎盛阶段，拥有多样化的产业系统、完善的基础设施和丰富的人力资源，吸引众多国外大型公司入驻，并且由于技术溢出效应，新的创新在邻近地域或相似产业上产生，初创企业得到较好的发展	硅谷和东京
平静的湖泊 （Silent Lakes）	与"汹涌的海洋"相反，新兴的科技创新中心如果在一段较长的时间内多依靠早期孕育的大企业，就极可能因形成低成长性的创新生态系统而给自己风险，多数科创资源聚集在既有的几个行业类型，失去秩序的竞争环境可能导致创新资源的使用效率较低，甚至是浪费	伦敦
萎缩的池塘 （Shrinking Pools）	代表着科技创新中心消极发展的"恶果"，当一个创新中心失去了其创新领域或者增加创新企业的持续性动力，创新资源也会逐步流失，这将直接导致其逐步淡出全球创新网络以及其创新成果的制造业转化失去活力	—

潜力成为孕育科技创新中心的重要地区。高端创新要素的东移成为全球创新格局的重要发展趋势，为亚太地区打造全球科技创新中心、建设更具全球品质的城市提供了机遇。中国孕育世界级科技创新中心的潜力主要来源于城市圈和城市群，中国要打造自己的科技创新中心，可以依托其发达的城市群，特别是长江三角洲、珠江三角洲和京津冀这三大城市群，这些地区集聚了大量高校和先进研发机构、顶级科创公司以及众多研发人员，为科技创新驱动城市的高质量发展奠定了坚实的基础。在全球科技创新竞争中，中国的科技创新中心正在崛起，其城市群拥有巨大的科技创新潜力。随着科技创新的不断推进，中国的城市品质将不断提升，为全球城市发展做出更大的贡献。同时，高端创新要素东移也为中国城市在全球科技创新舞台上扮演更重要的角色提供了机遇和挑战。要抓住这一历史机遇，充分发挥科技创新的驱动作用，推动中国城市向更高层次迈进，实现高质量发展。

（二）城市定位与驱动城市品质提升的关键要素

城市定位不同，对城市品质要素的要求也会存在差异。例如，在日本大阪城市圈中，大阪、神户和京都等几个主要城市都有各自独特的定位和核心品质，这是基于它们自身的区位、资源、人文和历史等因素，结合与周边城市的协同关系而形成的。大阪作为城市圈的商业核心，其定位为"商业的大阪"，是日本著名的商业中心，拥有繁荣的商业活动和发达的商业街区，是全国重要的经济和商业枢纽，其地理位置优越，港口发达，为商品的流通和交换提供了便利，成为日本的经济中心之一；大阪的商业氛围和商业设施吸引了众多企业和投资者，形成了其独特的商业核心品质。神户是大阪城市圈的港口城市，在城市圈中的定位为"港口的神户"，神户港是日本重要的国际贸易港口，拥有优越的海运条件，是重要的进出口门户，其区位和港口资源赋予了神户在国际贸易和物流领域的重要地位；同时，神户也以其美丽的港口景观、历史文化和多样化的国际交流而闻名，形成了独特的港口城市核心品质。京都作为大阪城市圈的文化中心，定位为"文化的京都"，是日本历史悠久的古都，拥有丰富的文化遗产和历史名胜，被誉为日本文化的代表，京都保留着许多古老的建筑、庙宇和传统文化，吸引着大量的游客和文化爱好者，其独特的文化氛围和传统价值赋予了京都作为文化中心的核心品质。这三个城市根据自身的特点和优势，形成了不同的核心品质，相互之间的协同合作也为整个大阪城市圈的综合发展做出了贡献，通过发挥三座城市各自的独特特色优势，大阪城市圈能够在商业、港口和文化等方面形成协同效应，进一步提升城市圈的整体品质和综合实力。

第一，从城市的总体功能来看，城市定位分为全球城市、世界城市、知识城市和创意城市，每一种定位下其品质提升关键要素是不同的（见表1-5），这也造成了城市发展方向和其背后的驱动力的区别。

表1-5 不同的城市定位（根据总体功能分类）与城市品质提升关键要素

城市定位	城市品质提升关键要素	典型城市
全球城市	在商品市场掌握绝对优势，具有进行中央管理和集中服务的双重功能	纽约、伦敦和东京
世界城市	政治权力中心； 国家贸易中心； 各类专业人才集聚中心； 资讯汇集与传播中心； 人口众多，并包含相当比例的富有阶层； 娱乐业成为城市的一项主要产业； 集聚众多重要的国际经济组织； 专业与服务导向的企业（金融、财务企业等）成为产业主体； 占据产业链中生产与创新的领导地位； 拥有广阔商品与创新市场	巴黎、法兰克福、阿姆斯特丹、苏黎世、中国香港、新加坡、北京、圣保罗
知识城市	作为传播工具基础的信息科技发达，图书网络完善市民信息素养、文化参与率（读图书阅报率、文化设施利用率）、文化素养（多元公民文化、文化艺术教学方面）高，文化活动丰富，等等	巴塞罗那
创意城市	科技发达、氛围包容、人才充足； 技术标杆指数、综合多元化指数、同性恋指数、科技成长指数、熔炉指数、波希米亚指数、人才指数较高	波士顿、西雅图

第二，从贸易集群、创新、人才、基础设施、治理五大要素来看，相关国际科研机构对全球经济体量超过1000亿美元、人口超过800万人的超120个大中城市进行分析，将其定位划分为七种类型（见表1-6）。

表 1-6　不同的城市定位（根据五大要素分类）与城市品质提升关键要素

城市定位	城市品质提升关键要素	典型城市
国际巨擘城市（Global Giants）	1.国际顶尖的经济和金融中心，也是最重要的国际都市。 2.集聚着大量的企业总部，是全球最大发达经济体的指挥和控制中心。 3.经济结构呈现高度服务业化特点	纽约、洛杉矶、伦敦、巴黎、东京、大阪-神户
亚洲支柱城市（Asian Anchors）	1.亚洲还在不断成长的老牌经济中心。 2.经济输出能力比国际巨擘城市要低，但吸收外国直接投资的能力让它们在世界上成为较有品质的城市。 3.发展和崛起与亚洲经济的快速发展密切相关，使得相关城市成为国际投资的目的地，进而拉动基础设施与劳动力技能等方面的本土投资	香港、新加坡、首尔-仁川、上海、北京、莫斯科
新兴门户城市（Emerging Gateway）	1.服务于主要国家和地区市场的全球性商业和交通大型门户。 2.与国际门户的连通能力突出。 3.外国直接投资（FDI）规模排名比较靠前	墨西哥、圣保罗、里约热内卢、伊斯坦布尔、孟买和约翰内斯堡等
中国制造中心（Factory China）	1.中国的二、三线城市，发展依赖于外向型制造业与国际经济往来。 2.对于制造业有巨大的依赖。 3.商业、金融业与专业服务业发展相对滞后。 4.经济多样性的缺乏使得这些城市在FDI流动、风险资本、国际旅客等维度表现不佳	东莞、佛山、福州、无锡、温州、郑州等
知识中心（Knowledge Capitals）	1.欧美中等规模的具备高层次知识创新能力的创新中心。 2.具备高技能劳动者与高水平研究型大学，堪称最具经济效率的城市典范。 3.知识要素的应用转化具有优势，与其他发达国家城市之间在经济发展效率方面的差距正在不断拉大	费城、旧金山、西雅图、苏黎世等
美国中流城市（American Middleweights）	1.美国中型都市区，涵盖那些正通过与世界经济接轨不断成长的城市。 2.经济结构以非贸易性产业为主导产业。 3.在出口导向的产业领域也有一定的专精方向。 4.在研究型大学方面仍然拥有优势	迈阿密、克利夫兰、底特律、匹兹堡等
国际中等都市（International Middleweights）	1.澳大利亚、加拿大、欧洲的中等规模城市。 2.集聚全球人流与投资流，但金融危机后发展仍受到影响。 3.是最具多样性的大都市经济体。 4.具备多样化的贸易相关行业，在知识性服务业、先进制造业方面具备优势。 5.具有对全球人群与资本流量的承载能力	布鲁塞尔、鹿特丹-阿姆斯特丹、慕尼黑、悉尼等

基于上述研究结果，可以将我国城市根据城市品质提升机制大致分为三类：门户型城市、节点型城市和两种机制兼备的城市（见表1-7）。

表1-7 根据城市品质提升机制划分的我国城市类型

城市类型	城市品质提升机制	典型城市
门户型城市	1.改革开放之后，由于国家选择性地融入全球生产和贸易网络，选择一部分地区先进行制度变革、通过优惠政策先开放一些城市和地区，吸引了跨国公司的入驻和投资。 2.受益于早期的改革开放，桥梁作用明显，一般依托于港口或者开发区、工业园区，承接发达国家和亚洲四小龙的产业转移，依赖外资和出口贸易快速发展起来，这类城市的外向性很强，对出口、实物贸易很敏感	5个经济特区、14个沿海开放城市以及后来的沿海经济开发区所包含的城市，如大连、青岛、苏州、宁波、佛山、东莞等
节点型城市	1.作为计划经济时代的各级政治中心，本身集聚了众多权力、资源和功能。 2.改革开放初期，这些优势由于制度和客观条件的阻力难以发挥。改革开放前20年被门户型城市抢了风头。 3.随着中国在世界经济中地位的提升、国内市场一体化的不断深入、改革开放的空间转移和纵深化，这类城市所集聚的权力被逐渐释放出来，在城市网络中的节点作用开始发挥，逐渐缩小与门户型城市的差距，强化了本身的比较优势	沈阳、南京、杭州、济南等
两种机制兼备的城市	第一种（北京和广州）：节点型功能强于门户型功能。 1.改革开放早期与世界经济对接时，对外经济指标不如同期的上海，其中北京还缺港口、保税区和自贸区等平台。 1.北京的服务经济发达，吸引跨国公司入驻优势显著，是世界500强总部最多的城市，这是由其首都的地位决定的。 2.广州是弱化版的北京、华南地区较大的区域中心，但在与世界经济的对接上已逐渐弱于深圳。 3.广州在改革开放初期是典型的门户型城市，但随着深圳崛起和中国改革开放重点不断从华南向北方、从沿海向内陆转移，广州的先发优势已经不明显，所以它的门户型发展机制被破坏，目前保留下来的是作为中国的商贸和物流中心的优势	北京、广州
	第二种（上海和天津）：门户型功能强于节点型功能。 1.上海是加强版的天津。两者都属于近代迅速崛起的城市，分别成为全国和北方的经济中心。 2.上海和天津的复兴得益于浦东新区和滨海新区的开发开放，外向性较强，得到建设港口、沿海开放城市、保税区和自贸区的批复在全国都较早，这属于门户型发展机制的特征。 3.上海在全国城市网络中、天津在北方和区域城市网络中，节点功能的发挥受制于北京	上海、天津

续表

城市类型	城市品质提升机制	典型城市
两种机制兼备的城市	第三种（深圳）： 1.改革开放示范城市，我国经济规模越大、对外沟通动机越强，深圳门户型城市功能就越需要继续强化。 2.深圳门户功能不仅包括实物贸易的流动，也包括金融和服务的跨境流动，是中国香港制度门户功能向内地的一种延伸。 3.经济总量全国前三，已建立各种全国性功能平台（深交所、前海合作区等）、各种全国领先民企的总部，已是全国性节点城市，因此门户型和节点型机制对深圳发展都很重要	深圳

没有城市是靠单一发展机制发展的，两种发展机制之间是相辅相成、互相制约的，不同城市在不同的发展阶段可能依赖于不同的发展机制。改革开放初期，在中国经济还比较弱的背景下，外向度高的门户型城市发展比较快；而目前中外之间的局势已经发生了变化，在中国飞速发展、互联网和高铁时代来临的背景下，城市网络中的节点型城市作用明显，表现出比较好的发展势头，如北京、深圳、南京、杭州，以及一些中西部省会如郑州、武汉、成都等，而传统型门户城市则后劲不足。

因此，要确定一个城市品质提升的关键要素，必须结合城市的发展阶段、战略定位综合考虑。

第二章 大都市城市品质提升规律与启示

"大都市"这一概念最初由苏格兰城市规划师格迪斯于1915年提出，关于国际大都市的定义目前学界还没有形成一个公认的标准，不过有几种代表性的解释和定义。一种定义以英国地理学家、规划师彼得·霍尔的观点为代表，认为国际大都市应该对全球或大多数国家具有明显的经济、政治和文化影响。其特征包括：①通常是主要的政治权力中心；②是国家的贸易中心；③是主要银行的所在地和国家金融中心；④是各类人才聚集的中心；⑤是信息汇集和传播的地方；⑥不仅是大的人口中心，而且集中了相当比例的富裕阶层人口；⑦随着制造业贸易向更广阔的市场扩展，娱乐业成为其另一种主要产业部门。另一种定义来自美国学者米尔顿·弗里德曼提出的七项判定一个城市为世界城市的标准：①是主要的金融中心；②是跨国公司总部所在地；③是国际性机构的集中地；④第三产业产值高速增长；⑤主要制造业中心（具有有国际意义的加工工业等）；⑥是世界交通的重要枢纽（尤指港口与国际航空港）；⑦城市人口达到一定标准。

在国内，对大都市的研究兴起较晚，但随着世界经济一体化进程的加快和国内城市发展的重要性日益凸显，对大都市的研究逐渐兴起。在20世纪90年代，我国掀起了大都市研究的热潮，许多城市纷纷提出要建设大都市。国内学者对大都市的定义主要从经济实力、交通、信息化、基础设施、城市功能、依托区域、国际开放度等方面入手。顾朝林和张勤（1999）认为，大都市即指在现代经济体系高度发达和其中各区域紧密联系的基础上，在本国或者区域中具有中心地位的现代化城市，而世界城市和国际性城市是大都市在国际化进程中达到不同阶段时的形态，其中世界城市是其达到最高阶段后的形态。周一星（2002）在《新世纪中国国际城市展望》中提出，如果用金字塔来表示世界城市体系，处于顶端的就是国际城市，并主张将国际城市的最高等级称为世界城市。总体来看，国际大都市并没有一个固定的定义，不同学者从不同角度出发，对其特征和标准进行了不同的解释。无论是国际大都市还是国内大都市，其核心特征都在于在现代经济体系中具有重要地位，是现代化城市，拥有较强的经济、政治、文化等综合实力，对周边地区乃至全球产生广泛的影响。

归纳来看，大都市通常指那些具有较强经济实力、优越地理位置、强大的服务功能，拥有一定数量的大公司和金融总部，产业高度发达，并对周边地区甚至整个国家或全球的经济产生巨大影响的城市，这些城市在全球和国内的经济、政治与文化领域都具有重要的地位和影响力。由于其综合实力和对周边地区的辐射作用，大都市通常成为吸引人才、资源和投资的重要枢纽，也是创新和科技发展的重要驱动力。而且，研究发现，国内GDP超过万亿元的城市（简称"万亿级城市"）往往在经济实力、产业体系、交通基础、信息网络发达程度等方面已经具备了成为大都市的条件。因此，本章选取2019年底（新冠疫情暴发前）为时间节点，将当时GDP超过万亿元的17个大都市，按照行政级别与经济权限分为如下四类。直辖市：北京市、上海市、天津市、重庆市。省会城市：广州、成都、武汉、杭州、南京、长沙、郑州。计划单列市：深圳、宁波、青岛。地级市：苏州、无锡、佛山。本章将从经济发展、要素聚集、公共服务等的特征入手对其进行定量分析，找出驱动城市发展的共同因素，以探寻其对国内大都市走好高品质城市发展之路的启示。

一　城市品质提升历程对应的阶段特征

（一）总体上处于工业化中高级阶段

1. GDP达到万亿元时城市人均GDP均已达到工业化高级阶段水平，但内部差异比较大

由经济学家霍利斯·钱纳里（Hollis Chenery）在20世纪60年代提出的钱纳里经济发展理论，旨在解释不同国家和地区在经济发展过程的不同阶段和特征，认为经济发展可以分为初级产品生产阶段、工业化阶段和发达经济阶段。其中，工业化阶段又分为初级、中级、高级等三个阶段；发达经济阶段又分为初级和高级等两个阶段。每一阶段与一定范围的人均GDP相对应（见表2-1）。

表 2-1　钱纳里经济发展理论：人均 GDP 与经济发展阶段关系

单位：元

经济发展阶段		人均 GDP（1970年人民币）	人均 GDP（2013年人民币）
初级产品生产阶段		344~689	5566~11126
工业化阶段	初级阶段	689~1378	11126~22259
	中级阶段	1378~2757	22259~44512
	高级阶段	2757~5169	44512~83464
发达经济阶段	初级阶段	5169~8271	83464~133549
	高级阶段	8271~12407	133549~200320

注：按1970年人民币计算数据来自钱纳里等（1989）；按2013年人民币计算的数据由笔者根据1970~2013年美国的通货膨胀率折算。

成为万亿级城市时前述17个城市从人均GDP水平看已经进入工业化高级阶段。

第一，直辖市中除重庆外GDP突破万亿元当年的人均GDP普遍高于同期省会城市（除广州外）水平。2006年，上海于GDP突破万亿元大关，人均GDP为55615元；次年，北京GDP也突破万亿元，人均GDP达到61470元；2011年，天津与重庆GDP同年突破万亿元，人均GDP分别为86377元和34627元（见图2-1）。

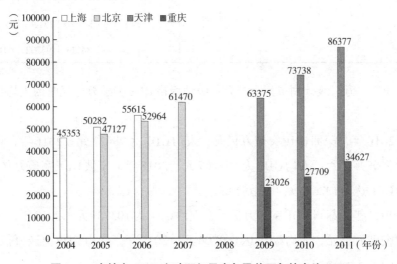

图 2-1　直辖市 GDP 突破万亿元当年及前两年的人均 GDP

第二，万亿级省会城市GDP突破万亿元时的人均GDP差距很大。省会成为万亿级城市的时间早晚与GDP突破万亿元时的人均GDP高低具有很强的相关性。省会的GDP，则与该省的经济总量有很强的正相关性（万亿级省会城市均来自经济总量排名靠前的经济大省）。2010年，广州GDP突破万亿元，人均GDP为87458元；2014年，成都与武汉GDP突破万亿元，人均GDP分别为70019元和98000元；2015年杭州GDP突破万亿元后，国内其他城市GDP纷纷突破万亿元大关。2016年，南京GDP突破万亿元，人均GDP为129194元；2017年，长沙GDP突破万亿元，人均GDP为131207元（见表2-2）；2018年，郑州GDP突破万亿元，人均GDP为101349元（见表2-2）。

表2-2　万亿级省会城市GDP突破万亿元当年及前两年的人均GDP

单位：元

省会城市	2008年	2009年	2010年	2012年	2013年	2014年	2015年	2016年	2017年	2018年
广州	76440	79383	87458							
成都				57624	63977	70019				
武汉				79482	89000	98000				
杭州					95190	103813	112230			
南京						109194	119883	129194		
长沙							117076	123265	131207	
郑州								84113	93792	101349

第三，万亿级计划单列市与万亿级地级市GDP突破万亿元时的人均GDP较高。

2010年，深圳GDP突破万亿元，人均GDP为98437元；2016年，青岛GDP突破万亿元，人均GDP为109407元；2018年，宁波GDP突破万亿元，人均GDP达到132603元（见图2-2）。

2011年，苏州GDP突破万亿元，人均GDP为103739元；2017年，无锡GDP突破万亿元，人均GDP达160706元；2019年，佛山GDP突破万亿元，人均GDP达131775元（见图2-3）。

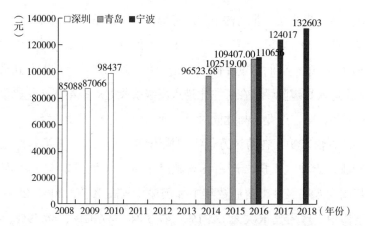

图 2-2 万亿级计划单列市 GDP 突破万亿元当年及前两年的人均 GDP

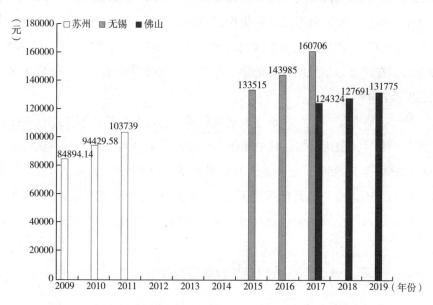

图 2-3 万亿级地级市 GDP 突破万亿元当年及前两年的人均 GDP

2.三次产业结构已经开始进入工业化高级阶段

库兹涅茨通过分析经验数据发现，在现代经济增长过程中，产值的高速增长总是伴随着多种产业在总产值中所占比重的变化，即产业结构的变化。在经济发展的各阶段，三次产业结构变动具有一定的规律。在工业化初级阶段，第一产业比重较高，第二产业比重较低。随着工业化的推进，第一产业比重持续下降，第二、第三产业的比重相应有所提高，且第二产业比重上升幅度大于第三产业，第一产业在产业结构中的优势地位逐步被第二产业所取代。当第一产业比重降低到20%以下，第二产业比重上升到第三产业以上时，工业化进入了中级阶段。当第一产业比重降低到10%左右，第二产业比重上升到最高水平时，工业化进入高级阶段。在工业化进入高级阶段之后，第三产业比重不断提升，并最终超过第二产业，与此同时，工业的内部结构不断升级。

第一，直辖市中，在跨过万亿级门槛当年，北京、上海第三产业占比超过第二产业，天津、重庆二产占比均超过了50%（见图2-4）。上海的二产占比在其成为万亿级城市前后数年中都仍保持较高水平，2004~2009年，三次产业结构中二产占比依次为48.21%、47.38%、47.01%、44.59%、43.25%和39.89%。重庆到了跨过万亿级门槛后的第二年，即2013年时，第三产业占比超过第二产业，但第二产业仍保持较高的占比。天津2009~2014年三次产业结构中二产占比依次为53.02%、52.47%、52.43%、51.68%、50.38%、49.16%，在跨过万亿级门槛后的第三年二产占比开始低于50%，随后几年占比仍保持在45%以上。

第二，省会城市中，在跨过万亿级门槛时，郑州和长沙第三产业占比低于第二产业，但很快反超。其中郑州三产占比为44.90%，但进入万亿级后第一年就猛增至58.95%；长沙进入万亿级当年三产占比仅为29.75%，一年后暴增至54.75%。在进入万亿级当年三产占比高于二产的省会城市中，广州三产占比在进入万亿级当年超过60%，并呈现持续上升的趋势，2008~2013年

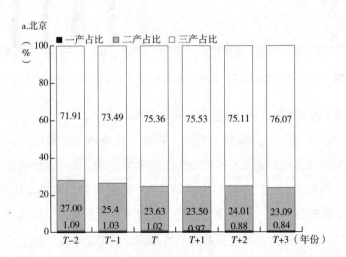

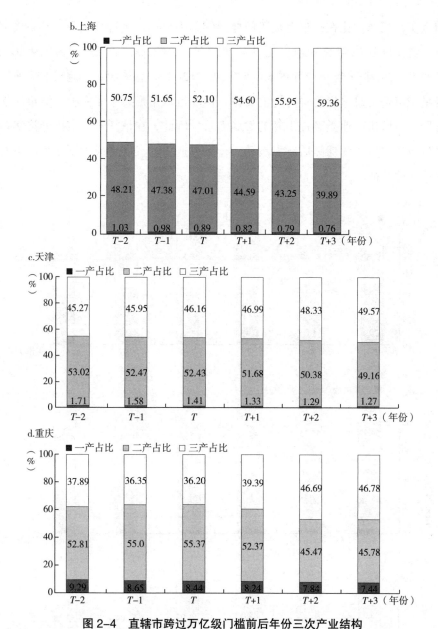

图 2-4　直辖市跨过万亿级门槛前后年份三次产业结构

说明：T 为该城市 GDP 突破万亿元的年份，T-1 为前一年，T+1 为后一年，以此类推。下同。

三产占比分别为58.80%、60.59%、60.77%、61.25%、63.29%和64.41%。杭州三产占比在进入万亿级当年接近60%，也呈现明显上升趋势，杭州信息技术发展带动城市数字经济服务水平提升对其贡献较大。成都、武汉制造业基础坚实，三产占比在跨过万亿级门槛当年约为50%，且持续上升，其中成都三产占比从2012年的49.46%提升至2017年的53.21%，武汉三产占比从2012年的48.02%攀升至2017年的53.25%（见图2-5）。总体而言，制造业快速发展是城市经济总量提升强有力的支撑，但随着城市形态不断完善，城市功能发展会对城市产业类型提出新的发展需求，因此，在依托本地实体经济实现总量跨越之后，为保障后续发展动力，服务业蓬勃发展将成为万亿级城市发展的共性特征。

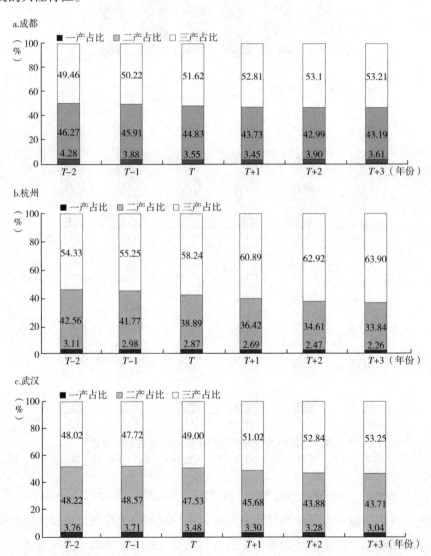

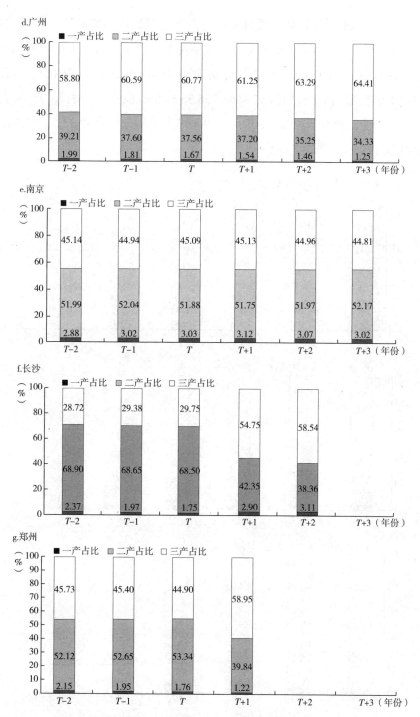

图 2-5 部分省会城市跨过万亿级门槛前后年份三次产业结构
说明:空白表示没有当年数据。下同。

第三，计划单列市中，深圳和青岛在跨过万亿级门槛时第三产业占比超过第二产业，并在跨过万亿级门槛后呈现第三产业日益占据主导的趋势，其中，深圳2011~2013年三产占比分别为54.48%、55.51%和56.05%，青岛2017~2019年三产占比分别为55.36%、56.36%和60.88%。宁波第三产业占比低于第二产业，但高于45%，2016~2019年三产占比分别为45.23%、44.96%、45.90%和49.06%（见图2-6）。

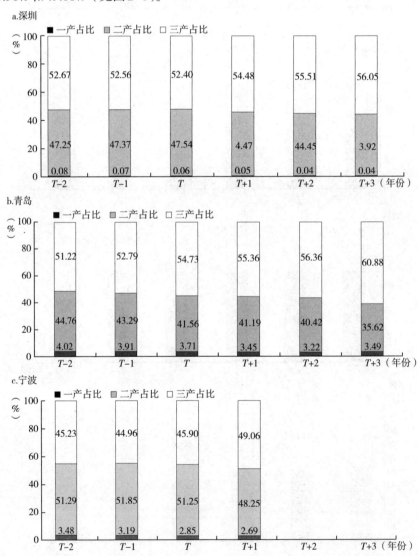

图2-6 部分计划单列市跨过万亿级门槛前后年份三次产业结构

　　第四，地级市中，苏州和佛山第三产业占比在跨过万亿级门槛当年低于第二产业，均不足45%，但呈现逐年上升的趋势。2009~2014年，苏州三产占比分别为39.22%、41.14%、42.45%、43.89%、45.81%和47.83%；2017~2019年，佛山三产占比分别为40.86%、42.04%和42.32%；无锡第三产业占比在进入万亿级当年已超过第二产业，且稳定在50%左右，2015~2019年，三产占比分别为49.11%、51.34%、51.49%、51.14%和51.48%（见图2-7）。

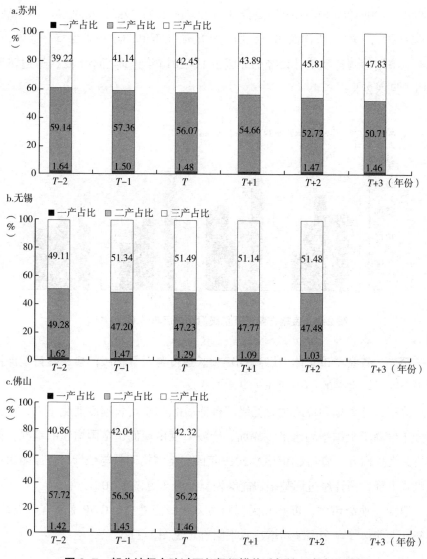

图2-7 部分地级市跨过万亿级门槛前后年份三次产业结构

（二）进入万亿级后经济增速有所放缓，经济增长动能仍充足

1.跨过万亿级门槛后经济增速有所放缓，总体上仍保持良好的发展态势

第一，直辖市跨过万亿级门槛后GDP增速大多有所放缓，但在大部分年份仍高于全国GDP增速或与全国GDP增速持平。重庆和上海分别于2011年和2006年跨过万亿级门槛，但接下来几年GDP增速迅速放缓，其中，重庆非常典型，2009~2014年GDP增速分别为12.71%、21.37%、26.32%、13.97%、12.04%和11.57%。天津跨过万亿级门槛的前几年里GDP一直保持高速增长，由于经济结构调整及统计口径的原因2012~2014年连续三年下降，遭遇转型困境（见图2-8）。

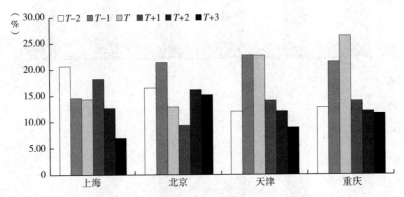

图2-8 直辖市跨过万亿级门槛前后年份GDP增速

第二，省会城市总体上以高GDP增长速度跨过万亿级门槛，并持续保持高于全国平均水平的GDP增速（见图2-9）。

第三，计划单列市跨过万亿级门槛前后的GDP增长速度变化不大，在大部分年份高于全国平均水平。深圳、宁波一度出现低于全国增速的情况，但很快又发生回升。青岛GDP增速2019年因经济结构调整与统计口径原因出现跳水式下降，预计经过调整很快能够恢复上升（见图2-10）。

第四，地级市中，苏州和无锡跨过万亿级门槛后，GDP增速有所放缓，但基本上能保持在全国平均增速水平附近（见图2-11）。

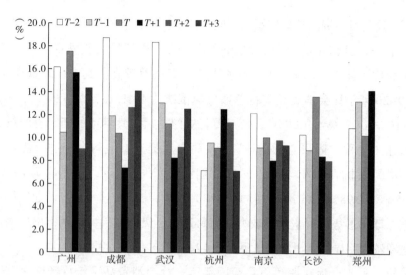

图 2-9　部分省会城市跨过万亿级门槛前后年份 GDP 增速

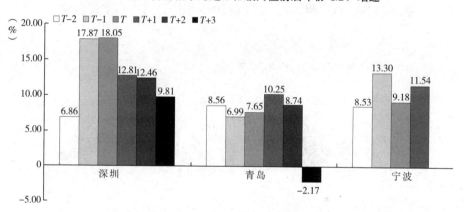

图 2-10　部分计划单列市跨过万亿级门槛前后年份 GDP 增速

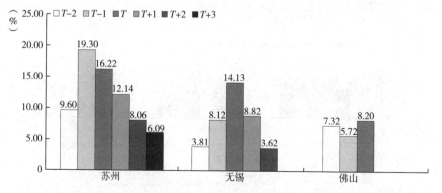

图 2-11　部分地级市跨过万亿级门槛前后年份 GDP 增速

2.投资对经济的拉动作用大，同时消费作用日益显著

第一，直辖市跨过万亿级门槛后，除上海外社会消费品零售总额增速（简称"社消零增速"）均有所下降，但仍然较高。其中，以重庆为例，2009~2014年社会消费品零售总额增速依次为17.13%、21.32%、23.97%、16.41%、14.83%和12.95%。跨过万亿级门槛后，直辖市的固定资产投资总额增速（简称"固投总额增速"）反而有所提升，但均在跨过门槛后第二年下滑。以北京为例，2005~2010年固定资产投资总额增速依次为19.25%、17.65%、-2.98%、26.24%、13.07%和7.59%。出口增速受自身产业结构和外界逆全球化形势等因素影响较大，但跨过万亿级门槛后，直辖市出口增速整体呈现较为明显的下滑趋势（见图2-12）。

第二，省会城市跨过万亿级门槛后，社会消费品零售总额增速有所放缓，但仍然较高。以广州为例，2008~2013年社会消费品零售总额增速分别

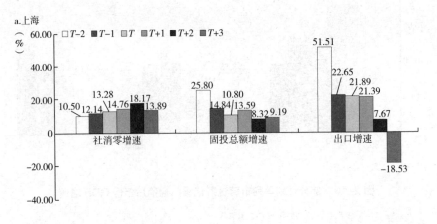

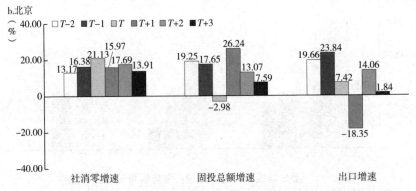

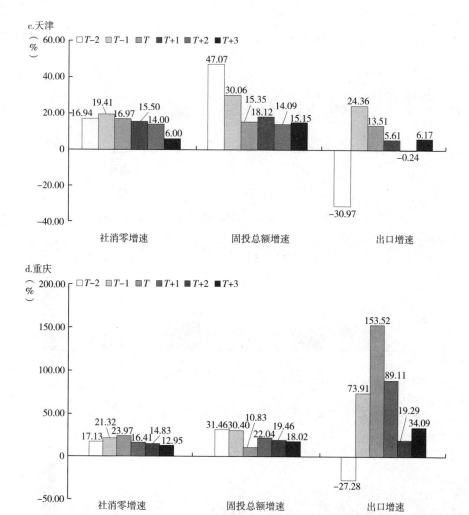

图 2-12 直辖市跨过万亿级门槛前后年份"三驾马车"相关指标增速

为21.46%、13.44%、23.80%、17.13%、14.00%和15.15%。跨过万亿级门槛后，各省会城市固定资产投资总额增速则呈现不同的发展态势，其中，成都呈现先提升后下滑的趋势，广州、杭州和南京则出现了先显著下降后明显提升的趋势。出口增速方面，除了长沙（2015~2019年，其出口增速分别为 -0.17%、-9.64%、21.03%、40.02%、69.64%），其他城市在跨过门槛后均呈现显著下滑或上下波动的态势（见图2-13）。

第三，计划单列市跨过万亿级门槛后，社会消费品零售总额增速大多

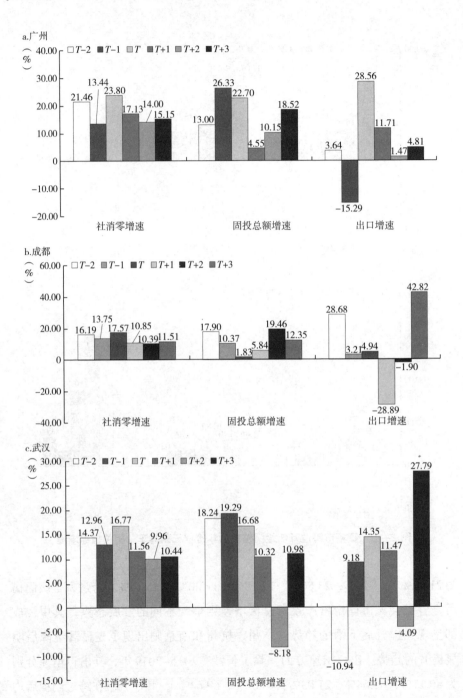

d.杭州

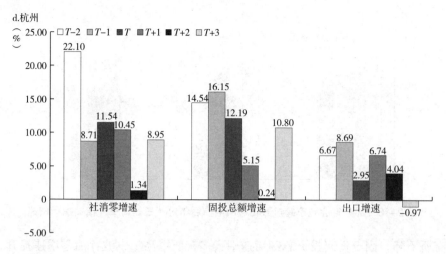

e.南京

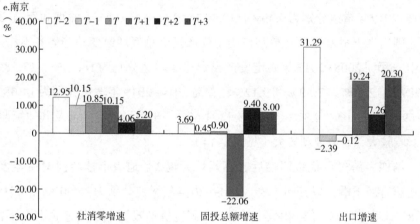

f.长沙

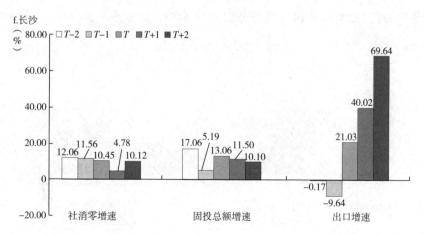

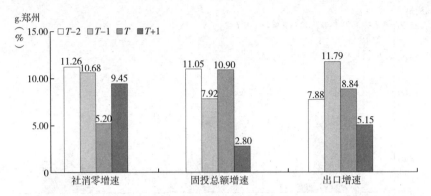

图 2-13　部分省会城市跨过万亿级门槛前后年份"三驾马车"相关指标增速

有所下降，固定资产投资总额增速则大多有所提高。宁波社消零增速提升，2016~2019年增速分别为9.49%、10.37%、2.65%、7.67%；深圳和青岛两市增速则出现下滑。各计划单列市固定资产投资总额增速变动趋势各不相同，其中，深圳2008~2013年固定资产投资总额增速分别为16.46%、13.78%、5.98%、12.30%、7.59%和9.12%；青岛2014~2019年增速分别为14.68%、13.69%、13.71%、4.32%、7.90%和21.60%。出口增速受外部及其他短期因素影响较大，走势波动较大（见图2-14）。

第四，跨过万亿级门槛后，苏州、无锡2个地级市社会消费品零售总额增速有所下滑，以苏州为例，2009~2014年增速分别为15.90%、18.51%、17.80%、14.54%、13.00%、11.95%；固定资产投资总额增速也明显下滑，以苏州为例，2009~2014年增速分别为13.64%、21.92%、24.44%、16.98%、

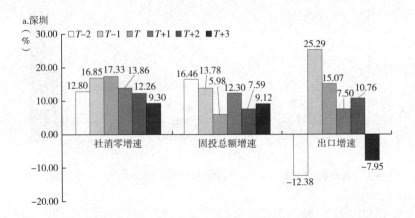

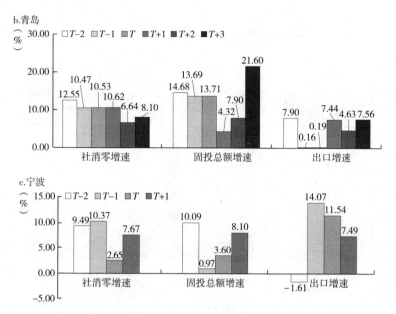

图 2-14 部分计划单列市跨过万亿级门槛前后年份"三驾马车"相关指标增速

13.96%、3.81%；出口增速同样明显下滑，以苏州为例，2010~2013年，增速分别为33.39%、4.53%、1.60%、-1.11%（见图2-15）。

（三）要素集聚与配置能力不断增强

1.公路密度显著提升

第一，直辖市在跨过万亿级门槛前后一段时期，公路密度显著提升。上海2006年公路密度超过160公里/百公里²，2004~2009年密度依次为123.11公里/

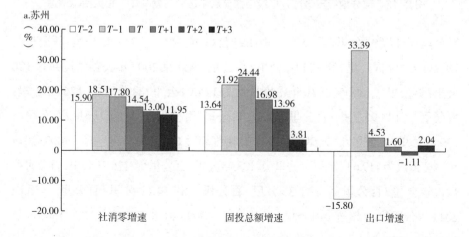

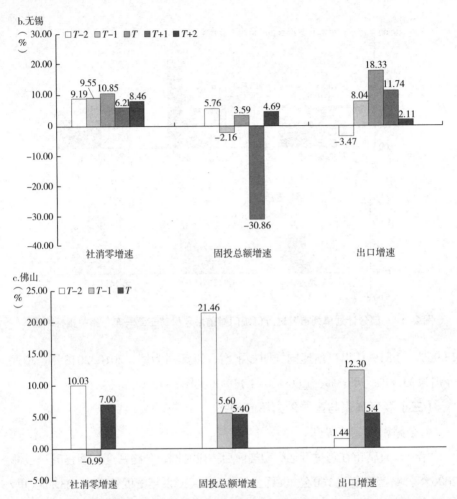

图 2-15　部分地级市跨过万亿级门槛前后年份"三驾马车"相关指标增速

百公里^2、127.92公里/百公里^2、163.91公里/百公里^2、243.82公里/百公里^2、181.34公里/百公里^{2}和184.09公里/百公里^2。北京2007年公路密度超过120公里/百公里^2，2005~2010年密度依次为124.94公里/百公里^2、126.47公里/百公里^2、123.95公里/百公里^2、126.48公里/百公里^2、128.67公里/百公里^2、130.09公里/百公里^2。天津2011年公路密度超过120公里/百公里^2，2009~2014年密度依次为119.63公里/百公里^2、123.95公里/百公里^2、126.71公里/百公里^2、128.62公里/百公里^2、131.35公里/百公里^{2}和134.63公里/百公里^2。重庆2011年公路密度超过140公里/百公里^2，2009~2014年密度依次为134.65公里/百公里²、141.92公里/百公里²、143.88公里/百公里²、146.51公里/百公里²、149.08公里/百公里²和154.60公里/百公里²（见图2-16）。

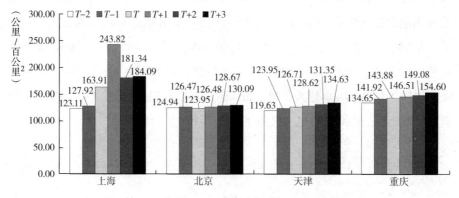

图2-16　直辖市跨过万亿级门槛前后年份公路密度

第二，省会城市在跨过万亿级门槛前后一段时期，公路密度呈现提升的态势。除南京公路密度下滑（南京2016年公路密度超过170公里/百公里²，2014~2018年公路密度分别为172.37公里/百公里²、171.60公里/百公里²、170.20公里/百公里²、171.91公里/百公里²和161.47公里/百公里²）以外，其他城市均呈现提升态势，其中，广州2010年公路密度超过120公里/百公里²，成都2014年公路密度超过150公里/百公里²，杭州2015年公路密度接近100公里/百公里²，长沙2017年公路密度超过150公里/百公里²，郑州2018年公路密度数据未公布。

第三，计划单列市在跨过万亿级门槛前后一段时期，公路密度微幅提升。以深圳为例，2008~2013年公路密度分别为81.08公里/百公里²、80.98公里/百公里²、81.03公里/百公里²、83.08公里/百公里²、84.13公里/百公里²和82.48公里/百公里²。

第四，地级市在跨过万亿级门槛前后一段时期，公路密度微幅提升。以苏州为例，2011年公路密度超过150公里/百公里²，2009~2014年公路密度分别为147.49公里/百公里²、150.25公里/百公里²、153.71公里/百公里²、154.20公里/百公里²、154.98公里/百公里²和155.65公里/百公里²。

2.旅客周转量增长明显

第一，直辖市在跨过万亿级门槛的前后年份中，旅客周转量增长明显。其中，北京旅客周转量增长最为显著，2008年其占全国旅客周转量的近5%，受到奥运会巨大吸引力的影响，2005~2010年旅客周转量依次为825亿人公里、960亿人公里、1042亿人公里、1146亿人公里、1400亿人公里和1529亿人公里。上海、天津和重庆增长也较为明显，以上海为例，2004~2009年，旅客周转量依次为600亿人公里、664亿人公里、743亿人公里、883亿人公里、869亿人公里和1003亿人公里（见图2-17）。

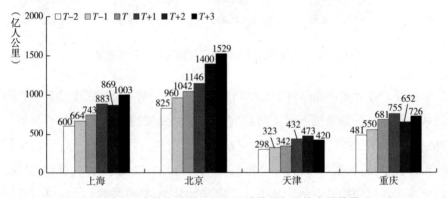

图2-17 直辖市跨过万亿级门槛前后年份旅客周转量

第二，省会城市在跨过万亿级门槛的前后年份中，旅客周转量大多呈现提升态势。杭州是一个例外，其周转量有所下滑，且占全国比重不高，2013~2018年，旅客周转量分别为157.33亿人公里、115.16亿人公里、108.58亿人公里、94.39亿人公里、90.50亿人公里和82.90亿人公里。其他城市旅客周转量均呈现提升态势，以南京为例，2014~2019年，旅客周转量分别为377.25亿人公里、403.42亿人公里、437.49亿人公里、474.15亿人公里、490.76亿人公里和512.88亿人公里（见图2-18）。

第三，计划单列市在跨过万亿级门槛的前后年份中，除宁波外，旅客周转量有一定提升。以青岛为例，青岛2016年旅客周转量占全国比重不高，2014~2019年旅客周转量分别为146亿人公里、152亿人公里、154亿人公里、172亿人公里、182亿人公里和197亿人公里（见图2-19）。

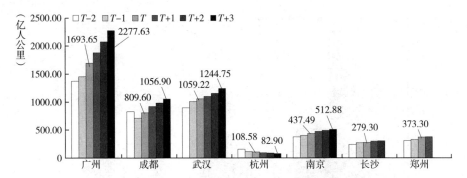

图2-18　部分省会城市跨过万亿级门槛前后年份旅客周转量

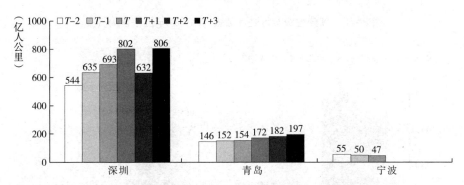

图2-19　部分计划单列市跨过万亿级门槛前后年份旅客周转量

第四，对于地级市，在跨过万亿级门槛的前后年份中，不同城市的旅客周转量呈现不同变化趋势。其中，无锡旅客周转量有微弱提升，旅客周转量占全国比重不高，2015~2018年旅客周转量分别为105.53亿人公里、101.13亿人公里、114.50亿人公里、115.47亿人公里；苏州增长后又明显下降，旅客周转量占全国比重不高，2009~2011年旅客周转量分别为167.91亿人公里、241.28亿人公里和274.63亿人公里；佛山增速则有所下滑，2017~2019年旅客周转量分别为76.85亿人公里、69.78亿人公里和57.88亿人公里（见图2-20）。

3.货物周转量明显提升

第一，对于直辖市，在跨过万亿级门槛的前后年份中，北京、上海和重庆货物周转量增长明显，天津则出现下滑。天津2011年货物周转量占全国比重超过6%，但此后货物周转量出现下降趋势。2009~2014年，天津货物周转量依次为10102亿吨公里、9859亿吨公里、10121亿吨公里、7635亿吨公里、5390亿吨公里和3364亿吨公里（见图2-21）。

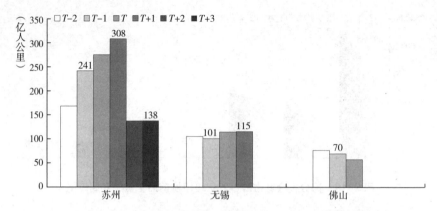

图 2-20　部分地级市跨过万亿级门槛前后年份旅客周转量

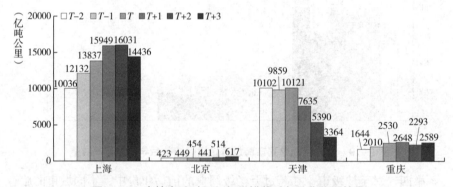

图 2-21　直辖市跨过万亿级门槛前后年份货物周转量

第二，省会城市在跨过万亿级门槛的前后年份中，货物周转量大多明显增长。其中，广州增长最为显著，2008~2013 年货物周转量分别为 2462.06 亿吨公里、2176.23 亿吨公里、2450.85 亿吨公里、2861.19 亿吨公里、4938.39 亿吨公里和 6822.44 亿吨公里（见图 2-22）。

第三，计划单列市在跨过万亿级门槛的前后年份中，货物周转量有显著提升。以青岛为例，2014~2019 年，货物周转量分别为 1038 亿吨公里、1166 亿吨公里、1367 亿吨公里、1507 亿吨公里、1647 亿吨公里和 1750 亿吨公里（见图 2-23）。

第四，地级市在跨过万亿级门槛的前后年份中，货物周转量有明显提升，以无锡为例，2015~2018 年，货物周转量分别为 441.82 亿吨公里、462.71 亿吨公里、508.29 亿吨公里和 531.16 亿吨公里（见图 2-24）。

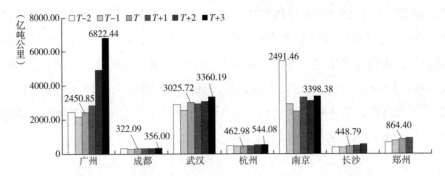

图 2-22　部分省会城市跨过万亿级门槛前后年份货物周转量

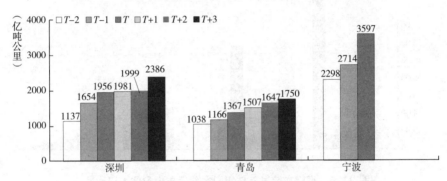

图 2-23　部分计划单列市跨过万亿级门槛前后年份货物周转量

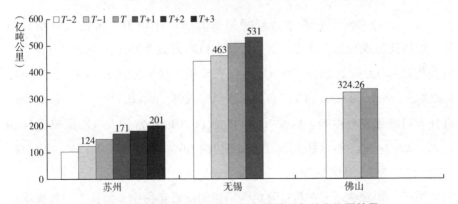

图 2-24　部分地级市跨过万亿级门槛前后年份货物周转量

（四）城市公共服务能力强

1.人口规模增长明显，人口净流入量有所提升

第一，直辖市在跨过万亿级门槛的前后年份中，常住人口增长明显，以天津为例，2009~2014年其常住人口规模依次为1228.2万人、1299.3万人、

1354.6万人、1413.2万人、1472.2万人和1516.8万人。但四个城市常住人口增速在跨过门槛前后年份均有所下滑。其中北京人口增长逐步步入平稳低速阶段，先提速再降速，2005~2010年常住人口增速依次为2.80%、3.29%、3.80%、3.54%、11.79%和2.88%。天津和重庆的常住人口增速则是平稳下降，人口增长仍处于较快速阶段。以天津为例，2009~2014年常住人口增速依次为4.44%、5.79%、4.26%、4.32%、4.18%和3.03%（见图2-25）。

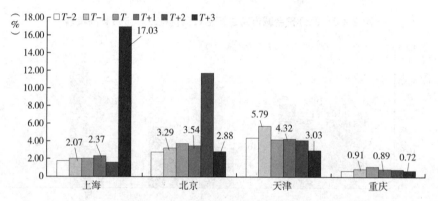

图2-25 直辖市跨过万亿级门槛前后年份常住人口增速

第二，省会城市在跨过万亿级门槛的前后年份中，常住人口增长明显，但增速出现分化。其中，杭州常住人口增速显著提升，2015年常住人口规模超过900万人，2013~2018年常住人口规模增速分别为0.48%、0.54%、1.42%、1.89%、3.05%和3.57%。而广州、成都、武汉、南京、长沙和郑州常住人口增速先升后降，以武汉为例，武汉2014年常住人口规模超过1000万人，2012~2017年常住人口增速分别为1.00%、0.99%、1.15%、2.61%、1.49%和1.18%（见图2-26）。

第三，计划单列市在跨过万亿级门槛的前后年份中，常住人口规模增长明显。其中，深圳2010年常住人口规模超过1000万人，人口增速为0.92%，2008~2013年常住人口规模分别为995.01万人、1037.20万人、1046.74万人、1054.74万人、1062.89万人和1077.89万人。常住人口增速明显提升，以宁波为例，2016~2019年人口增速分别为0.64%、1.65%、2.23%和3.31%，2019年常住人口规模为837.20万人（见图2-27）。

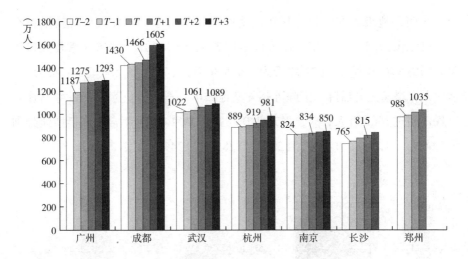

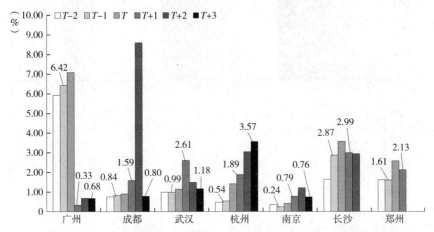

图 2-26　部分省会城市跨过万亿级门槛前后年份常住人口规模和增速

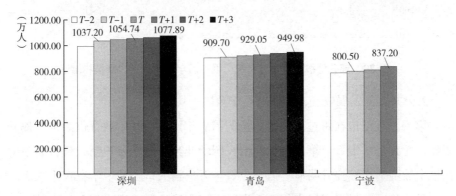

图 2-27　部分计划单列市跨过万亿级门槛前后年份常住人口规模

　　第四，地级市在跨过万亿级门槛的前后年份中，常住人口规模增长有限。以无锡为例，2017年常住人口增速为0.37%，2015~2019年常住人口规模分别为651.10万人、652.90万人、655.30万人、657.45万人、659.15万人。常住人口增速先升后降，但除苏州外其他城市并不明显。苏州2011年常住人口规模超过1000万人，人口增速为0.48%；2009~2014年常住人口增速分别为2.66%、11.73%、0.48%、0.29%、0.28%和0.24%（见图2-28）。

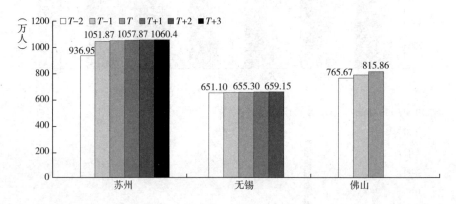

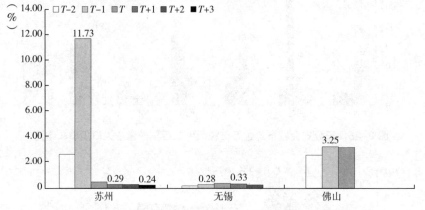

图 2-28　部分地级市跨过万亿级门槛前后年份常住人口规模和增速

2.公共服务发展较好，整体略高于全国平均水平

　　第一，直辖市在跨过万亿级门槛的前后年份中，基础教育供给水平提升明显，尤其是每十万户籍人口幼儿园在园幼儿数、每十万户籍人口普通小学在校生数两个指标提升明显。但是，每十万户籍人口普通中学在校生数出现了下滑。跨过万亿级门槛当年，上海每十万户籍人口普通小学在校生数、每

十万户籍人口普通中学在校生数分别仅是全国平均水平的0.48倍和0.66倍，北京是全国平均水平的0.69倍和0.58倍，天津是0.89倍和0.70倍，重庆是0.79倍和0.76倍，中小学阶段教育供给不足是上述城市面临的共同问题。

四个城市的高等教育规模和质量有所提升，除了北京有微跌外，其他三个城市每十万户籍人口普通高等学校在校生数明显增加。同时，医疗服务水平提升较快，从每万常住人口卫生机构床位数、每万常住人口卫生技术人员数两个指标来看，大多有显著提升。其中，跨过万亿级门槛当年，北京这两个指标分别是全国平均水平的2.29倍、1.67倍，整体优于上海迈进万亿级城市行列时的表现；天津分别是全国平均水平的0.95倍、1.18倍，明显不如根据万亿级城市发展规律处于同一发展阶段的上海和北京等直辖市；重庆则分别是全国平均水平的1.03倍和0.90倍。

第二，在跨过万亿级门槛的前后年份中，广州、成都、武汉、杭州、南京和长沙的基础教育供给水平提升明显，但总体仍滞后于全国平均水平。以成都为例，其2014年每十万户籍人口幼儿园在园幼儿数、每十万户籍人口普通小学在校生数、每十万户籍人口普通中学在校生数分别是全国平均水平的1.18倍、0.89倍、0.75倍。另外，大多数万亿级省会城市的医疗服务在全国处于领先水平，例如，跨过万亿级门槛当年，成都每万常住人口卫生机构床位数、每万常住人口卫生技术人员数分别是全国平均水平的1.55倍、1.59倍；武汉这两个指标分别是全国平均水平的1.46倍、1.36倍；杭州是1.77倍、1.38倍；长沙是1.63倍、1.51倍。但广州受到城市人口总量持续上升的影响，医疗服务水平有待提升，跨过万亿级门槛当年，每万常住人口卫生机构床位数、每万常住人口卫生技术人员数分别是全国平均水平的1.38倍、0.60倍。

第三，计划单列市在跨过万亿级门槛的前后年份中，公共服务发展水平超过全国平均水平。深圳基础教育和高等教育供给均处于领先水平，医疗服务水平仍有提升空间。2010年，深圳每十万户籍人口幼儿园在园幼儿数、每十万户籍人口普通小学在校生数、每十万户籍人口普通中学在校生数、每十万户籍人口普通高等学校在校生数分别是全国平均水平的4.17倍、3.28倍、1.78倍和1.16倍，每万常住人口卫生机构床位数、每万常住人口卫生技术人员数分别是全国平均水平的0.60倍、1.21倍。青岛医疗服务在全国处于领先水平，2016年其两个医疗服务指标分别是全国平均水平的1.03倍、1.56倍。宁波基础教育普及程度与全国平均水平相当，2018年，其三个基础教育指标分别是全国平均水平的1.09倍、0.97倍、0.97倍；医疗服务较为完善，2018年，其两个医疗服务指标分别是全国平均水平的0.79倍、1.20倍。

第四，地级市在跨过万亿级门槛的前后年份中，公共服务发展水平超过全国平均水平。佛山基础教育和高等教育供给水平较高，2019年每十万户籍人口幼儿园在园幼儿数、每十万户籍人口普通小学在校生数、每十万户籍人口普通中学在校生数、每十万户籍人口普通高等学校在校生数分别是全国平均水平的1.32倍、1.52倍、1.80倍和2.08倍。另外，苏州和无锡医疗服务水平较高，苏州2011年每万常住人口卫生机构床位数、每万常住人口卫生技术人员数分别是全国平均水平的1.07倍、1.06倍，无锡2017年每万常住人口卫生机构床位数、每万常住人口卫生技术人员数分别是全国平均水平的1.12倍、1.20倍。但佛山医疗服务水平需要提升，2019年，每万常住人口卫生机构床位数、每万常住人口卫生技术人员数分别是全国平均水平的0.73倍、0.99倍。

3.文化事业不断发展，但发展水平总体滞后于全国平均水平

第一，直辖市在跨过万亿级门槛的前后年份中，文化事业发展不足。北京、上海、天津和重庆四个城市每百万人图书馆数量均低于全国平均水平，且与全国平均水平差距呈现扩大趋势。在成为万亿级城市前两年至后三年，上海每百万人图书馆数量分别仅是全国平均水平的0.77倍、0.75倍、0.73倍、0.76倍、0.72倍和0.61倍，重庆每百万人图书馆数量分别仅是全国平均水平的0.70倍、0.69倍、0.67倍、0.64倍、0.63倍和0.63倍。另外，天津和重庆城市文化软实力亟须增强，其每百万人博物馆数量明显低于全国水平，天津2011~2014年每百万人博物馆数量仅是全国平均水平的0.71倍、0.62倍、0.53倍和0.54倍；重庆2009~2014年每百万人博物馆数量分别仅是全国平均水平的0.77倍、0.71倍、0.68倍、0.58倍、0.94倍和0.98倍。

第二，在跨过万亿级门槛的前后年份中，成都、长沙的公共文化机构设施与资源丰富，文化事业发展水平高于全国平均水平，且优势呈现逐渐扩大的趋势。以成都为例，成都2014年每百万人博物馆数量是全国平均水平的1.55倍，每百万人图书馆数量是全国平均水平的1.59倍。在成都市成为万亿级城市前两年至后三年，即2012~2017年，其每百万人博物馆数量分别是全国平均水平的1.53倍、1.45倍、1.55倍、1.53倍、1.50倍和1.47倍，每百万人图书馆数量分别是全国平均水平的1.59倍、1.59倍、1.59倍、1.58倍、1.52倍和1.52倍。另外，武汉、南京、广州和杭州公共文化机构设施与资源相对充足，每百万人博物馆数量高于全国平均水平，但每百万人图书馆数量低于全国平均水平，且每百万人图书馆数量的差距呈现逐渐扩大的趋势。以广州为例，2010年每百万人博物馆数量是全国平均水平的1.34倍，每百万人图书馆数量是全国平均水平的0.55倍。在广州市成为万亿级城市前两年至后三年，即2008~2013年，其每百万人博物馆数量分别是全国平均水平的1.95倍、1.55倍、1.34倍、1.24倍、1.10倍和1.00倍，每百万人图书馆数量分别仅是全国平均水平的0.63倍、0.59倍、0.55倍、0.54倍、0.51倍和0.51倍。

第三，地级市在跨过万亿级门槛的前后年份中，文化事业不断发展，但部分指标仍明显低于与全国平均水平，且二者差距有逐渐被拉大的趋势；对于部分高于全国平均水平的指标，城市相对于全国平均水平的优势逐渐变小。以苏州为例，其2011年每百万人博物馆数量是全国平均水平的1.74倍，每百万人图书馆数量是全国平均水平的0.52倍。在苏州成为万亿级城市前两年至后三年，即2009~2014年，其每百万人博物馆数量分别是全国平均水平的1.71倍、1.68倍、1.74倍、1.51倍、1.48倍和1.41倍，每百万人图书馆数量分别仅是全国平均水平的0.55倍、0.53倍、0.52倍、0.50倍、0.45倍和0.46倍。

二　城市品质提升的驱动因素

（一）行政功能城市从既有资源要素的跨区域配置中得到的益处

截至2019年底，跨过万亿级门槛的17个城市中，直辖市、省会城市就占到了11个，这有三个方面的原因。一是行政功能城市能比一般城市获得更多行政政策资源支持。首先，北京、上海、天津、重庆作为直辖市，城市经济发展与建设一直得到国家重大政策项目布局倾斜支持。新中国成立以来，许多重大项目与重要政策制度安排都放在了北京和上海等直辖市，例如，改革开放前在上海部署了上海石化、上海汽车等国家级重大项目；改革开放后，1992年批准设立浦东新区，1990年上海证券交易所成立，2008年5月大型客机项目实施主体在上海成立；近些年，国家重视长三角城市群发展，2016年出台的《国家重大科技基础设施建设"十三五"规划》（见表2-3）、2018年以来的长江经济带绿色发展专项规划等，都以上海为龙头重点布局了一系列重大项目。其次，广州、武汉、长沙等省会城市得到省内的重大项目和优惠政策资源的布局倾斜，比如湖南提出，到2020年要将长沙打造成区域性金融中心，全力打造智能制造之城，并出台了一些强调以长沙为龙头带动区域发展的规划和方案；湖北2003年就出台了一批武汉城市圈研究报告和代拟文件，提出要聚合全省之力，打造"武汉城市圈"，即以武汉为中心、半径100公里的城市群落，它包括了武汉及黄石、鄂州、孝感、黄冈、咸宁、仙桃、潜江、天门等8个周边城市。

表2-3　万亿级城市中直辖市与省会城市的相关支持政策

城市	相关支持政策
上海	《国家重大科技基础设施建设"十三五"规划》（2016年）、《长江三角洲城市群发展规划》（2016年）、《长江经济带绿色发展专项中央预算内投资管理暂行办法》（2018年）、《长三角生态绿色一体化发展示范区总体方案》（2019年）
北京	《国家重大科技基础设施建设"十三五"规划》（2016年）、《关于京津冀地区城际铁路网规划的批复》（2016年）
天津	《国家重大科技基础设施建设"十三五"规划》（2016年）、《关于京津冀地区城际铁路网规划的批复》（2016年）
重庆	《科技助推西部地区转型发展行动计划（2013—2020年）》（2013年）、《西部地区鼓励类产业目录》（2014年）、《成渝地区城际铁路建设规划（2015—2020年）》（2015年）、《国家重大科技基础设施建设"十三五"规划》（2016年）、《中西部地区外商投资优势产业目录（2017年修订）》（2017年）、《长江经济带绿色发展专项中央预算内投资管理暂行办法》（2018年）、《中西部和东北重点地区承接产业转移平台建设中央预算内投资专项管理暂行办法》（2020年）

续表

城市	相关支持政策
成都	《科技助推西部地区转型发展行动计划（2013—2020年）》（2013年）、《西部地区鼓励类产业目录》（2014年）、《中西部地区外商投资优势产业目录（2017年修订）》（2017年）、《长江经济带绿色发展专项中央预算内投资管理暂行办法》（2018年）、《中西部和东北重点地区承接产业转移平台建设中央预算内投资专项管理暂行办法》（2020年）
武汉	《促进中部地区崛起规划实施意见》（2010年）、《中西部地区外商投资优势产业目录（2017年修订）》（2017年）、《长江经济带绿色发展专项中央预算内投资管理暂行办法》（2018年）、《中西部和东北重点地区承接产业转移平台建设中央预算内投资专项管理暂行办法》（2020年）
杭州	《长江经济带绿色发展专项中央预算内投资管理暂行办法》（2018年）、《长三角生态绿色一体化发展示范区总体方案》（2019年）
南京	《苏南现代化建设示范区规划》（2013年）、《长江经济带绿色发展专项中央预算内投资管理暂行办法》（2018年）、《长三角生态绿色一体化发展示范区总体方案》（2019年）
长沙	《促进中部地区崛起规划实施意见》（2010年）、《中西部地区外商投资优势产业目录（2017年修订）》（2017年）、《长江经济带绿色发展专项中央预算内投资管理暂行办法》（2018年）、《中西部和东北重点地区承接产业转移平台建设中央预算内投资专项管理暂行办法》（2020年）
郑州	《促进中部地区崛起规划实施意见》（2010年）、《中原经济区规划（2012—2020年）》（2012年）、《郑州航空港经济综合实验区发展规划（2013—2025年）》（2013年）、《中原城市群发展规划》（2016年）、《中西部地区外商投资优势产业目录（2017年修订）》（2017年）
广州	《国务院关于鼓励和引导民间投资健康发展的若干意见》（2010年）、《珠江三角洲地区改革发展规划纲要（2008—2020年）》（2009年）、《广州区域金融中心建设规划（2011—2020年）》（2011年）、《粤港澳大湾区发展规划纲要》（2019年）、《广州人工智能与数字经济试验区建设总体方案》（2020年）

二是行政功能城市有区域交通枢纽中心地位优势。万亿级城市中，北京、上海、郑州、武汉、成都、广州等属于全国十大铁路交通枢纽。17个城市除苏州外都拥有机场。交通基础设施是体现城市竞争力最基础的指标，决定城市物流成本的高低以及经济要素吞吐能力。2013年，国家发改委印发了《促进综合交通枢纽发展的指导意见》，其中的42个全国性综合交通枢纽就包括北京、天津、青岛、上海、杭州、宁波、广州、深圳、郑州、武汉、长沙、重庆、成都等；2017年，《"十三五"现代综合交通运输体系发展规划》

提出，着力打造北京、上海、广州等国际性综合交通枢纽，加快建设全国性综合交通枢纽，积极建设区域性综合交通枢纽，优化完善综合交通枢纽布局，完善集疏运设施，推进枢纽一体化发展。经过5~8年的发展，这些枢纽型城市的国际人员往来、物流集散、中转服务等综合服务功能都有所提升，正转变为通达全球、衔接高效、功能完善的交通中枢。

三是行政功能城市良好的公共服务质量增强其对高端要素集聚与吸引能力。首先，直辖市拥有全国最高水平的基础设施与教育医疗公共服务，比如，仅北京、上海、天津这三座城市所拥有的"985"和"211"重点高校数量之和，就已在全国"985""211"高校数量中占有相当大比重；再比如，北京医院有著名的北京协和医院、中国人民解放军总医院、北京大学第一医院、北京大学人民医院、北京大学第三医院等。其次，省会拥有全省最好的城市基础设施与公共服务，比如，广州有中山大学、华南理工大学、华南农业大学、南方医科大学等；成都有四川大学、电子科技大学、西南交通大学等；武汉著名的大学有武汉大学、华中科技大学、华中师范大学、武汉理工大学等。再比如，在医疗方面，重庆有陆军军医大学第一附属医院、重庆医科大学附属第一医院、重庆医科大学附属第二医院、重庆医科大学附属儿童医院等著名的医院。优质的公共服务资源为吸引人才奠定了基础，使城市源源不断地吸引人才，聚合越来越多的总部型企业；人口及总部型中小企业集聚，反过来又促进城市基础设施及公共服务质量的提升。深圳就是最典型的例子，随着近些年医疗卫生教育等城市公共服务质量的显著提高，其净流入人口连续多年处于全国前列，也吸引了更多的人才，拉动了对城市现代服务业的需求，为总部型经济发展提供了最重要的人才要素。

（二）全球产业格局变化背景下积累的产业集群化发展基础

城市的产业发展离不开世界经济和本国经济发展的大环境，抓住世界经济、本国经济甚至区域经济变化带来的机遇，万亿级城市顺应发展趋势，奠定了产业集群化发展的基础优势。

万亿级城市是我国享受全球产业转移红利最多的城市，特别是计划单列市深圳、宁波、青岛以及地级市苏州、无锡、佛山，它们是承接全球产业转移最早的出口导向型城市。早在20世纪80年代，这些城市就以国际市场需求为导向，以扩大出口为中心，依靠劳动力、土地等要素的比较优势，积极参与国际分工和国际竞争，在国内较早建立了市场经济体系，参与全球产业链分工，成就了"中国制造"，在参与全球经济体系竞争的过程中，这些计划单列市能够增强技术进步和效率提高的动力，促使城市经济向高层次发展。同时，重庆、成都、郑州、南京、长沙、武汉、广州承接了沿海外贸出口导向产业的第二轮转移，产业转移成为拉动经济增长的重要动力。以成都为例，2005年以来，由于沿海制造业大城市，如深圳、佛山、宁波等城市的土地、环境和劳动力等要素成本优势逐渐丧失，产业开始向更具要素成本优势的内地城市转移。据统计，2005~2007年，成都市承接产业转移实际到位市外资金分别为425.7亿元、728.4亿元和1196.7亿元。2007年全市新引进项目4903个，其中5亿元以上的重大内资项目由2006年的55个增加到105个，5000万美元以上的外资项目有21个。全市呈现产业结构优化、工业化水平提升、开放型经济快速发展的良好态势。同时，承接产业转移打造了新的产业集群。通过承接产业转移，成都市工业结构日益优化，全市电子通信产品制造业、医药工业、食品饮料及烟草业、机械工业、石油化学工业和建材冶金工业六大重点行业不断发展壮大，2007年，六大重点行业实现工业增加值763.8亿元，同比增长25.5%，占规模以上工业增加值的比重为77.9%。在承接产业转移的实践中，成都市注重引进和发挥龙头企业的带动作用，有效带动整个产业链转移和相关行业投资，逐步形成"龙头"带"配套"、"配套"引"龙头"的良性发展格局，产业转移为成都创造了大量的就业机会，并提高了工业税收的比重，奠定了产业集群发展的基础优势，带动了城市整体品质的提升。

（三）新兴科技产业机遇下科技产业创新的发展

深圳作为计划单列市成为一线城市和万亿级城市，科技创新及新兴产业发展是最主要的驱动力量。深圳创新经历了三次转型。

第一次是从"三来一补"向"模仿创新"发展方式转变。深圳利用毗邻香港的优势，通过引进西方先进技术和设备进行"模仿创新"，从而逐步缩小与世界前沿技术的差距。20世纪90年代开始，其工业发展从依靠外贸加工向以高新技术产业为主导转变，高新技术产业成为深圳经济发展的第一支柱产业。

第二次是由"模仿创新"向"自主创新"转变。21世纪初，深圳基本完成了高新技术产业发展从依赖外资向以自主创新为主导的转变，深圳真正拥有了内源式发展的主动权。华为、中兴等一批优秀核心企业完成了从远远地在后面跟跑到逐渐向领先者靠拢的竞争性学习的转变；一大批优秀创新型中小企业开始成为国际化分工中细分领域的佼佼者。

第三次是推动战略性新兴产业发展，迈入"追赶创新"发展阶段。2008年全球金融危机的爆发加快了深圳"山寨"产业的凋零，要素驱动型发展不可持续，以华为、中兴为代表的高科技企业引领创新发展潮流，开始在全球范围内设立研发中心、联合创新中心，服装、钟表、黄金等传统产业也依靠知识、智慧、品牌和创意设计走上了高端化发展道路，深圳逐步进入"追赶创新"发展阶段，战略性新兴产业发展迅速。

（四）都市圈经济圈形成背景下城市群的协同发展

我国已形成了十大城市群，包括京津冀、长三角、珠三角、山东半岛、辽中南、中原、关中平原、长江中游、海峡西岸、成渝城市群（见表2-4）。

表2-4　2019年我国十大城市群基本信息

城市群	土地面积（万平方公里）	地级以上行政区（个）	常住人口（万人）	地区生产总值（万亿元）	万亿级城市（个）
京津冀城市群	21.66	13	11128.36	7.51	2
长三角城市群	11.30	16	11247.99	15.18	6
珠三角城市群	5.50	9	6300.99	8.10	3
山东半岛城市群	9.43	11	5691.29	5.62	1
辽中南城市群	9.69	10	3119.49	2.17	0
中原城市群	5.92	9	4383.70	2.85	1
关中平原城市群	7.47	6	2665.24	1.59	0
长江中游城市群	14.7	15	5992.97	3.81	2
海峡西岸城市群	5.54	6	3150.00	2.92	0
成渝城市群	22.30	15	9443.49	5.58	2

资料来源：《中国统计年鉴2019》及相关城市统计年鉴。

截至2019年，17个万亿级城市分布在其中7个城市群中，京津冀、长三角、珠三角三大世界级城市群就占到了11个，这三大城市群还拥有全国4个综合实力最强的一线城市。基本可以形成以下结论：一是十大城市群的中心城市基本上都是万亿级城市，中心城市强弱与城市群的强弱显著正相关；二是三大城市群中经济最发达的长三角、珠三角城市群中的非中心城市的省会城市以及毗邻中心城市的地级市（如佛山）、计划单列市（如宁波）也率先成为万亿级城市。

三　关于走好高品质城市发展之路的启示

（一）东莞发展状况及其与其他万亿级城市特征的比较

近年来，东莞长期致力于推进产业转型升级和科技创新，以提升经济发展质量和效益。在不断努力下，终于在2021年突破了万亿元GDP的大关，这是东莞发展史上的又一个里程碑。本章将以东莞为案例，2019年时，其GDP达到0.95万亿元，即将进入万亿级城市行列，其城市发展所展现出的特征与上文分析的17个2019年已跨过万亿级门槛的城市具有一定的可比性。因此，本章将基于经济增速、产业结构变化、人口流入趋势、创新能力提升、基建力度和公共服务投入等六个维度去对比观察万亿级城市所展现出的特征及发展趋势，为未来将成为万亿级城市者走好高品质发展之路提供借鉴思路和宝贵经验。

1.东莞经济增速高于全国水平，动力充足

17个城市迈进万亿级城市行列后，经济增长基本上表现出惯性加速发展态势，增长动力充足。东莞市2019年经济增速为7.40%，尽管与国内17个万亿级城市GDP突破万亿元当年经济增速相比较，看起来慢了一些（见图2-29），但与同期全国各主要城市经济增长速度相比还是较快的。不考虑新冠疫情等突发冲击事件的短期影响，东莞"十四五"时期的增长动力仍将保持强劲。

17个万亿级城市在迈进万亿级城市行列的过程中，投资、消费、净出口对经济的拉动作用各有不同，但增长动力总体充足。2019年东莞固投总额增速最高，社会消费品零售总额增速、固定资产投资总额增速和出口增速分别

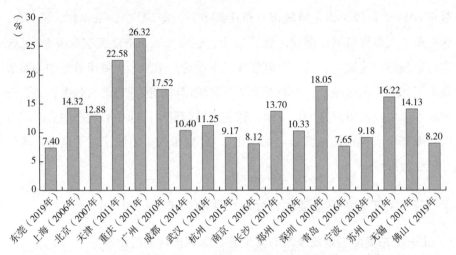

图 2-29 国内万亿级城市 GDP 突破万亿元当年与东莞 2019 年的经济增速

为 9.44%、17.50% 和 8.57%（见图 2-30）。投资在推动东莞迈入万亿级城市行列中起到重要的作用。

2. 东莞第二产业占比高于第三产业的局面仍会持续

17 个万亿级城市按照其成为万亿级城市当年的三次产业结构特征分类，可划分为工业主导型城市和服务业主导型城市两种类型。第二产业占比超过第三产业的工业主导型城市有天津、重庆、南京、长沙、郑州、宁波、苏州、佛山等。第三产业占比高于第二产业的服务业主导型城市为上海、北

图 2-30 国内万亿级城市 GDP 突破万亿元当年的与东莞 2019 年
"三驾马车"相关指标增速

京、广州、成都、武汉、杭州、深圳、青岛、无锡（见图2-31）。2019年东莞三次产业结构为0.30∶56.54∶43.16，东莞跨过万亿级门槛后第二产业占比仍将比第三产业高。虽然城市产业发展由制造业主导，但随着其向制造业与服务业融合发展转型，第三产业占比将逐渐超过第二产业。东莞在发展服务业的同时，仍重视制造业基础性、支撑性作用。

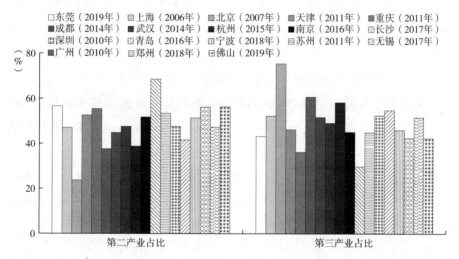

图2-31 国内万亿级城市GDP突破万亿元当年与东莞2019年的第二产业和第三产业占比

3.人口净流入的趋势仍未改变，常住人口规模仍将持续增长

17个万亿级城市GDP突破万亿元当年常住人口规模仍保持平稳增长，人口净流入的趋势未变。2019年东莞常住人口规模为846万人，常住人口增速达到0.86%，常住人口密度达到3400人/公里^2，放在17个万亿级城市中，常住人口密度也是比较靠前的。因此东莞人口净流入的大趋势没有变化，但常住人口增速将会不断放缓。

4.创新能力持续提升，将进入创新驱动发展的新阶段

东莞2018年全市高新技术企业达到5789家，2000~2018年的高新技术企业数量年均复合增长率达28.2%。尤其是在"十三五"时期，东莞市高新技术企业数在2016年和2017年都比前一年翻了一番。2018年东莞高新技术企业数在17个万亿级城市中仅次于深圳（1.44万家）、广州（1.1万家），在全国各大城市中排第五位，远高于其GDP在全国城市中的排名。2019年东莞每

万人专利申请量为98.31件、每万人专利授权量为71.38件，高于绝大部分万亿级城市在GDP突破万亿元当年的水平。因此，东莞科技创新基础足以支撑其迈入万亿级城市行列。

5.城市交通基础设施建设力度大，交通枢纽功能有待提升

2019年东莞公路密度为215公里/百公里^2，比半数以上国内万亿级城市GDP突破万亿元当年的水平高。但东莞缺乏机场等设施，因而缺少综合交通枢纽功能，2018年旅客周转量为46亿人公里，与17个万亿级城市整体水平差异较大。

6.城市公共服务差距较大，有待提升

2019年，东莞每十万户籍人口幼儿园在园幼儿数为1453人，每十万户籍人口普通小学在校生数为3335人，每十万户籍人口普通中学在校生数为1391人，每十万户籍人口普通高等学校在校生数为495人（见图2-32）。每万常住人口卫生技术人员数、每万常住人口卫生机构床位数数分别为64.7人、37张，与国内17个万亿级城市相比，东莞无论是公共教育还是公共医疗都还是存在一定的差距。

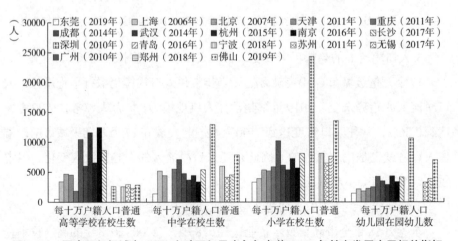

图2-32 国内万亿级城市GDP突破万亿元当年与东莞2019年教育发展水平相关指标

（二）深圳未来重点关注的内外部因素

1.面对百年未有之大变局，经济运行风险与不确定性显著上升

进入"十四五"时期以来，世界经济格局演变加快，全球治理体系和

经贸规则面临深刻变革，全球经济及贸易增长依然乏力，特别是中美矛盾与区域争端加剧，中美之间经济互补性正在减弱，对抗性的成分逐步增多，区域经济发展不确定性风险加大，给深圳经济发展带来了巨大的压力。但深圳在面临巨大风险的同时，可利用国际分工与新一代科技革命带来的产业链调整，在生产组织网络中抢占先机。

2.全球经济增长放缓，倒逼投资结构调整，构建以内需为主和创新驱动的"大国模型"

随着中国经济的发展和国际局势变化，国家将加大力度进行再平衡性的结构调整和宏观政策体系改革，加快推动产业结构和消费结构"双升级"，逐步构建以内需为主和创新驱动的"大国模型"。深圳要充分发挥制造业资源丰富、产业配套完整优势，抓住国内产业结构和消费结构升级机遇，加快产业升级改造及新兴产业培育。

3.粤港澳大湾区建设深入推进，区域整体竞争力及战略地位将持续提升

未来我国将形成以城市群为依托的多极化增长新格局，中心城市、都市圈以及城市群将成为承载发展要素的主要空间形式。区域发展极化现象将更加突出，南强北弱的区域发展格局将进一步固化，人流、物流、资金流、信息流向长三角及粤港澳大湾区集聚的趋势将更加显著。深圳地处粤港澳大湾区核心区，完全可以在粤港澳大湾区这一更大视野中与尺度上谋划城市战略布局与发展。

（三）深圳高质量发展趋势方向借鉴与启示

万亿级城市基本上是直辖市、经济发达大省的省会、发达地区的计划单列市，这些城市具有独特行政资源与政策优势：直辖市具有省级经济管理决策权，省会城市天然具有吸纳本省优势资源的优先权，而计划单列市也有仅次于省级行政区的决策权，而且在特定情况下或案例中往往能获得中央部委的特别授权认可。截至2022年，进入万亿级城市行列的地级市有苏州、无锡、佛山、东莞等，它们有两个突出特征，一是地处我国经济发展水平最高区域即长三角与珠三角，二是均是产业发展强市，制造业发达，经济活力强。

基于理论模型结合深圳现状做出基本判断，目前，深圳正处于从"走

向成熟阶段"向"大规模消费阶段"和"追求生活质量阶段"迈进的过程中。一是第三产业成为城市经济主导部门。改革开放40余年来，深圳抢抓机遇，成为中外闻名的"世界工厂"，自2000年之后农业基本消失，工业在相当长时间里都是绝对主力，但2008年金融危机后，深圳加快由"世界工厂"向"高新产业"转变，全市第三产业增加值在2008年之后反超第二产业增加值。二是深圳创新要素正在加快聚集。始终坚持以创新为第一动力，加快建设国家创新型城市，劳动力技能素质明显提升，截至2022年12月，深圳境内外上市公司累计达535家，世界500强企业增至10家，国家级专精特新"小巨人"企业累计达442家，居全国城市第三位；全市全职院士共有91人，高层次人才累计超2.2万人，共有博士后载体565家、在站博士后5136人，位居全省第一、全国大中城市前列。三是深圳正不断将更多资源投向改善生活质量的城市基建、城市治理、饮水和交通等方面。实施"山海连城"计划和"公园城市"建设行动，2022年，新建改造公园26个，新增绿道368公里、碧道273公里。开展城市第六立面提升行动，完成500个小区优质饮用水入户改造。打通断头路33条，新改建非机动车道548公里，新增停车位19万个。新建改造公厕345座。开展问题窨井盖治理。城市枢纽功能实现新突破，2022年，港口集装箱吞吐量达3003.6万标箱，增长4.4%，居全球第四位；地铁12、14、16号线及6号线支线建成通车，岗厦北、黄木岗、大运枢纽开通运营。城市发展韧性得到新提升，2022年，建成国内首家虚拟电厂管理中心，可调节能力达20万千瓦，新增管道天然气用户44.7万户，新增综合管廊40公里、海绵城市面积60平方公里。城市智慧治理取得新成效，完成梅林数据中心改造扩容、城市大数据中心一期建设等项目。500Mbps及以上宽带用户占比从28.5%提高到65.3%。新增秒报秒批事项167个，85项政务服务事项接入银行自助服务终端，深圳在全国重点城市一体化政务服务能力评估中实现"四连冠"。制定实施建筑信息模型技术标准体系，加快建设全市域时空信息平台，新增30个智慧化应用场景。城市功能品质持续提升，城市宜居水平迈上新台阶。因此，深圳未来发展策略中，需要认真思考如何打造具有全球影响力的经济中心城市、如何构建更高水平开放型经济新体制，以及如何在有限的土地资源条件下持续推动大都市区制造业的可持续发展等关键问题。

1.深圳需统筹制定打造更具全球影响力的经济中心城市战略

2022年12月，深圳提出举全市之力，加快打造更具全球影响力的经济中心城市和现代化国际大都市。提升城市发展能级，要增强体制构建的集成性和精准性，跳出深圳看深圳，从"全球侧""企业侧""群众侧"，从事物发展的全过程、产业发展的全链条、企业发展的全生命周期，集成性、系统性构建开放型体制，避免碎片化。一是突出更宽领域。要构建链接全球商品、服务及生产要素（资本、技术、人才、数据等）的开放体制，促进全球货物流、商务流、资金流、技术流、人才流、信息流集聚配置。二是突出更大范围。依托大交通优化开放平台和布局，率先打造以国内大循环为主体、国内国际双循环相互促进的新发展格局的重要支点。三是突出更深层次。在全球应用场景下，深入推进制度型开放，如拓展共建"一带一路"国家的市场，强化制度沟通，依托双向投资、龙头企业和优势产业，推动标准的对外输出；提升制度话语能力，提出富有吸引力的全球合作议题，与高手"过招"。

2.深圳仍需以制造业为根基，抓住制造业转型升级这条主线

2022年，深圳规上工业总产值为4.55万亿元，同比增长7.0%，规上工业增加值为1.04万亿元，同比增长4.8%，工业增加值占地区生产总值比重提高到35.1%，实现规上工业总产值、全部工业增加值全国城市"双第一"；战略性新兴产业增加值为1.33万亿元，占地区生产总值比重提高到41.1%；现代服务业增加值为1.52万亿元，占服务业增加值比重提高到76.3%。深圳拥有极为完整的产业体系和较为齐全的产业链上下游配套，具有独特的竞争优势和承载平台。但深圳部分产业仍是"两头在外，大进大出，大而不强"，还有很大的提升空间，需要做深、做精、做强、做大，真正打造世界级的产业集群。

3.扩大户籍人口规模，在保持人口流动性的同时保持人口的稳定性

城市转型必然会引起人口结构的变化，城市的人口结构既要体现流动性，也要体现稳定性。一方面，当城市遇到某种冲击时，城市的稳定人口能使城市人口保持一个基本规模，避免发生大的波动；当城市遇到衰退时，城

市中相对稳定的人口能与城市共渡难关，努力实现城市的复兴。另一方面，人口流动性给社会带来活力。一定比例的流动人口保证了城市的思想、观念、技术等能够与外界进行交流，这样城市社会才能更具活力和发展动力。城市需要有一定规模的流动人口，城市经济繁荣则流动人口大量进入，城市经济萧条时流动人口流出，起到一定的缓冲作用。综合来看，城市人口稳定性存在可能的黄金分割点。稳定人口比重高可能导致创新不足，而流动人口比重高可能导致城市不稳定，黄金分割点0.62（62%）左右可能是一个相对较佳的稳定人口比重。美国居民的住房自有率长期保持在60%~70%，2004年顶峰水平是69%，2013年时又回落到65%。如果有住房的代表稳定人口，租赁住房的代表流动人口，那么美国的稳定人口比重在60%~70%左右。同时，稳定人口与流动人口可能会发生变化，城市产业应该避免过分依赖某一产业。城市就业中如果某一产业的就业比重过高，或与之相关行业的总就业比重过高，那么当该产业在城市中繁荣时，城市的稳定性就高，相应地城市缺少创新性；而该产业在城市中萧条或退出时，曾经的稳定人口就成为流动人口，城市将会面临巨大的人口波动。以深圳2022年情况为例，其常住人口为1766.2万人，户籍人口为627.9万人，户籍人口约为常住人口的35.5%。深圳应深化户籍制度改革，完善适应超大城市特点的劳动力流动制度，调整完善积分落户政策，完善居住证制度，鼓励根据实际情况扩大公共服务范围、提高服务标准，稳步推进基本公共服务常住人口全覆盖，提高户籍人口比例，逐步缩小户籍人口与非户籍人口的差距，最终实现户籍人口比例超过非户籍人口比例，提升人口素质，着力打造质量型人口红利。

第二篇

城市品质经验

关于城市品质的要素，目前尚未形成明确统一的观点，但学术界和地方政府规划部门都对城市品质的评价指标体系进行了深入研究和积极探索，并在这一过程中对城市品质的要素和内涵进行了总结。例如，南京 2019 年提出了城市品质提升战略体系，认为城市品质是城市品位和质量的综合，其主要关注城市硬件的建设和软实力的提升，也即城市空间布局改进、城市功能完善、城市特色塑造以及这些带来的城市核心竞争力（城市形象）的提升等。上海市人民政府发展研究中心 2018 年在关于提升城市品质内涵的研究中认为：城市品质提升应该主要从生活居住、就业创业等的品位与质量，包括内在品质与外在品质、硬件与软件的品质等角度出发。2022 年，由扬州市政协牵头的"全面提升城市品质"课题组提出，城市品质应该既包括城市空间结构、建筑形态、产业机构、交通系统、居住环境、景观绿化等外部特征，也包括城市文化、地域历史、人文精神、管理水平、市民素养等内涵特征，一个高品质的城市将会是美好的外在形象和优秀的文化内涵完美结合，形神兼备、浑然一体的城市。徐林和曹红华（2014）在对浙江省 11 个地级及以上城市的评估以及对相关专家问卷调查表的统计分析的基础上，得出城市的"非均衡"发展是建设高品质城市的主要问题的结论，并建议从提升社会人文环境品质、促进城市品质子系统的均衡、实现城市管理科学化、倡导城市文化繁荣进步等四个方面入手，提升浙江省城市品质。世界绿色设计组织标准委员会副主任、《中国城市报》副总常亮认为，品质城市是发展质量与文化品位高度融合、有机统一的城市；城市品质内涵主要包括城市的经济发展品质、社会文化品质、生态环境品质、公共服务品质和居民社会品质五个方面。吴丹和钟琳（2012）认为赣州城市品质建设是顺应城市发展规律的战略选择，在保留赣州城市特色的基础上，城市品质的建设要以人的需求为出发点，以实现自然物质环境品质和社会人文环境品质整体优化，高品质城市应具备健康的生态、富裕的生活、发达的经济、和谐的社会、丰富的文化、高效的管理等基础条件。

整体而言，提升城市品质指的是以以人为本为基本出发点，以满足人民居住、就业、交通、游憩等需要为根本目的，以城市硬件和软件水平协同提升为重要途径，最终实现城市的高品质、深内涵和可持续发展。高品质的城市应该是生态健康、生活富裕、经济发达、社会和谐、文化丰富、管理高效的城市。在文献综述的基础上，本书认为城市品质应主要包括经济（产业）品质、社会品质、文化品质、环境品质和管理品质等五大方面。

一是经济（产业）品质。经济品质强调经济增长的效益，经济品质提升是城市品质提升的原动力，是一个城市在经济领域上的综合表现，提升经济品质要求结合城市自身产业结构与城市特色，在城市人力、土地、科技、环境和其他产业要素资源相匹配的前提下，做到经济发展与城市承载能力相一致，与市民就业与创业发展相适应。同时，经济发展要实现从量到质的转变，切实提高经济增长的质量和效益，做好产业区域协同发展，持续提高知识、人才、科创组织等软资源配置效率，推动传统制造业转型升级，建立以战略性新兴产业和未来产业为主体的科技创新驱动经济发展模式，实现城市的可持续发展。

二是社会品质。改善生活状况、提升社会品质是城市品质提升追求的最终目标，是以人为本理念的有效体现，要求保障人民群众的各项权益，促进人的全面发展。社会品质提升的具体内容包括提升城市医疗卫生服务能力、健全医疗服务体系、提高城市公共交通可达性和便捷性、推动基础教育现代化均衡化发展、优化城市公共住房供给模式和管理机制、形成合理的住房供应结构、切实有效地保障低收入困难群体的居住等。

三是文化品质。文化品质强调城市发展的内涵，文化品质提升是城市品质提升的灵魂，通过塑造城市核心品牌形象，完善公共文化服务设施，创新公共文化服务供给模式，促进体育及文化旅游产业发展，扩大公共文化服务覆盖面，创新公共文化服务形式、提高公共文化服务能力，不仅可以提升城市的历史、艺术以及科学价值，还可以使城市获得兼具历史与人文精神的文化财富，为提高城市知名度和影响力提供坚实有力的支撑。

四是环境品质。环境品质强调城市环境的宜居性，环境品质提升是城市品质提升的前提，是指以创新、生态、宜居为发展目标，通过科学的城市功能定位、统筹的空间拓展方式、空间功能结构的优化、合理的区际协调，建设空间布局合理、公共服务功能完善、资源集约节约利用、运营管理智慧高效、地域文化特色鲜明的人和城市与自然和谐共生的城市，创造人与自然、城市与自然和谐相处的环境，实现城市发展适宜人居的目标。

五是管理品质。管理品质强调城市政府的行政效率，管理品质提升是城市品质提升的保障，通过推动政府规范管理行为、协调高效运转，建立健全公共安全突发事件应急处理体系，畅通民众参与渠道，构建资源下沉式的社区服务体系，加快增强基层社会自治功能，提升社会管理和服务的水平，促进社会组织规范快速发展，可以构建服务型政府，打造公正透明、廉洁高效的政府形象，为市民营造优越的生活条件。

第三章　城市品质——吸引高端人才聚集的引擎

一　城市品质内涵及城市品质提升吸引高端人才聚集的理论解释

　　总体而言，城市品质提升集中体现在城市交通、居住等生产生活的硬件条件显著改善，城市科技、人文等软件发展水平大幅提升，以及城市治理、公共服务更加现代化上。前文中五种城市品质的提升都有利于加速高端人才聚集，它们的内涵参见表3-1。

表 3-1　城市品质内涵

内涵	经济品质	社会品质	文化品质	环境品质	管理品质
吸引人才方面的作用	吸引人才创新创业的基础	为人才提供高品质、多样化的生活选择	留住人才的精神内核	吸引人才、留住人才的前提	增强人才的归属感
地位	经济品质提升是城市品质提升的原动力	社会品质提升是城市品质提升的最终目标	文化品质提升是城市品质提升的灵魂	环境品质提升是城市品质提升的前提	管理品质提升是城市品质提升的保障
重点	强调经济增长的效益	强调以人为本的理念	强调城市发展的内涵	强调城市环境的宜居性	强调城市政府的行政效率
品质提升的具体内容	打下雄厚的经济基础和工业基础，以科技和创新驱动经济的高质量发展	贯彻以人为本的城市建设原则，提供完备的公共服务设施，保障公共交通可达性和便捷性；发展住房、教育、医疗等	塑造城市核心品牌形象，建设文体设施（如博物馆、会展中心），发展公共文化服务、体育及文化旅游产业	实现城市功能定位的区际协调，优化城市空间功能结构，实现空间布局合理、资源集约利用	建立公共安全突发事件应急处理、社区服务、现代化的城市治理体系，培育社会组织，实现精细化参与式的公共服务供给

1.经济品质——吸引人才创新创业的基础

在城市品质提升中，经济支撑是至关重要的基石，其核心在于强调经济增长所带来的效益。经济品质主要衡量一个城市在经济领域的整体表现，经济品质提升是城市品质提升的原动力。城市的经济发展需要从单纯追求数量增长的阶段转向追求经济质量和效益的阶段，着力提高经济增长的质量和绩效。科技和创新将驱动经济的高质量发展，使城市成为一个充满机遇的创新创业之地，对各种需求更为敏感、回应更为高效，为更多人才提供就业机会。

从商品市场作用看，在发达的商品市场中，各类创新创业者的市场获利手段途径更多、市场需求反馈时间更短，所实现的投资效益也会更大；从要素市场作用看，在发达的要素市场中，资本供需、创意供需等信息更容易低成本、高效率获得，高质量经济发展活动从设想到实践可以获取更多社会资源、得到更大的成功机会。从产业环境与城市经济的宏观角度看，首先，较大的经济发展规模可以提供一个资源丰富的经济循环，形成各类规范有序、公平交易的市场，尤其是人才市场，人才可以在这个城市更公平地找到更多机会；其次，投资多少反映了公司等投资主体对这个城市未来的期望，具有更高经济品质的城市当然会获得更大规模的投资，也就会产生更多的高质量就业机会；最后，雄厚的经济基础和工业基础，拥有较强实力的地产业、运输业和工业等，能为服务业提供更多元化、专业化的发展机会，吸引更大规模人口的聚集，而新崛起的电子信息产业和现代服务业显然比传统制造业有更强的人口聚集能力。举例来说，目前，深圳已进入"双创驱动"时代，以创新发展推进经济的高质量增长，作为世界科创中心之一，规模庞大的战略性新兴产业集群，对全球的高端人才产生了极强的吸引力。经济规模和经济质量在极大程度上决定了城市硬实力，经济品质高的城市能够为人才带来难得的发展机遇，也更容易为高端人才创造生产生活的条件，更多人才的聚集又会进一步推动产业发展，产生更好的发展机遇，从而源源不断地吸引高端人才的聚集。

2.社会品质——为人才提供高品质、多样化的生活选择

城市品质提升的终极目标是实现社会的和谐与幸福，这意味着强调以人为本的城市建设理念，打造一个和谐的社会。社会品质涵盖了充分保障人们

基本权利的方方面面。近代各国社会快速发展的奥秘之一在于将"人权"写入宪法，确立为每个人的基本权利。因此，提升社会品质意味着始终坚持以人为本的原则，将实现、维护和发展广大人民根本利益作为城市发展的核心出发点和落脚点。这要求我们尊重人民的主体地位，发挥每个人的创造力，保障他们的各项权益。

城市建设以人为本，将极大地提升人的生活质量，推动人的全面发展。从"集中性"角度来看，大量工厂、商店、银行等机构的频繁互动和联系会促进经济和文化活动的集中以及电视广播、文学出版、学术刊物和文艺表演等多样化的文娱市场的形成，可以使更多市民更高效地以更低成本获得更多元的文娱。从"服务性"角度来看，完备的公共服务设施是社会性服务业的依托载体，优良的教育服务可以较好满足产业工人培育、科技创新支撑需求；集中大量医疗资源，提供高水准医疗服务，可以满足不同人才及其家属对医疗服务的需求。奥斯汀是美国得克萨斯州的教育中心、旅游中心，也是著名的"世界现场音乐之都"（live music capital of the world），景色优美，人均音乐场所数量在全美国居第一位，在城区的第六街上，几乎每晚都可以欣赏到主要演奏古典与现代的各种音乐，如爵士、摇滚、乡村音乐等的内容丰富、形式多样的音乐会。作为"生活舒适之城"，奥斯汀优良的社会品质，吸引了大批高层次人才迁入。

3.文化品质——留住人才的精神内核

文化品质提升是城市品质提升的灵魂，文化品质本身强调城市发展的内涵。文化是一个城市独特的基因，是其灵魂，为城市建设和发展提供了巨大的精神动力。城市品质的提升和发展绝不可忽视文化的重要性。一个拥有个性的城市往往是依靠其独特的文化打造和经营而成的，富含本地特色的人文内涵是城市魅力的内在填充。

工业革命是英国利物浦这座城市的基因，城市品质提升过程中，市政府充分考虑新旧元素的融合，保留工业时代红砖建筑和更早期风格建筑群的外貌，让其在城市更新与转型过程中在尽可能保留原有元素的基础上得到合理的改造及扩建，并选择建造了大量以工业文化为主题的博物馆，围绕各种主题和通过多种现代化科技手段集中展示了利物浦在工程、贸易、技术、工业方面所取得的成就，这是传承城市基因的重要方式，是对城市文化底蕴的认可及尊重。提升城市品质的目标之一是让文化融入城市生活，从而丰富城市的文化底蕴。通过丰富城市文化底蕴，市民素质和整个社会的文明程度也会相应提高。这样的城市将成为文化特色鲜明、文化内涵丰富的文明之都，形成一个吸引各类高端人才的特有灵魂内核，持续不断地吸引优秀人才会聚于此。文化的融入不仅是城市品质提升的关键要素，还是城市吸引力和核心竞争力的重要体现。

同时，科学文化中心等文化场所与机构的建设能为居民学习文化、交流思想和经验、丰富精神世界提供有效的平台，提供更多元的文化娱乐选择和更多的社交选择，营造鼓励多元社会群体融合的社会环境，给人们带来种类丰富的消费品和服务，满足人们需求，同时借助人与人之间的相互学习效应，提高劳动生产率，吸引更多高技能人才、科技人才聚集。

4.环境品质——吸引人才、留住人才的前提

宜居的生态环境，不仅是城市良好品牌形象的象征，更是城市强大综合实力的体现。良好的环境品质体现在优良的适宜人居的自然生态和通过人工改造山体、河流打造的宜居环境，城市规划建设形态及结构、建筑布局等城市环境，以及功能定位的区际协调、良好的空间功能结构、合理的空间布局、资源的集约节约利用等方面。从"定居性"角度看，以各类设施建设为主的硬环境改善，有利于创造良好的居住条件，是吸引人才和留住人才的关键前提。打造集文化娱乐、休闲运动等功能于一身的优质居住环境，建立由人才房、大学生公共租赁住房、人才公寓、新引进大学生租房补贴、高层次人才购房补贴、保障性租赁住房等构成的住房保障体系，能够为各类人才提供多层次的选择，增加人才居住选择权，有效改善人才居住环境，使更多的人才"引得进、留得下"。从"流动性"角度看，水、电、网络、煤气等物质流以及社会关系、信息知识和人力资源等软性要素流的流动性和开放性决定了对人才的吸引程度，比如，依靠四通八达的对外交通体系和交通服务体系，个体可以更快抵达出行地开展商务活动、旅游休闲、家庭聚会等活动，拥有这样交通体系的城市对个体更具吸引力。为改善硬环境留住人才，以实现城市精细化管理水平、环境品质达到国际先进水平为目标，2012年开始，

佛山启动了一系列声势浩大的城市升级行动计划，生活环境持续改善，公园、绿地等居住区周边绿化以及交通、教育、购物、游乐等生活相关硬件设施的建设全面加强。如今，"高大上"的城市综合体越来越多，"小家碧玉"型的休闲场所"隐居"市中心，全市环境卫生指数也不断创新高。2021年佛山市城市升级办组织的城市升级公众评估及意见咨询数据显示，在对城市升级行动的总体评价中，表示"很满意"和"较满意"的市民比例超过80%。这一结果反映了市民对城市升级行动的积极认可和满意度较高的态度，表明城市升级行动在提升城市品质、改善城市环境、提供更优质的公共服务等方面取得了显著成效，市民对于城市升级所带来的变化和发展持有较为正面的看法，这为城市持续发展和吸引更多优秀人才创造了良好的社会氛围。

5.管理品质——增强人才的归属感

在城市品质提升的过程中，管理能力是至关重要的，管理品质主要强调城市政府的行政效率。我国当前的城市政府职能主要包括经济调节、市场监管、社会管理以及公共服务等多个方面。为了解决制约地方经济社会发展的突出矛盾，城市政府致力于解决群众最关心、最直接、最现实的利益问题。注重管理品质的城市行政体系相对更加完善，行政效率高，透明度也较高，行政收费水平较低。因此，提升管理品质的着力点在于构建廉洁高效的政府形象，这可以通过建设行为规范、运转协调、公正透明、办事高效的政府来实现，有助于提升社会管理和服务水平，为市民创造更好的生活环境，为企业创造更好的营商环境。因此，需要重视城市运行管理能力的不断提升，着重解决民生问题，为市民和企业提供更好的服务，不断推进城市管理水平的提高，以促进城市品质的持续改善。通过建构政府形象，城市可以提高行政效率，增强市民对政府的信任，同时为企业投资创造更加稳定和有利的环境。

城市不再是公共服务设施垄断提供者，而是公共服务多方参与机制的监管和协调者，因此，现代化的城市治理体系，精细化、参与式的公共服务供给，更有利于激发市民主人翁意识，增强高端人才的归属感。以深圳为例，根据2018年国家统计局等部门发布的数据，采用软环境、基础设施、商务成本、市场环境、社会服务、生态环境6个指标进行测算，深圳营商环境质量位居全国第一，常住人口增速也是全国第一。深圳市政府积极推动建设"政务服务大超市"，为大企业提供个性化贴身服务；着重优化审批流程，提高办事效率；充分应用现代信息技术和管理手段，实现城市管理网格化，推动城市精细管理、精准管理和智慧管理，以提高管理效率和执法水平。此外，还针对高端人才大规模聚集的特点，在区行政服务大厅设立了人才服务专区，为各类高端人才提供全方位的专属服务。

城市的优质和高效公共服务是留住高端人才的关键所在，也是城市发展的"压舱石"。深圳市政府通过打造"政务服务大超市"和优化审批流程，积极提升城市管理和服务水平。这对于吸引和留住高端人才尤为重要，特别是提供配套措施如配偶和子女等方面的支持，能够更有效地稳定高端人才队伍。另外，在高端人才的成长和发展方面，城市的精细化管理和服务起着关键作用。深圳市政府的举措，特别是为高端人才提供个性化服务和配套措施，有助于吸引更多优秀人才，并让他们在这个城市得到更好的成长和发展。

二　美国奥斯汀社会品质上多元有趣、经济品质上以科创为主，实现更多高端人才的聚集和发展

1.社会品质和环境品质：著名的音乐之都，是得克萨斯州的美食中心和教育中心，提供了多元且优质的品质生活

奥斯汀（Austin）位于美国得克萨斯州，是该州的首府，市区面积约为704平方公里。作为得克萨斯州的教育中心和美食中心，奥斯汀享有"全美旅游之都"和"世界现场音乐之都"等美誉，这座城市以其独特的音乐文化而闻名，拥有许多著名音乐人、音乐场所和音乐盛事，其中包括备受瞩目的SXSW音乐节。据统计，奥斯汀市民均可轻松找到音乐场所，这使其在美国拥有最高的人均音乐场所占有率。同时，奥斯汀也是得克萨斯州的重要教育中心，市民的识字率和受教育水平在全美范围内名列前茅。另外，这座城市还以烧烤等美食文化而闻名，并拥有大型精酿啤酒厂，以其优质的生活环境、便捷的交通系统以及相对较低的住房成本吸引了大批热爱多元文化、追求品质生活的高层次人才涌入，相较硅谷等地，奥斯汀的生活成本更低，这使得更多人选择在此定居生活。综上，奥斯汀作为美国得克萨斯州的首府，

以其独特的音乐文化、卓越的教育水平和丰富多样的美食文化，为城市的品质提升做出了显著贡献，并持续吸引着来自世界各地的人们前来探索和定居。

2.经济品质：以科技和创新驱动经济快速高质量发展

自20世纪中期以来，奥斯汀的半导体和计算机产业得到迅速发展，这座城市因此被誉为"硅山"（Silicon Hill），这也吸引了众多高科技公司来此设立总部或分支机构。其中，Freescale半导体公司和戴尔公司的总部均位于奥斯汀，国际知名的公司如IBM、苹果、谷歌、英特尔、思科、3M、eBay等也在奥斯汀设有分支机构，形成了一个庞大的高科技企业群体。奥斯汀也不仅仅局限于发展半导体和计算机产业，还吸引了许多生物医药等领域高科技公司的聚集，对高技术人才的需求迅速增加，各类优秀科技专业人才纷纷涌入奥斯汀，为城市的科技创新和产业发展提供了坚实的支撑。

3.城市品质提升与高端人才聚集：优质生活和高新技术产业崛起，实现更多高端人才的聚集和发展

奥斯汀建立之初（1839~1845年），由于其地理位置靠近墨西哥，且经常与当地土著发生激烈的冲突，奥斯汀的发展十分缓慢。由于种种困难，奥斯汀一度失去了首府的地位，面临人才流失的难题。

南北战争（1861~1865年）之后，奥斯汀迎来了快速发展的时期，尤其是随着中部铁路线的贯通，该市成为棉花和牲畜交易的主要集散地。大量的产业工人涌入奥斯汀，使得城市经济蓬勃发展。尽管如此，奥斯汀在培育和吸引高端人才方面仍然存在城市品质不够高及产业基础薄弱的问题。

20世纪中期以来，奥斯汀快速发展的半导体和计算机产业和高度发达的教育不断加速高端人才聚集。戴尔公司等在奥斯汀的创立和崛起带动了大批互联网科技公司兴起，此外，多家生物医药科技公司对高技术人才的需求迅速增加。与此同时，以得克萨斯大学奥斯汀分校为代表的优质教育资源为奥斯汀提供源源不断的高端人才。在多方有利条件加持下，奥斯汀城市产学研一体化加速，其与优秀的城市品质相结合，源源不断吸引外部高端人才聚集，也不断完善高端人才的内生发展机制。

三 英国曼彻斯特文化品质与经济品质形成合力，使高端人才持续流入和自我更新成长

曼彻斯特（Manchester）位于英格兰西北地区，是大曼彻斯特郡的都市自治市和单一管理区，它是英格兰主要的工业中心、商品集散中心和金融中心城市之一，也是英格兰八大核心城市之一。

1.文化品质：由工业城市演变为文化多元的、繁华且内涵丰富的后工业文化之城

曼彻斯特作为世界上最早的工业城市，拥有丰富的历史人文资源。如今，曼彻斯特已经转变为一个文化多元且繁华的后工业文化之城，以金融、教育、旅游、商业和制造业为特色，特别是文化传媒行业在该市蓬勃发展，为城市带来了独特的魅力，各类文化活动和娱乐节目丰富多彩，吸引着国内外游客纷至沓来。而曼彻斯特著名的足球俱乐部曼联和曼城为城市带来了独特的体育文化并成为城市的象征，其在全球范围内的高知名度为曼彻斯特带来了巨大的影响力。这些丰富多样的文化元素、历史与现代的交融，使城市文化内涵得到了进一步丰富，让这座城市在发展中保留了自己独特的魅力，吸引了更多的人们前来探索和体验。

2.经济品质：从传统制造业成功转向以金融、传媒和商贸等为主的现代服务业

从蒸汽时代到电气时代，再到互联网时代，曼彻斯特不断适应时代变化，不断转型发展。20世纪60年代后，曼彻斯特开始从传统制造业中转型出来，逐渐形成了以金融、传媒和商贸服务等现代服务业为主导的产业结构。特别是传媒创意产业得到了快速发展，成为城市的重要支柱产业。曼彻斯特拥有众多全英国知名的高校、文化和媒体制作机构，为当地创意经济的发展提供了强大的动力，其中，格兰纳达电视台及其他独立媒体制作公司的入驻，以及BBC部分业务向曼彻斯特地区的转移，都提升了曼彻斯特本地创意产业的水平。通过不断培育和吸引高端人才，曼彻斯特的创意产业等现代服务业蓬勃发展，使其成为全国乃至全球的重要创意中心，在经济发展中长期保持强大的竞争力，现代服务业持续为城市的繁荣发展做出积极的贡献。

3.城市品质提升与高端人才聚集：现代服务业与深厚人文底蕴形成合力，使高端人才持续流入和自我更新成长

在蒸汽革命时代，曼彻斯特的棉纺织工业得到迅速发展，工厂和纺织厂如雨后春笋般涌现，大规模的生产带来了前所未有的产能和效率，这使得曼彻斯特成为当时全球最大的棉纺织生产中心之一，棉纺织品的生产和交易在曼彻斯特达到了高度繁荣状态。蒸汽革命促使大量产业技术人才聚集到曼彻斯特，产业工人作为当时的高技术人才，不断改进和优化蒸汽机，而技术的成熟和城市发展，又不断培养新的高端人才，为整个城市的发展打下了坚实的基础。

在电气革命时代，曼彻斯特以电子、化工和印刷为中心，形成了一个多样化的工业体系。城市经济品质持续提升，涌现了重型机器制造、织布、炼油、玻璃加工、塑料加工和食品加工等700多种行业。这些行业的发展为城市带来了繁荣，吸引了大量的机械工程师、电气设计师等高端人才前来聚集。

在互联网时代，曼彻斯特传统的钢铁、纺织和航运产业占比持续下降，2010年，以金融和创意传媒为代表的现代服务业从业人员占比接近90%，制造业从业人员占比低于10%。曼彻斯特新的经济结构决定了城市的经济品质，也造就了高端人才流入和聚集的局面。尤其是2000年以来，曼彻斯特作为西北地区的商务、金融和保险中心，吸引了大量的高学历人才，其与深厚的人文历史底蕴和足球文化相叠加，使经济品质和精神文化品质形成合力，推动城市高端人才持续流入和自我更新成长。

四 芝加哥经济品质和文化品质使其成为美国最重要的经济和文化中心之一，对高端人才有巨大吸引力

芝加哥（Chicago）位于美国密歇根湖的南侧，是美国第三大城市，也是世界级的国际金融中心之一。

1.经济品质：是美国最重要的经济中心之一

芝加哥在钢铁工业、机械制造业、农业技术、贸易、文化教育等方面均居领先地位。芝加哥作为美国发展最均衡的经济体，2018年三次产业结构为

10：60：30，不仅制造业高度发达，钢铁工业居美国第一位，而且是美国金融中心和商务中心，芝加哥交易所是北美乃至全球最大的衍生品交易所。

2.文化品质：是美国最重要的文化科教中心之一

芝加哥是美国最重要的文化科教中心之一，是美国中部的高等教育中心。芝加哥拥有世界顶级学府芝加哥大学（The University of Chicago）、西北大学（Northwestern University）和享誉世界的芝加哥学派。截至2019年10月，有逾百位诺贝尔奖得主在芝加哥工作、求学过（芝加哥大学100位、西北大学19位）。

3.城市品质提升与高端人才聚集：成功实现城市转型和复兴，科技教育兴起，加速吸引大批高端人才回流

自城市建立至20世纪60年代，随着肉制品加工业的发展，芝加哥逐渐成为一个以工业为支柱产业的城市，尤其以重工业为主，成为五大湖地区的传统工业重镇。到1900年，芝加哥的人口数量已达到170万人，吸引了大量产业技术工人等高端人才不断涌入。然而，20世纪60年代后，芝加哥作为所谓的"铁锈带"的一部分开始衰退。受到金融危机的冲击，制造业全面衰退，城市面临严重的种族冲突，导致大量投资和人口流失至郊区和"阳光地带"。1950~1990年，芝加哥的人口锐减超过80万人，这一时期的挑战使得芝加哥面临严峻的发展困境。

20世纪70年代，在历经工业衰败和人口大幅外流后，芝加哥从生态和科技两个方面进行城市改造升级。芝加哥充分利用密歇根湖和芝加哥的滨水环境打造以海军码头为代表的城市生态区，吸引了大量高端住宅、写字楼和城市广场的入驻，加速了高端人才的回流。此外，科技教育兴起也是芝加哥吸引高端人才的重要优势，加之博物馆、图书馆和科技馆等文娱设施日益完善，芝加哥的人才聚集能力进一步增强。

第四章　经济（产业）品质——城市品质的基础

一　横滨产业区域协同发展路径与措施

（一）产业区域协同发展路径特征

1.积极承接东京的产业转移，促进产业快速发展

1956年，为了减轻东京的城市问题并促进其与周边地区的合理、均衡、有序发展，日本颁布了《首都圈整备法》，其中提出的主要措施之一是在都市开发区域建设多个工业化卫星城，以吸引产业和人口转移。横滨制定了一系列投资政策，旨在吸引东京企业的产业转移。通过建立有效的投资管理体制和提供优惠政策，京滨工业区快速扩张，并形成了钢铁、石油等重化工产业集群。随着重化工产业集群的发展，电子、机械等产业的发展也得到了推动，实现了从以传统纺织工业为主的轻型工业到重型工业的产业升级。到20世纪90年代中期，横滨临海工业带和分布在全市各地的67个工业园中约有一半企业来自东京。

2.推动产业多元化发展，突出都市产业特色

横滨形成了多元化、多生态的产业发展格局，其以IT产业为支柱，机械工业、印刷出版业、化学工业、食品工业、金属制品和钢铁工业为基础，形成了工业集聚发展的态势，推动了横滨的扩张与发展。同时，横滨还依托新横滨城的建设，大力发展总部经济和体育产业。在新城发展初期，用地宽裕，对体育场馆用地进行了规划。除了日产体育场，新横滨还建有小机竞技场等不同规模的体育场馆，可以举办各种体育赛事、音乐会和演唱会等，2002年承办世界杯决赛，2019年为橄榄球世界杯比赛的举办地之一，这大力提升了新横滨的知名度，进一步推动了新横滨体育事业的快速发展。

3.对标东京核心城市功能规划新城，促进高端产业集聚发展

作为东京大都市圈的一部分，横滨由于与东京相距过近，逐渐失去了作为主体城市的独立性。为了解决这一问题，横滨采取了一系列措施，其中包括规划和建设港湾未来21区（MM21）。通过启动"港湾未来21计划"，横滨成功地承接了原本集中于东京的商业和国际交流等功能的部分转移，实现了功能的多元化和分散化，促进了高端要素在横滨的集聚，包括高科技产业和高端人才的引进，为横滨注入了新的活力，为城市的可持续发展和品质的提升提供了坚实的基础。横滨"港湾未来21计划"的内容是依托新干线站点规划建设新横滨地区，增强自身经济发展核心功能。新横滨地区以新横滨站为核心进行高密度开发，通过功能复合、导入文化设施等措施，吸引大量商业、商务机构和IT产业集聚，打造无论是工作日还是休息日都充满活力的城区空间，港湾未来21区不仅吸引了多家公司总部及商业、文化设施，还吸引了大量东京市民到这里休闲度假，新横滨地区也在《横滨市都市计划（2013年）》中正式被定位为横滨市的新中心。

（二）产业区域协同发展内在条件与外部因素

1.港口优势突出，工业基础雄厚

横滨是一个全球性的特大港口，自开埠以来一直是日本最重要的国际贸易港之一，其中，集装箱、汽车、木材、海鲜等的专用码头占据了全港总码头数量的65%以上，使其成为一个典型的内需型港口，主要职能是为国内的大型制造业企业提供原材料和能源物资的进出口服务。同时，京滨工业区生产的产品也大量通过横滨港输出。横滨地处全国四大工业区之一的京滨工业区的核心，主要工业领域包括钢铁、炼油、化工和造船。全市拥有8300多家大小工厂，截至2022年，工业生产总值居全国第三位。横滨是一个重要的工业基地，横滨港与京滨工业区的紧密合作使得该地区的产业链更加完善，为国内外企业提供了便利的进出口通道，不仅促进了本地经济的增长，还在全国范围内对经济发展起到了重要的推动作用。

2.地处东京湾的核心区，具有承接东京辐射与资源要素转移的便利

东京都市圈是由国家战略主导，以提高首都圈能级和促进首位城市在区域及全球网络中发挥作用为目的的超大型跨区域城市建设项目。《第四次

首都圈基本规划》中，日本政府提出将东京的部分城市功能加速分散到首都地区以外的其他核心城市。作为首都地区除东京以外的最大城市，横滨自身增加城市工作机会的需求与首都圈规划赋予横滨的职能相吻合，横滨在1980~2000年的总体规划中也提出了要增加其作为东京都市圈核心城市所需的功能。东京和横滨作为典型的"双核城市"，在城市发展定位上有着明显的差异。东京作为日本的首都，是一座现代化的国际大都市，拥有高度发达的城市功能，被国际公认为金融中心、商业中心、信息中心和国际文化交流中心，此外还是国际时装中心、会议中心和展览中心，这使得东京成为一个多功能、高效率的国际都市。相比之下，横滨作为"双核城市"的另一核，形成了自身的发展特色，以其突出的港口优势和临海工业的发达而闻名，成为著名的滨海旅游与休闲城市，其港口作为全球性特大港口，为国内的大型制造业企业提供了重要的进出口服务。同时，横滨在旅游和休闲领域也有丰富的资源，吸引了众多游客前来观光游玩。在首都经济圈中，横滨与东京共同构成了"双核城市"，对区域的发展起到了龙头带动作用和辐射作用，东京的高效率和多功能性带动了整个区域的经济繁荣，而横滨作为重要的滨海城市，则通过其港口和旅游资源吸引了更多的投资和人流。这种错位而互补的城市发展模式使得两座城市共同参与构建了一个充满活力和机遇的城市群。

3.日本新干线站点站城一体开发产生强大带动效应

新横滨是一个成功的日本新干线站点站城一体开发案例，从新干线站点发展成为横滨市的新中心，并实现了从"工作在新横滨"到"生活在新横滨"的转变。横滨在开发过程中，明确了阶段性目标，进行有序的城市建设。先重点进行基础设施建设，为后续城市发展打下坚实基础，并考虑产业需求，利用便利的基础设施和交通条件吸引企业进驻，通过提供工作岗位聚集人气，然后满足居民的多样化需求，丰富城市的生活功能。在发展的后期，城市功能得到了进一步更新，城市环境得到了改善，能够为居民提供良好的生活环境，实现了职住平衡。

在城市发展过程中，新横滨完善了各种交通要素的配置，缩短通勤时间成为吸引老城和东京都市圈内其他城市人口前来新横滨就业的重要措施。横滨通过连接JR地铁线和横滨市营地铁线，加强了新城与老城以及其他城市之间的联系。同时，道路交通系统也得到重视，特别是与新横滨站相连接的环状2号线和经过新横滨的高速横滨环状北线，增强了新横滨的公路运输能力，确保了物资流动顺畅，这对新城发展十分重要。

（三）产业区域协同发展的政策措施

1.综合制定政策全面推动创意产业发展

为了通过文化艺术的兴盛带动创意产业的发展，横滨采取了一系列措施。首先，市政府提高了创意产业的创意含量，将其重新定义为与生活风格相关联、具有高创意含量的产业。这使得创意产业与传统制造业有所区别，其核心内涵转变为高创意含量的产业。其次，横滨市将会奖旅游和观光事业并列为城市长期发展的重要驱动力，通过各种文化活动吸引观光游客，增加观光收入，这成为发展创意产业的目标之一。为提高创意产业发展效率，在《2010年提言书》中强调促进艺术人才和创业者的集聚，将艺术人才的作品制作与未来的工作机会联系起来，以形成更顺畅的艺术人才发展路径；提出建立支持创业者的平台和营造支持创业的环境，旨在让创意产业实现自给自足。最后，横滨还鼓励创意产业与其他领域合作，其《2012年基本见解》对文化艺术进行了重新定义，认为其不仅限于艺术，还包括传统文化和生活文化等多样化、多范畴的内容。这样的定义为创意产业与其他领域的合作带来了更多可能性，促进了创意产业的多元发展。

2.制定交通设施建设相关政策促进优势产业发展

通过开通往返成田机场的大巴服务，新横滨为其IT产业发展开辟了新的发展前景。多式联运的实现，大幅节约了时间成本，吸引了对时间敏感的产业，如展览物流业、高新技术产业以及现代服务业，进一步推动了城市产业的升级。此外，新横滨的停车场和自行车停车场配套相当完善，提高了道路系统的利用率。依托便利的交通条件，大量的信息流在新横滨地区中转和汇集，因此横滨吸引了众多IT企业的青睐，包括电子数码品牌店、软件开发企业等。

二 深圳战略性新兴产业发展路径与措施

（一）战略性新兴产业发展路径特征

1.自主创新与高新技术产业发展是战略性新兴产业快速发展的重要动力源泉

深圳市2008年高新技术产品产值已经达到8710亿元，在工业总产值中占比超过50%，具有自主技术产权的产品产值在高新技术产品产值中占比接近60%（见表4-1）。自主创新与高新技术产业发展是战略性新兴产业快速发展的重要动力源泉。深圳市是在2009年规划布局战略性新兴产业的，2010年深圳市的战略性新兴产业增加值达到2598亿元，在GDP中占比达到27%。

表4-1 2005~2008年深圳高新技术产品相关指标

单位：亿元，%

年份	高新技术产品产值	具有自主技术产权的高新技术产品产值	具有自主技术产权产品产值占高新技术产品产值比重	高新技术产品产值占工业总产值比重
2005	4885.26	2824.2	57.8	48.0
2006	6309.7	3653.3	57.9	51.4
2007	7598.8	4454.4	58.6	52.9
2008	8710.9	5148.2	59.1	53.5

2022年，深圳市专利授权量达27.58万件，约占全国总量的6.56%，位居北上广深之首；PCT国际专利申请量达1.59万件，约占全国总量的22.99%，已连续19年保持全国第一；每万人口发明专利拥有量为137.9件，是全国平均水平的5.8倍；知识产权促进成果显著，累计发行知识产权证券化产品55单，发行规模达125.46亿元，占全国总量的50.9%，在全国持续领先。深圳19家高校、科研机构及企业主持或参与完成的16个项目获2016年度国家科学技术奖，截至2016年度国家科学技术奖获奖名单公布完毕，深圳获奖项目累计达到72项，其中"第四代移动通信系统（TD-LTE）关键技术与应用"获得国家科学技术进步奖特等奖。一批创新能力较强的骨干企业在新一代通信技术、新型显示、基因测序、超材料、新能源汽车和无人机等领域关键核心技术上取得重大突破，进一步增强了其领先优势，其中，2016年，中兴通讯和华为PCT国际专利申请量居于全球前两名；2015年，腾讯、信立泰、比亚迪等企业获得中国专利金奖4项，占全国的20%。深圳科技创新能力逐步提升，为城市经济品质的持续提升奠定了重要基础。

2.电子通信产业等支柱产业是战略性新兴产业发展的主要产业基础

自2000年以来，深圳的电子及通信设备制造业一直是城市的主要支柱产业，形成了以电子信息技术为主导的高新技术产业集群。2008年，深圳电子及通信设备制造业增加值达1607.14亿元，占全市规模以上工业增加值的45.6%。当年，深圳生产的手机、程控交换机、通信基站、彩电、微型计算机等多项产品的产量在全国乃至全球均位居前列，其中手机产量占全国的30%，彩电占21%，程控交换机占32.6%，半导体集成电路占15%，微型计算机占16%。凭借雄厚的电子信息产业基础，新一代信息技术产业在深圳的战略性新兴产业中占比及贡献率不断提升，已经超过40%。深圳的电子及通信设备制造业长期保持着强大的创新能力和竞争优势，截至2022年，产业增加值已经占到全市规模以上工业增加值的六成以上（见表4-2），已成为深圳战略性新兴产业的重要产业基础。

表4-2　部分年份深圳工业总产值或增加值在全部产业中的占比和电子及通信设备制造业增加值在规模以上工业中的占比

单位：%

指标	2001年	2008年	2009年	2017年	2018年	2022年
工业总产值或增加值在全部产业中的占比	46.3	46.4	43.9	38.95	38.2	38.3
电子及通信设备制造业增加值在规模以上工业增加值中的占比	—	45.6	50.2	56.68	60.97	61.43

3.龙头企业对战略性新兴产业发展带动作用明显

深圳已经涌现了一批行业龙头企业，成为城市创新驱动发展的重要代表。其中，华为是全球最大的移动通信设备企业和前三大智能手机厂商之一，比亚迪成为全球唯一同时具备新能源电池和整车生产能力的企业，迈瑞是全球领先的医疗设备和解决方案供应商，大疆科技已经占领了消费级无人机全球70%的市场份额，贝特瑞成为全球最大的锂离子电池负极材料供应商，这些企业成为深圳在国际舞台上的重要名片，彰显了这座城市在创新领域的实力和影响力。同时，深圳还涌现了大量科技型中小企业，它们是城市创新驱动发展的重要生力军。2016年，深圳拥有超过3万家科技型企业，其中，国家级高新技术企业达到8037家，在境内外交易所上市的企业数量达到

346家；截至2018年，中小板和创业板上市企业数量连续12年居国内首位。这些科技型中小企业在推动深圳创新发展、促进产业升级和城市经济持续增长方面发挥着重要作用，为城市的创新生态系统注入了源源不断的活力。

4.战略性新兴产业区域集聚特点突出

2018年，南山区、宝安区、龙岗区三区的战略性新兴产业占深圳市生产总值比重从2017年的28.38%微跌到27.43%，但三区战略性新兴产业增加值基本都有增长，其中龙岗区较2017年净增长达217亿元；三区的战略性新兴产业也已具有一定规模，2018年三区战略性新兴产业增加值分别为2964亿元、1149亿元、2531亿元，总增加值达6644亿元（见表4-3），占全市战略性新兴产业增加值的70%以上。

表4-3 部分年份深圳市南山区、宝安区、龙岗区战略性新兴产业增加值及其占深圳市生产总值比重

单位：亿元，%

指标	南山区		宝安区			龙岗区		
	2017年	2018年	2017年	2018年	2019年	2017年	2018年	2019年
战略性新兴产业增加值	2821.89	2964.31	1244.97	1148.65	1181.27	2314.21	2531.27	2692.35
战略性新兴产业增加值占深圳市生产总值比重	12.55	12.24	5.54	4.74	4.39	10.29	10.45	10.00

坂雪岗园区已初步形成了以计算机、通信设备和机电一体化为主要产业的三大产业群，该园区吸引了众多知名通信设备和计算机设备制造商，如华为、富士康等，形成了完整的产业链条；同时，在宝龙-碧岭园区，许多企业聚集，包括兄弟工业、同洲电子和新中桥等通信电子制造业企业，以及天马微电子、深爱半导体、方正微电子、华润微电子、意法半导体等集成电路企业，这些企业共同构成了以IC制造产业为主导，辅以电子通信产业和汽车制造业的产业集群，该园区已成为华南地区最大的超大规模集成电路产业基地。这些产业集群的形成和发展，进一步巩固了深圳作为创新高地的地位，也为城市经济发展带来了巨大的活力和动力，特别是集成电路产业的发展，对于深圳乃至整个粤港澳大湾区的高新技术产业升级和发展均起到了重要的推动作用。

（二）战略性新兴产业发展内在条件与外部因素

1.搭上电子信息技术与市场快速更新迭代的快车道

深圳充分利用信息技术革命的契机，不断推进技术与产品的快速更新迭代，推动以信息技术为支撑的战略性新兴产业快速发展。从2012年的3916.47亿元增长至2022年的13322.07亿元，战略性新兴产业增加值增长了2.4倍，其在GDP中的占比总体呈上升趋势，从30%增至41.1%（见表4-4）。目前，深圳已成为国内新兴产业规模最大、集聚性最强、技术创新最活跃的城市之一。在新兴产业的引领带动下，深圳的经济保持平稳健康的发展态势，2022年，深圳的规上工业增加值达到1.14万亿元，稳居国内大中城市首位；深圳的软件与信息服务、网络与通信、智能终端等三大产业的增加值均超过2000亿元，合计约占深圳全市战略性新兴产业增加值的50.7%。以电子信息产业为代表的新兴产业的迅速崛起为城市经济增长提供了强劲动力，率先实现了质量速度有机统一和效益结构同步优化。

表4-4 2010~2022年深圳战略性新兴产业增加值及增长率、在GDP中的占比

单位：亿元，%

年份	增加值	增长率	在GDP中的占比
2010	2598.15	24.6	27.0
2011	3172.34	18.1	28.0
2012	3916.47	19.0	30.0
2013	4926.38	20.5	34.0
2014	5695.24	13.5	36.0
2015	7003.48	23.0	38.9
2016	7847.72	10.6	40.3
2017	9183.55	13.6	40.9
2018	9155.18	9.1	37.8
2019	10155.51	8.3	37.7
2020	10272.72	3.1	37.1
2021	12146.37	6.7	39.6
2022	13322.07	7.0	41.1

2.龙头企业带动战略性新兴产业发展

20世纪90年代初，内资民营企业开始进行技术的引进消化再创新，逐渐摆脱低水平参与产业链分工局限，取得了产业细分领域的市场竞争优势。2000年以后，华为、腾讯、比亚迪等企业逐步由引进消化再创新阶段进入引领创新阶段，深圳形成模仿创新、引进消化再创新和引领创新共融的创新模式，推动了深圳电子信息、生物医疗、新材料等科技产业领域的战略性新兴产业的发展。在电子信息产业中的晶片等关键零组件、设计制造及组装、终端品牌等产业环节涌现了以华为、中兴、海思、华星光电、研祥科技、长城电脑等为代表的一批行业龙头企业。在新能源产业中，深圳拥有中广核、比亚迪、拓日、珈伟、嘉普通、南玻等一批行业龙头企业。在新材料产业中，深圳在电子信息材料、新能源材料及功能材料三个领域，拥有贝特瑞、中金岭南、光启、格林美等一批龙头企业。

3.政府引导推动作用

技术创新与战略性新兴产业发展过程中的知识、技术溢出效应，使技术创新成果具有正外部性或公共品性质，存在"市场失灵"现象，通过市场实现的技术创新，并不能体现创新的最优水平。在这种情况下，深圳市政府对技术创新与战略性新兴产业的政策支持就是一种对市场力量的有效补充。深圳市政府加大人才引进力度，加强财税政策对技术创新的支持，拓宽技术创新企业的融资渠道，合作建设公共科研平台，承担战略性技术研发责任，加大对知识产权的保护力度，积极培育新兴产业集聚基地，为企业创造了良好发展环境和条件。

（三）发展战略性新兴产业的主要政策措施

1.前瞻谋划系统布局，不断完善产业政策体系

2008~2009年，深圳发布了《深圳互联网产业振兴发展规划（2009—2015年）》、《深圳国家创新型城市总体规划（2008—2015）》和《深圳高新技术产业园区发展专项规划（2009—2015年）》等一系列重要政策文件，明确规定在2009~2015年将设立35亿元互联网产业发展专项资金用于支持该产业的发展；同时，对于在深圳设立具有独立法人资格且符合互联网产业重点发展方向的总部和区域性总部企业，将予以最高500万元的奖励。这些政策

的实施取得了积极成果，在2009~2010年，深圳成功吸引了阿里巴巴集团南方总部、国际运营总部，以及百度的国际总部、华南总部和研发中心等知名企业总部落户，此外，阿里巴巴商业云计算研发中心也在深圳成立，深圳正加快成为国内领先的互联网产业基地，未来发展势头十分强劲。

2.超常规建设创新载体，补齐创新资源短板

深圳市政府与各大科研院所开展广泛合作，积极构建公共平台，致力于承担战略性新兴技术的研发责任。例如，1992年，与国家计划委员会合作创办了深圳国家电子技术应用工业性试验中心，该中心主要负责高新技术的研发与产业化、工业性项目试验、高新企业风险投资担保、数字技术园区物业管理等工作。1998年，深圳市政府还与国家生化工程技术研究中心合作创办了国家生化工程技术研究中心（深圳），将国家重点科技计划的实验室成果与国家生化工程技术研究中心的工程化技术相结合，致力于推进生物技术产业化。这使得深圳成为全国生物技术成果转化的基地，逐步发展成为我国内地与我国港澳台地区和东南亚地区沟通的桥梁，推动我国生物技术产业国际化。深圳对基础研究领域的投入持续增加，基础研究平台体系日益完善，截至2022年，已建设各类创新载体3223家，其中有国家级153家、省级1278家。光明科学城专注于信息、生命和新材料三大学科领域，截至2023年9月，集中布局了共计24个重大科技创新载体，包括9个大科学装置、11个前沿交叉研究平台、2个省级重点实验室和2所研究型高校。这些举措有助于进一步推动深圳的科研创新，为城市的战略性新兴产业发展提供有力支撑。

3.创新财税支持方式，支持战略性新兴产业发展

深圳制订了《新兴产业专项资金多元化扶持方式改革方案》，建立了无偿资助与有偿资助并行、事前资助与事后资助结合的财政资金投入机制，以加大对技术创新、协同创新、应用示范和产业化等创新活动的支持力度；同时，深圳市政府还实施了战略性新兴产业和未来产业专项扶持计划，针对新能源与节能环保、文化创意、新一代信息技术、生命健康、机器人、航空航天、可穿戴设备和智能装备等领域制订了扶持计划，扶持方式包括资金支持和贷款贴息两种。财政资助资金分为股权投资资金和直接资助资金两部分，最高可达3000万元。对于贷款贴息支持，原则上对单个项目的贷款贴息年限

最长为3年，贴息额度为贷款利息总额的70%，上限为1500万元。

4.构建综合创新生态体系，激发创新创业活力

深圳市政府推动产学研资用紧密结合，在移动互联网、机器人、云计算、北斗卫星导航等领域建立产学研资用联盟和专利联盟，整合技术、资金、人才、产业、市场等要素，推动关键共性技术攻关。建立了更加灵活高效的商事管理体制，实现商事主体资格与经营资格的分离，并建立审批与监管相统一的登记制度，为企业提供了更便捷的注册和经营环境；引入了注册资本认缴制度，为企业提供更加灵活多样的资本组织方式；通过"三证合一"措施，整合工商营业执照、组织机构代码证和税务登记证，大大简化了企业登记流程，减轻了企业的负担。这些改革举措为深圳创造了优良的营商环境，激发了社会和市场的活力。深圳致力于加大对知识产权的保护力度，早在1994年就成立了专门的知识产权审判庭，并于2002年初组建了中国第一个专业化的知识产权刑事执法机构；各级人民检察院负责对侵犯知识产权的刑事案件进行审查起诉和提起公诉。这些措施为知识产权的保护提供了强大的司法支持。

三 苏州服务业发展路径与措施

（一）服务业发展路径特征

1.服务业规模持续扩大，成为经济增长主动力

1952~2022年，苏州市的服务业增加值经历了显著的增长，从1.29亿元增长到12243.95亿元，服务业逐渐占据了苏州市国民经济的第一大产业地位。服务业增加值在总产值中的占比持续攀升，从1952年的29.3%提升至2022年的51.1%。自2012年起，苏州市委、市政府高度重视服务业发展，相继出台一系列政策措施，加快培育服务业新经济新动能。在这些政策的推动下，大数据、平台经济、生产性服务业等新兴服务业蓬勃发展，推动了服务业发展进入新阶段。特别是2016年，服务业增加值在总产值中的占比首次超过第二产业，经济结构实现了由"二三一"向"三二一"的转变。而在2016年，服务业增加值的占比更是首次超过50%，服务业成为国民经济的"半壁江山"（见表4-5）。

表4-5　2012~2018年、2022年苏州三次产业增加值在总产值中占比

单位：%

产业	2012年	2013年	2014年	2015年	2016年	2017年	2018年	2022年
第一产业	1.6	1.5	1.5	1.4	1.4	1.2	1.2	0.8
第二产业	54.2	52.7	50.7	49.3	47.4	47.6	48	48.1
第三产业（服务业）	44.2	45.8	47.8	49.3	51.2	51.2	50.8	51.1

2.综合贡献显著提升，成为经济增长稳定器

自改革开放以来，服务业在城镇化建设的带动下，吸纳就业能力持续增强。大量农业转移人口和新增劳动力进入服务业，使得服务业就业人员数量连续多年保持增长。1979年，苏州服务业就业人口占比仅为8.40%，至1995年，提高至24.78%，2010年又提升至33.97%。截至2022年末，苏州服务业就业人员数量已超过300万人，占比超过38%，服务业成为吸纳社会就业的主要渠道。服务业的投资规模也不断扩大。2000~2022年，服务业投资从192.96亿元增长至4025.2亿元，年均增长率为14.81%，比第二产业高出3.4个百分点；同时，服务业投资在全社会固定资产投资总额中的占比从37.4%提高到70.1%。服务业在过去几十年里取得了显著的发展，其吸纳就业和投资规模均持续增长，为城市化进程的推进和经济发展提供了重要动力和支持。

3.新兴业态加快培育，成为创新发展主力军

创新主体不断壮大。通过实施服务业创新型示范企业创建工程，坚持围绕技术创新、模式创新、品牌创新等方面培育创新型企业。截至2022年末，苏州市已经认定了201家市级服务业创新型示范企业。创新型服务业项目纷纷入驻苏州，信息传输、软件和信息技术服务业的增加值在苏州第三产业中所占比重从2012年的4.34%（见表4-6）上升到2022年的6.64%。一些知名企业也纷纷落户苏州，例如，阿里云计算（苏州）有限公司入驻高新区，京东苏南区域物流电子商务总部基地落户昆山，华为苏州研究所落户工业园区。同时，英威腾、艾普、默迪夫生物、英格玛、西门子电器、NGK陶瓷、松下神视等国际品牌企业纷纷选择在苏州开设总部或研发机构，为城市经济的持续发展和转型升级注入了强大的动力，带动了本地企业在服务业新业态

和新模式上的探索和发展。

创新载体加快培育。苏州积极推动不同领域的融合发展，培育新兴业态，不断提高服务业的集聚程度。2012年，苏州高新区成为全国首批国家知识产权服务业集聚发展试验区之一，截至2022年末，已引进服务机构超过100家，拥有专业人才超过2800人。2013年，由苏州高新区打造的"中国苏州人力资源服务产业园"成立，成为全国第四家国家级人力资源服务产业园。在过去的几年里，苏州高新区取得了显著的科技创新成就。仅在2018~2022年，就获得了3项国家科技进步奖二等奖和1项国家技术发明奖二等奖；同时，还获得了江苏省科学技术奖26项，其中包括8项一等奖、6项二等奖和12项三等奖。这些成绩展示了苏州不断改善科技创新环境的努力。科学研究和技术服务业在苏州市第三产业中的占比也持续上升，从2012年的1.68%上升到2022年的3.5%。

表4-6　部分年份各细分行业增加值在苏州第三产业中占比

单位：%

细分行业	2012年	2015年	2017年
交通运输、仓储和邮政业	7.29	6.26	5.85
信息传输、软件和信息技术服务业	4.34	4.48	5.65
批发和零售业	30.96	26.89	25.21
住宿和餐饮业	5.90	5.61	5.37
金融业	15.42	16.30	16.04
房地产业	12.37	12.38	12.04
租赁和商务服务业	7.34	7.81	8.71
科学研究和技术服务业	1.68	2.79	3.25
水利、环境和公共设施管理业	1.09	1.28	1.08
居民服务、修理和其他服务业	1.36	2.25	2.77
教育	3.38	4.55	4.95
卫生和社会工作	2.15	2.98	3.07
文化、体育和娱乐业	1.41	0.98	0.93
公共管理、社会保障、社会组织	5.31	5.08	4.79

苏州市产业技术研究院于2018年成立，并与中国科学院、南京大学、牛津大学等一批国内外优秀院校和研究机构合作共建重大创新载体，这些创新载体的落户将进一步提升苏州市的科技创新实力和发展潜力。

（二）服务业发展内在条件与外部因素

1.民外并重的发展格局拉动生产型服务业发展

苏州市在发展经济的过程中经历了三个重要步骤。第一步，走乡镇企业崛起的自生内向型经济发展道路。第二步，强化开放型经济，重点吸引外资。从1999年博世汽车部件（苏州）有限公司成立开始，到2007年阿迪达斯在苏州工业园区设立中国区销售及开票总部，再到2018年松下空调设备（中国）有限公司在苏州工业园区成立，以及2022年西门子电气、三菱化学等31个总部项目落户苏州高新区，各类总部项目在苏州涌现，推动了总部经济的蓬勃发展。第三步，回头强化民营经济，形成民外并重的合理格局。只有本土企业发展壮大，并且在价值链和产业链上不断向高端攀升，才能拉动生产性服务业的全面发展，因为这些企业需要本土生产者服务业的配合。通过第二、第三产业的融合共生、互为支撑，金融、现代物流、科学研究与相关的科技和信息服务等生产性服务业的增加值在苏州服务业中的占比开始显著提升。

2.旅游人口持续增长带动相关服务业发展

苏州以"上有天堂，下有苏杭"著称，地理位置优越，与经济发达的上海、资源丰富的浙江相连，紧邻太湖和长江。旅游业在苏州经济中扮演着重要角色，2015~2022年，全年接待国内外游客从1.07亿人次增加到1.35亿人次，保持稳定增长。

旅游业对地方经济产生了多方面的影响。旅游者前往目的地消费，涉及住宿、餐饮、娱乐、购物等，这些消费推动了相关企业的经济效益提升，并解决了当地的就业问题。旅游业的影响体现在旅游自身的收入、地方获得的经济收入、就业情况以及外汇收入等多个方面。旅游在这些方面产生乘数效应，即游客通过旅游消费注入的资金在本地经济系统内渐次渗透，刺激经济活动规模扩大，提高整体经济发展水平。

旅游的乘数效应可以分为三个阶段。首先是直接效应阶段，游客在接待地区的旅游消费成为该地区旅游企业的营业收入。其次是间接效应阶段，与旅游企业有业务往来的其他经济部门的企业从旅游企业获得经济效益，推动地区旅游、财政、外汇和就业等方面的增长或发展。最后是诱导效应阶段，旅游收入引发连锁反应：旅游业发展带动居民收入提高，刺激消费，进而使相关企业获得较好效益，增加税收，为当地提供更多就业机会。

3.稳定的户籍人口结构支撑服务业的高质量发展

随着我国工业化和城市化的迅速发展，苏州形成了规模庞大的城市非户籍人口，随着人才落户条件的放宽，户籍人口数量不断增长，从2010年的637.66万人增长到2022年的774.7万人（见表4-7）。在这一过程中，服务业成为推动户籍人口实现劳动就业的主要力量，是吸纳新增劳动力和农业、工业领域转移劳动力就业的主力军。在中央提出的"六稳"举措中，稳就业被置于首位。服务业在稳定就业方面发挥着关键作用。通常情况下，服务业产值每增长1%，创造的就业机会比制造业多出约25%。换言之，服务业的稳定发展为就业提供了重要的支撑。同时，户籍人口中，中产阶层起着主导作用，而人们对美好生活的需求激发了强大的服务消费活力，这成为推动服务业高质量发展的重要动力。

表4-7 2010~2018年、2022年苏州常住人口、户籍人口数量和户籍人口占比

单位：万人，%

指标	2010年	2011年	2012年	2013年	2014年	2015年	2016年	2017年	2018年	2022年
常住人口数量	1046.85	1051.87	1054.9	1057.9	1060.4	1061.6	1064.74	1068.36	1072.17	1291
户籍人口数量	637.66	642.33	647.81	653.84	661.08	667.01	678.2	691.07	703.55	774.7
户籍人口占比	60.91	61.07	61.41	61.81	62.34	62.83	63.70	64.69	65.62	60

4.政府政策支持推动新兴服务业发展

一是鼓励新兴服务业企业做大做强。支持服务业创新型示范企业的发展，重要的举措包括注重技术创新、商业模式创新、品牌创新和业务创新，鼓励制造业企业在研发、设计、标准化服务等方面设立独立法人主体，以面向社会提供专业化服务，扶持高成长性和规模化的服务业创新型企业，使其不断壮大发展。支持平台企业发展。聚焦科技服务、大数据、文化创意、专业服务等领域，滚动更新充实平台企业培育库。同时，支持总部企业发展，鼓励服务业企业做大做强。二是推动新兴服务业集聚区提档升级。培育服务

业集聚示范区。重点聚焦苏州市服务业"十三五"和"十四五"规划中的重点产业和细分行业,由各区统筹安排用于集聚示范区规划编制、人才和专业团队引进、载体建设和公共服务平台建设等的补助。三是支持新兴服务业重点项目建设,加大服务业重点项目扶持力度,每年对项目单位自主投资的服务业项目择优进行扶持。四是创新新兴服务业引导投入机制。运用好新兴服务业发展引导基金。充分发挥政府财政资金的杠杆效应,进一步扩大服务业创投引导基金规模,吸引优质创业投资企业、项目聚集,有效引导创业资本向现代服务业新兴领域的初创期、成长期服务业企业投资。同时,充分发挥财政资金导向作用,积极探索服务业创投引导基金引导社会资本投入新方式。

(三)服务业发展的政策措施

1.为服务业新业态发展提供宏观政策环境

作为新兴的经济领域,服务业新业态的健康持续发展需要政策的引导与扶持。在这方面,苏州采取了以下措施。一是加强政策引导,健全服务机制。政府加大政策引导力度,为服务业新业态发展制定相关政策,激发市场活力。同时,建立健全针对服务业发展的管理体系,优化营商环境,为新业态发展提供便利。二是围绕服务业新业态推动机制创新。探索开展适应新业态发展的机制创新,例如,建立灵活的市场准入机制,促进创新创业。同时,加强知识产权保护,鼓励服务业企业进行技术创新。三是设立专门机构,建立协同机制。成立专门的服务业发展机构,负责协调相关政策和资源,推动新业态的健康发展。同时,加强不同部门之间的协同合作,形成政策衔接、资源共享的工作机制。四是建立资金支持通道。为服务业新业态发展设立专项资金支持通道,引导资金向新业态倾斜,为其发展提供资金保障。

2.加强互联网平台经济与服务业跨界融合

促进互联网平台经济与服务业的有机融合,实现产业发展的跨界协同,推动创新驱动水平和服务水平提升,有助于拓展苏州市场,提升产业链现代化水平,增加就业机会,对苏州经济的全面繁荣做出积极贡献。

(1)加强与互联网平台技术的融合

通过推进平台经济与服务业的有机结合,推动苏州新兴产业的发展。一是确定产业发展导向。在平台经济的发展中,结合苏州产业发展特色,明确新产业新业态的发展导向，确定新兴金融、大数据、科技创新、生产服务、文化旅游、现代物流、电子商务、专业服务、人力资源和健康养老等十大重点领域，以确保平台经济发展与产业结构转型的相互促进。二是强化技术与产业融合：积极推动新技术与服务业的深度融合。例如，将大数据、人工智能、区块链等前沿技术应用于金融、医疗、物流等领域，提升服务业的效率和质量，推动服务业向智能化、数字化方向发展。三是扶持平台经济发展。重点扶持有潜力的平台企业，鼓励它们在新兴金融、电子商务、科技创新等领域取得突破性进展；提供政策支持、资金支持和市场推广等方面的帮助，推动平台经济规模扩大和创新能力提升。四是加强产业链协同发展：鼓励不同领域的企业与互联网平台进行合作，促进产业链的协同发展。例如，制造业企业可以与电子商务平台合作，拓展销售渠道；旅游企业可以与在线旅游平台合作，提升市场影响力。五是加强平台经济规范管理。建立平台经济的规范管理机制，加强对平台企业的监管，保护消费者权益，维护市场秩序。同时，推动平台经济与传统经济的融合，促进服务业与实体经济的良性互动。

（2）以信息共享整合产业要素资源

苏州充分利用信息产业发展的先行优势，构建开放、互动、共享的创新网络，推动产业要素资源的整合，实现创新资源的优化配置和高效利用。一是利用信息产业发展优势：充分发挥苏州信息产业发展的先行优势，加强大数据、人工智能等新兴技术在各产业领域的应用，实现信息共享和资源整合，促进产业要素的高效配置。二是构建开放、互动、共享的创新网络：建立开放的创新平台，鼓励各类企业、科研机构和创新创业者进行信息交流与合作，实现创新资源的互动共享，降低创新服务门槛，促进创新成果的转化和应用。三是推动众创、众包、众筹等共享平台发展：鼓励发展众创空间、众包平台和众筹项目，吸引更多的创新创业者参与，实现创新资源的众筹和整合，促进创新生态的繁荣发展。四是布局生活服务类在线平台：结合共享经济的发展趋势，加快推动一批覆盖娱乐、健康、教育等民生领域的在线服务平台的布局，促进供给端与需求端的有效对接，满足人民群众对多样化、便捷化服务的需求。五是加强政策支持：出台相关政策，鼓励和支持信息共享与资源整合，促进创新服务业的发展。运用财政扶持、税收优惠等政策，吸引更多企业和机构参与创新和创业。

（3）以信息互联拓展产业发展空间

苏州借助互联网手段，拓展服务业的发展空间。一是推动电子商务和虚拟消费发展：加快电子商务的发展，鼓励企业利用互联网手段拓宽线上销售渠道，开拓虚拟消费市场。通过电子商务平台，实现线上线下的融合，促进服务业与消费者之间的直接对接，扩大服务业市场。二是促进产业链专业化分工：加强服务业与信息技术的融合，优化产业链的组织结构，实现专业化分工。通过信息链的完善，促进产业链与创新链的深度融合，实现创新成果的快速转化和应用，提升产业链的配套能力。三是强化重点服务提供商的引领作用：重点支持和培育服务业中具有创新能力和竞争优势的龙头企业，强化其在产业链上的引领作用。引导龙头企业整合资源，推动产业链上下游企业的协同发展，提升整个产业链的竞争力。四是大力发展数字技术和互联网通信技术：加快数字技术和互联网通信技术的研发和应用，优化传统的生产管理方法，提升企业流程关键环节生产效率。推动数字化转型，提高服务业的智能化和信息化水平。

3.完善新业态产业链，推动产业集群发展

（1）发挥第三产业带动作用，扶持示范企业

在规范市场竞争机制、完善市场管理体系的基础上，苏州鼓励大众创业，以吸纳更多劳动力，并积极推动第三产业与第二产业的融合以催生新的发展领域。苏州通过以下举措推动了新业态的崛起，实现了经济结构的优化和升级。一是积极提供财税支持：通过发放补贴、减免税收等方式，给予示范企业财政支持，帮助其降低经营成本、提升竞争力。二是加强科技创新支持：设立科技创新基金，引导示范企业加大科技创新投入力度，推动技术进步和产品升级。三是提供创业培训和服务：为示范企业提供创业培训和咨询服务，帮助其提高管理和运营水平，增强市场竞争能力。四是打造创业创新平台：建设创业孵化器、科技园区等创新平台，为示范企业提供办公场所、技术支持和资源对接渠道，促进其快速成长。五是政策引导：出台相关政策，鼓励企业开展创新试点和示范项目，给予示范企业市场准入、融资、土地等方面的政策优惠。

（2）加快建设服务业新业态产业集群

加快建设服务业新业态产业集群是苏州市政府在促进服务业发展和推动

经济转型升级方面的重要举措。由于苏州在制造业方面有着成熟的基础，而服务业新兴业态产业集群相对较少，因此，加快建设这些产业集群可以为苏州的服务业发展带来新的动力和活力。在建设服务业新业态产业集群时，苏州市政府着重提供资源共享和互动交流的平台，这有助于不同产业之间的合作与融合。通过集群的形式，企业之间可以更好地交流经验、分享资源，加强创新与合作，从而提高整体创新能力和市场竞争力。政府还制定了服务业领军企业培养政策，对部分企业进行重点扶持。这种重点扶持可以发挥领军企业的带动作用，推动更多企业参与到新兴产业的发展中。同时，通过补足和延伸大企业产业链，使整个产业链条变得更加完善和协调，服务业新业态产业集群更加具有发展潜力和优势。

（3）以重点项目作为集聚发展的抓手

在苏州新旧动能转换和服务业发展过程中，重点项目的建设是非常重要的抓手和推动力量。市政府将重点项目建设作为推动产业集聚发展的重要手段，着力推进服务业新业态集聚区和园区的建设，以吸引和引导新业态企业集聚。通过布局苏州服务业专业集聚区，市政府为服务业集约集聚发展提供了专门的载体和空间保障。这些专业集聚区可以根据不同产业特点和发展需求，提供优质的基础设施和服务支持，吸引新业态企业进驻。在这些集聚区内，企业可以相互接触、交流和合作，形成良性竞争和合作的产业生态系统，加速新业态企业的发展和壮大。重点项目的建设不仅能吸引新业态企业，还为苏州市的服务业创新和转型升级提供了契机。重点项目往往涉及前沿技术、创新模式和新型业务，通过引入这些项目，可以推动本地服务业的创新发展，提升整体竞争力。此外，重点项目的建设还能带动相关产业的发展，形成产业链的集聚效应。例如，一个新兴科技企业的进驻，可能会带动周边的供应商、配套企业和服务机构的发展，形成更加完整和有竞争力的产业链。

四 泉州传统制造业转型升级路径与措施

（一）传统制造业转型升级的路径特征

1.突出传统制造业经济主引擎作用

泉州2016~2018年GDP平均增速达7.8%。从增加值看，在泉州，第二产业占绝对优势地位。2016年，泉州的GDP中第二产业增加值的比重达到近58.7%；第二产业包括工业和建筑业，其中工业增加值占第二产业比重达89.1%，工业对经济增长贡献率达49.6%。2016~2019年，规模以上企业增加值增速较高的制造业行业中有7个为制造业传统行业（见表4-8）。

表4-8　2016~2019年泉州市规模以上工业及规模以上企业增加值增速的7个制造业传统行业总产值和这些产值占规模以上工业总产值的比重

单位：亿元，%

	2016年		2017年		2018年		2019年	
	总产值	占比	总产值	占比	总产值	占比	总产值	占比
规模以上工业	3106.01	100.00	3374.94	100.00	3911.97	100.00	4641.79	100.00
纺织鞋服	1070.90	34.48	1151.39	34.12	1304.32	32.66	1463.06	31.52
石油化工	432.90	13.94	541.58	16.05	659.73	16.52	747.41	16.10
机械装备	365.40	11.76	382.15	11.32	453.10	11.35	543.13	11.70
建材家居	677.22	21.80	689.52	20.43	866.73	21.71	1051.58	22.65
食品饮料	233.37	7.51	259.21	7.68	286.55	7.18	308.91	6.65
工艺制品	202.58	6.52	224.00	6.64	259.11	6.49	311.06	6.70
纸业印刷	123.64	3.98	127.09	3.77	163.57	4.10	216.64	4.67

2.技术创新驱动传统制造业转型升级

在推动传统制造业转型升级方面，技术创新起到了关键作用，特别是在纺织鞋帽产业中，泉州通过加强创新，运用新材料和新技术，成功使传统制造业朝高端发展。在化纤制造方面，重点突破了一系列高端鞋关键技术，包括高仿真仿棉纤维，高性能的TPU、EVA、纳米竹炭鞋衬材料和可降解鞋材，功能性高回弹、吸震、耐磨、防滑、吸湿、透气、抗菌材料等的制造技术。同时，加强高端面料研发，研发多种功能性面料，如多组分差别化纱线坯布、超细锦纶面料、导湿快干面料、高针距超舒适面料等。另外，还积极推广印染冷转移、数码印花、高分子膜等印染新技术，并致力于发展国际先进纺织印染助剂生产。这些创新举措有助于提高家用纺织产品和产业用纺织产品的质量，推动产业升级。

3.壮大龙头骨干企业，完善产业链，壮大产业集群

在传统产业领域，泉州集中力量实施产业龙头培育计划，以此为抓手稳定工业经济增长，推动产业转型升级和发展壮大，为经济健康运行提供有力支撑。目前，在纺织鞋服、石化、生活用纸和妇幼卫生用品、电气设备、食品加工等领域，涌现了一大批产业链龙头企业，促进了产业链的完善，夯实了产业基础。同时，通过集中力量推动产业龙头企业的发展，泉州形成了"抓龙头、铸链条、建集群、兴产业"的发展模式，这些企业的壮大不仅带动了相关产业链的发展，还为产业的转型升级注入了新的动力和活力，也为其他地区提供了有益借鉴，成为经济健康运行的重要支撑，推动了全省工业经济的整体发展。在纺织鞋服产业中，有集"材料研发—面料织造—面料染整—成衣加工"于一体、产业链配套完整的中国高科技纺织材料行业竞争力10强企业——海天材料科技股份有限公司，集研发、生产、销售于一体、有员工近3万人的大型运动品牌企业——鸿星尔克体育用品有限公司，以及在国内外有多家专卖店的匹克鞋业有限公司。在石化产业中，有专业从事涂料研发、生产、销售与涂装服务的国家级高新技术企业——信和新材料股份有限公司，中外合资大型石油化工企业——福建联合石油化工有限公司。在生活用纸和妇幼卫生用品领域，还出现了拥有自主品牌和专业研发能力的美佳爽（福建）卫生用品有限公司、国内知名的生活用品制造商恒安（中国）纸业有限公司。在电气设备领域，有专注于绝缘和配电开关及其自动化领域的技术研究、产品开发、设备制造、市场推广、技术服务的国家级高新技术企业——七星电气股份有限公司。在食品加工领域，有年产值25亿元、被列为泉港区2016年"五大战役"重点项目之一的益海嘉里（泉州）粮油食品工业有限公司。

4.推动传统制造业智能化转型升级

泉州一大批传统产业推广应用工业机器人、"数控一代"装备，装备和制造业技术水平显著提高，传统产业实现转型升级与创新发展。生产水平与产品技术水平明显提升，产业竞争力显著增强。泉州市40%的规上工业企业参与了"数控一代"、智能一代工程，使企业劳动用工减少30%，并以国产装备替代进口装备，使成本降低50%，产品开发周期缩短40%。如用工业喷

头取代纺织品喷墨机的文印喷头，不仅可以使织物色彩浓艳、图案饱满，还能使印染速度提高3~4倍；用自动研磨抛光设备对中小件复杂表面进行磨抛加工，能减少2/3的能耗，且一台设备的生产效率可以抵得上8～12个熟练工人；用智能印线机配上全自动系统，不仅可以减少用工成本，提升工作效率，还能避免使用水性网版，减少油墨的浪费以及网版清洗带来的环境污染。

5.品牌塑造加快国际转型

泉州市已成功打造了六大国家级和世界级行业品牌，分别是"世界石雕之都——惠安""世界陶瓷之都——德化""中国民间工艺品之都——鲤城""中国藤铁工艺之都——安溪""中国香都——永春达埔""中国树脂工艺之乡——丰泽"。"德化玉瓷""德化白瓷""德化窑瓷器""惠安石雕""德化陶瓷""德化瓷雕"已成功注册地理标志商标，"安溪藤铁工艺"地理标志商标认证已被国家工商总局正式受理。此外，泉州市还有多件商标荣获中国驰名商标称号，数十件商标荣获福建省著名商标称号。

鞋业龙头企业安踏也在不断拓展其品牌体系，从单一的安踏品牌到收购休闲品牌FILA，再到募集资金全面运营户外品牌Sprandi。未来，安踏将转向多品牌发展，在运动、户外、儿童等领域全面发力，推动企业加快转型升级。2017年4月，安踏斥资1.5亿元取得了日本高端品牌Descente在中国内地的独家经营权及从事带有Descente商标的所有类别产品的设计、销售及分销业务的资格，成功进军户外滑雪市场，并在2022年北京冬季奥运会上扩大了品牌影响力，这些举措帮助安踏在市场竞争中保持竞争优势，促进企业持续健康发展。

（二）传统制造业集群化发展的内在条件与外部因素

1.家族式龙头企业带动产业集聚化、专业化发展

泉州地区特色产业多以家族式民营企业为主体，产业成长过程中，更容易形成本地化的集群特征。尤其是安踏、九牧、恒安、达利等一批龙头企业已逐步完成了在国内的创牌，成为国内一线品牌。在行业龙头企业的带动下，结合泉州当地的劳动力、交通等区位优势，形成产业集群；依托当地的传统制造业和特色产业形成水头中国石材城、石狮国际轻纺城、晋江国际鞋纺城、惠安中国雕艺城、安溪中国茶都等与本地产业相配套的专业市场，专

业市场促进了产业专业化分工，加快了技术与专业劳动力扩散，推动形成了上下游分工完善的产业链，促进了传统产业集群化、专业化发展。

2.政府政策助力传统制造业转型升级与做大做强

近年来，泉州市政府出台了一系列政策来助力传统制造业的转型升级和发展壮大。其中，开展了发展智能制造、发展服务型制造和提升质量品牌三个专项行动，同时还绘制了18个产业的转型升级路线图，为供给侧结构性改革开创了新局面。在推动技术对接方面，泉州采取了"政府先导、市场主导、企业主体"的策略，积极组织专家团队为上千家企业提供技术开发应用和咨询服务。同时，泉州积极与中关村科技服务模式对接合作，共同建设了中关村科技服务业产业联盟海西基地，到2016年初，已有20个服务机构在泉州注册落地。为消除民间资本的投资顾虑，泉州在设立产业基金方面逐渐改变涉企专项资金的"直补""无偿"提供方式，建立了包含股权投资、跟进投资、分险化险、担保服务等在内的相对完善的产业基金体系，以放大投资的乘数效应。

3.用好"一带一路"倡议带来的新机遇

泉州是"海上丝绸之路"的重要起点城市之一。在"一带一路"倡议提出之初，泉州就敏锐地意识到这是一次全新的发展机遇。为此，泉州着力打好基础、补齐短板，充分利用城市资源、统筹解决发展问题，力图通过扩大开放促进深化改革、完善制度，进一步改善营商环境和创新环境，降低成本、提高效率、增强竞争力。如今，在原有的"民办特区""经济大市""首批历史名城"之外，泉州又增添了"全国首个东亚文化之都""海上丝绸之路起点城市"等新的荣誉称号。泉州是著名的侨乡，存在数量众多的泉州籍海外华侨华人。全球分布着750多万名泉州籍华侨，而台湾同胞中约有900万人祖籍为泉州。泉州采取有针对性的开放包容措施，吸引众多侨胞和台湾同胞投资兴业，正在打造城市经济的新增长极。

4.信息化、智能化产业技术发展支撑传统产业转型升级

泉州积极推动信息化和智能化产业技术的发展，为支持和鼓励传统企业转型升级提供了有力支撑。泉州已经形成了移动通信、光电信息、数字视听、智能安防、元器件等多类产业集群，正在稳步推进物联网、大数据、云

计算等软件和信息服务业的发展。泉州也是国内微波通信功能模块和直放站最大的生产基地之一，数字对讲机的全国市场占有率超过60%，形成了较为完整的产业链和产业集群。特别值得一提的是，泉州的安溪中国国际信息技术（福建）产业园数据中心已投入使用，一期共有4600个标准机柜，可以容纳超过15万台服务器，达到国际最高的T4等级。这是华东南地区最大的高等级可用数据中心，同时也是福建省大数据产业的重点园区和"数字福建"战略的重要承载基地。这些发展举措和成果将为传统产业转型升级提供强大支持，促进泉州的产业创新和可持续发展。

（三）传统制造业转型发展的主要政策措施

1.构建全方位政策支撑体系

泉州积极承接国家决策部署和省政府支持泉州加快推进国家"数控一代"示范工程的10条措施、加快发展智能制造的9条措施等政策，先后制订了《泉州市加快传统产业转型升级行动方案》《2016年泉州制造"21211"工作方案》，出台了关于三个专项行动计划的实施意见、《关于进一步推动产业转型升级的实施意见》《关于加快推进"数控一代"促进智能装备产业发展的实施意见》等系列政策，从创新平台、研发投入、技术改造、市场开拓等方面提供支持，努力构建全方位支持传统制造业转型升级、创新发展的政策体系。

2.落实产业转型升级路线图

泉州市针对纺织鞋服、石油化工、食品、机械装备、建材家居、工艺制品、造纸及纸制品等18个产业的转型升级，制定并落实了相应的路线图。这些路线图主要聚焦在关键领域和产业链的延伸、填补与发展方向上，以供给侧结构性改革为基础，采取"加减乘除"并举的策略，优化产业生态环境，提升优质资源的集聚和配置能力，并引导企业加大对产业链短板和缺失环节的投资力度。具体来说，自2010年起，泉州先后制定了18个重点产业的转型升级路线图，其中包括纺织鞋服、建材、纸品印刷等行业，并对其升级方向进行了规划。同时，共出台了63份政策文件来推动重点产业的转型升级工作。泉州市实施了路线图中的"强链、补链、建链"策略。例如，在纺织鞋服产业中，重点关注面料和鞋材以及纺织后整理环节，规划建设了石狮印染、晋江面料后整理产业相关园区。对于机械装备产业，重点抓住模具和关键零部件环节，规划建设了洛江、晋江、安溪装备产业园等。在建材家居产业中，重点改进产品设计和高精度模具加工环节，规划了南安石材、电镀等产业相关园区。

截至2016年底，泉州全市已策划产业链高端缺失环节项目945个，总投资1.1万亿元，力争通过5~10年的努力，推动产业向中高端发展。

3.加快创新服务平台建设

推动福建（泉州）哈工大工程技术研究院在泉州软件园成立，通过"平台+项目+人才"的方式开展创新，给予其专项资金支持，并引进和建设中国科学院海西研究院泉州装备制造研究中心、泉州华中科技大学智能制造研究院等高端公共创新服务平台。对于这些高端平台，做到"一院一策"，量身定制优惠措施，在科研装备购置、生产运营、人才引进等方面为其提供支持。

截至2016年底，泉州的创新服务平台已聚集了超千名相关高端人才，并与企业开展产学研合作，开发了近200项数控和智能制造新技术、新产品。同时，平台申报了3000多项数控和智能制造技术相关专利。此外，平台还完成了纱锭全自动包装、鞋业智能制造、经编生产在线智能检测、3C钻攻中心及机器人自动上下料、智能化染整等12条生产示范线的改造，成果已投入使用。

4.实施制造业发展战略

泉州始终坚守实业，把发展制造业作为重中之重。积极响应国家政策，推出发展智能制造、提升质量品牌和发展服务型制造三个专项行动计划。这些计划旨在促进制造业升级和转型发展，以适应市场的需求和变化。在计划实施过程中，泉州市着重解决产业链的短板问题，填补关键领域和产业链的空白，推动传统企业向高端制造转型，从而提升产业竞争力和综合实力。为了促进产业创新和升级，泉州市积极推进产学研合作，建设了一批高端公共创新服务平台。通过引进和建设中国科学院海西研究院泉州装备制造研究中心、泉州华中科技大学智能制造研究院、福建（泉州）哈工大工程技术研究院等平台，吸引了超千名高端人才。这些平台与企业开展紧密合作，推动了数控和智能制造等领域的新技术和新产品的推广应用。同时，泉州市还积极吸引侨胞和台湾同胞前来投资兴业。泉州籍华侨华人分布在全球129个国家和地区，总数超过750万人。为了吸引更多侨胞和台湾同胞回乡投资，泉州市采取了开放包容措施，为他们提供优惠政策和良好的投资环境，促进了产业转型升级和经济发展。

5. 推进"制造业+互联网"战略

泉州市积极推进"制造业+互联网"战略，将信息技术与制造业深度融合，推动智能制造和数字化转型。在应用领域的系统集成方面，泉州市将信息技术应用于研发设计、供应链管理、产品制造、质量管理以及客户终端信息采集的全过程，实现全产业链的"智能制造"。石狮市大帝集团有限公司就是智能制造转型成功的典型企业，该企业建设了数字化企业管理平台，通过该平台实现了企业数据分析、数字化管理以及设计、研发、生产和营销的全面升级，这一新模式优化了企业管理，提高了生产效率，同时也使企业能为客户提供更加个性化的定制服务。此举不仅推动了制造业向智能制造转型，还使传统制造业转向服务型制造业，为企业创造了更多增值空间。

通过"制造业+互联网"战略的推进，泉州市不断延伸产业链，提高产品的质量和竞争力。数字化技术的应用使企业能够更加精准地了解市场需求，优化产品设计和生产流程，提升供应链管理效率；同时，客户终端的信息采集也能为企业提供更多数据支持，帮助企业做出更明智的决策，满足客户个性化需求。"制造业+互联网"战略的推进为泉州市制造业带来了新的发展机遇和挑战，通过积极推动数字化转型，泉州市不断增强制造业的竞争力和创新能力，实现了传统制造业向智能制造和服务型制造的转型升级，为经济社会发展注入了新的活力，也为泉州市打造全球领先的智能制造产业集群奠定了坚实基础。

第五章 社会品质——城市品质的底色

社会品质是城市品质的底色。重庆以优化房地产市场为路径，实现多元化住房供给，保障住房需求；长沙通过集团化和特色办学推进基础教育现代化均衡发展，减少择校现象，提高教育质量；宁波以提升公共交通可达性和便捷性为路径，构筑多层次、一体化的城市公共交通体系；青岛通过绩效考核和基层标准化建设提升医疗卫生服务能力。这些路径措施在不同领域的成功应用，为社会品质的提升创造了坚实基础，为城市品质的持续提升提供了有力支撑。

一 重庆：优化城市公共住房供给模式和管理机制

重庆房地产市场可以保证住房供给的充足性，满足多元化的住房需求并适应个性化的居住要求，但房地产市场自身还存在一定不足和失灵的可能性。在一定阶段房地产市场存在"一放就活、一活就高"的机制和规律，到了一定阶段还会"一高就多、一多就跌"，如果房地产市场的问题引发金融危机，对经济的破坏将是无比巨大的。除此之外，市场很难关注无法带来效益的弱势群体，所以用市场的办法来配置公共产品和公共服务，势必会失灵。因此，市场难以实现"住有所居"目标。因为这些缺陷和风险的存在，政府必须要祭出公共住房的"组合拳"以矫正失灵的房地产市场，保障"夹心层"人群的住房供给，这一群体中既包括具有本地城镇户籍的中低收入住房困难家庭、非本地户籍的常住人口，也包括新入职职工、外来务工人员、新进引进人才等住房困难人员。

以公租房为例，截至2019年9月，重庆已有50.97万户家庭住进公租房小区，140余万住房困难对象实现"住有所居"。除拥有本地城镇户籍、长期生活于重庆的居民外，获得公租房保障的新市民住户占70%。重庆公租房建设通过与户籍制度等的改革协调联动，助推城乡统筹发展，促进人口合理布局，吸引和加快了外出务工人员回渝就业、创业，推动了城市新型工业化发展。

1.调整住房供给模式：实现"三位一体"建设、扩大住房保障覆盖面

一是实现"三位一体"建设。重庆公租房的重要特点是实现了公租房与廉租房、经济适用房的"三位一体"建设。通过这一举措，重庆不再单独集中新建廉租房和经济适用房，而是让符合条件的居民都可以申请公租房，实现了这三类住房的有机整合。首先，廉租房居民与公租房居民可以住在同一小区、同一品质的房屋中，只是租金有所区别。根据中央和地方政府的补贴政策，廉租房的租金只是公租房租金的10%左右。其次，公租房在租满5年后，将有一部分可通过成本价出售，符合条件的承租人可以申请购买，这些房屋将转换成有限产权的经济适用房。对于业主转让，只能以购房价加银行利息的价格由政府公租房管理机构回购，再作为公共租赁住房流转使用。这一做法有效地阻断了因经济适用房退出环节失控而产生的利益输送和灰色交易通道。过去，零星保障性住房的建设很难对整个住房市场产生实质性的影响。然而，重庆公租房的大规模建设增加了住房市场的房源，真正发挥了调整住房市场结构的作用，使房地产供需格局产生了根本性的改变。重庆的"三位一体"建设为城市住房保障和调控提供了有力支撑，为广大市民提供了更多的保障性住房选择，同时也为吸引和稳定人才提供了良好的居住条件，推动了城市的可持续发展。

二是扩大住房保障覆盖面。重庆在公租房供应中，实现了住房保障覆盖面的扩大。过去其他保障性住房形式中各自为政、分离操作的局面被打破，重庆将处于保障空白区域的一些特殊群体纳入公租房体系，包括大学毕业生、进城务工人员和外地来渝工作人员等"夹心层"群体。重庆公租房庞大的建设规模使宽松的准入条件成为可能，同时也打破了城乡和内外的差别，不再设立户籍限制。这一举措不仅解决了住房民生问题，还有利于吸引并帮助人才来渝创业发展。对于许多特殊群体来说，融入重庆的公租房体系为他们提供了更为稳定和合适的住房选择，也为他们的市民化提供了重要的支持。通过将这些特殊群体纳入公租房体系，重庆城市住房保障的范围得到了

扩大，不再局限于传统的保障对象，这不仅有助于解决住房短缺问题，还使更多人能够分享城市发展带来的机遇和福利。

2.优化管理制度：强化管理，细化落实申请、租住和退出全流程管理

重庆成立了公租房管理局，负责全面管理公共租赁房，与银行、劳动保障、税务、交通、公安等部门建立信息共享平台，加强信息共享，以多渠道核实申请者的收入和资产状况，以确保只有真正符合条件的申请者才能租住公租房。为了改善居住环境和居住体验，重庆不断完善公租房配套设施建设，同时统筹规划建设医院、学校、市场等公共基础服务单元，让住户能够享受到便利的生活条件。在租后管理与退出机制方面，重庆进行了周密的制度设计。公租房租期设定为5年，租住者购买改善住房后，可以自由退出公租房。而业主住满5年后，有权以成本价加银行利息的价格购买自住，可选择一次性付款或分期付款。一次性付款后，将不再支付租金，而分期付款则需要按规定缴纳未付款面积的租金。

此外，公租房不得上市交易，购买人如果需要转让，政府将进行回购，回购价格为原销售价格加上同期银行活期存款利息，这样确保了房价上涨不会对回购价格产生影响。对于那些通过虚假信息骗取公租房租住的行为，政府将采取强制措施要求其退出公租房，以维护公租房租住的公平性和合法性。

3.完善土地供给的保障制度：创新土地供应融资方式

划拨方式供地是重庆公租房建设过程中的一大特色。2002年，重庆成立了土地储备整治中心，2003年又在其基础上成立重庆地产集团，由市政府注资，建立了政府主导型的土地储备供应机制。到2011年，重庆通过工业结构调整、老厂搬迁、院校置换、旧城拆迁、征用农村集体土地等方法，已经储备了10多万亩土地。为推进公租房建设，重庆市政府在主城区从储备土地中以划拨方式拿出3万亩土地作为公租房建设用地。市属国有公司以土地使用权证融资，融资金额一部分用于公租房的建设，另一部用于分依照城市规划和供地计划开展土地整治，通过整治将生地转变为熟地，然后以招拍挂方式出让土地使用权，实现土地价值的最大化，以此来平衡"零地价"带来的土地成本。通过这些优化管理制度的措施，重庆在公租房领域建立了科学合理

的管理体系，有效保障了住房保障对象的合法权益，提升和维护了住房市场的稳定性和秩序，促进了社会公平和谐发展。

二　长沙：推进集团化和特色办学，实现基础教育现代化均衡化发展

长沙推进集团化和特色办学，实现基础教育现代化均衡发展；落实改革招生制度，确保公平；促进城乡教育均衡，缩小差距；加大财政支持力度，提升教育质量。长沙模式成效显著，择校现象减少，教育资源更加均衡。通过落实政策和投入资金，提高学生入学率并改善教学环境，使市场与学校合作，充分发挥各自优势，为基础教育现代化均衡发展奠定坚实基础。

（一）打造均衡发展的"长沙模式"，推进集团化和特色办学，实现优质教育资源广覆盖、人民群众广受益

长沙模式是一种富有创新性的名校集团化办学模式，旨在实现名校与新校的有机衔接、优质教育的普及化、政府与社会合作下的多元办学以及教育资源的优化配置。该模式包括以下五大方面。名校带新校：通过精细管理、文化传承和特色办学等，使名校的办学理念、教育质量得以延续到新校，实现名校与新校的衔接和共同发展。名校扶弱校：将扶持办学纳入当地经济社会发展规划和教育事业发展规划，出台优惠政策，增加资金投入，加强校园文化建设和硬件设备配置，促进弱校的高位嫁接和优质教育的普及。名校管民校：通过规范操作、明确产权，加快办学体制改革，形成政府与社会各界相结合的多元办学新体制，使教育发展水平得到快速提升。名校连子校：将子校视为名校的有机组成部分，采用定期教师流动机制，同时为子校培养自己的师资力量，实现子校和母校共同进步。名校联名企：企业出资金，学校献资源，通过资金和资源的重新整合，发挥企业和学校各自优势，鼓励社会参与教育投入，推动集团化办学，打造特色鲜明的基础教育名校集团。长沙模式的实施在名校集团化办学方面取得了显著成效，为教育改革和发展带来了新的思路和经验。通过名校集团的建立，教育资源配置得到了优化，弱校得到了有效支持，教育质量得到了提升，这些都为地区教育的可持续发展奠定了坚实基础。

同时，长沙大力推动联合办学、集团化办学、特色办学，通过对口帮扶、捆绑发展、委托管理和"多校合一"模式，有效扩充优质教育资源，逐步缩小城乡、区域和学校之间基础教育的差距，促进优质教育资源效用最大化、普及化，破解"择校热""上好学校难"等现实难题。

（二）推动教育制度改革，改变教育不公平不均衡状况

通过改革招生制度，强调公正公平。自2014年起，长沙市推进"阳光招生"，最近几年更是进一步规范和完善招生办法。例如，实行"最严招生令"，取消择校生、禁止"空降班"以及小升初公办学校择校等，严格执行招生政策，遏制权钱交易，确保招生过程公正透明。这些措施有效地消除了择校现象，降低了教育不公平性。

通过落实政策，保障教育资源均衡分配。长沙市教育局制定了一系列配套政策，确保教育资源的均衡分配，其中包括中考中招、微机派位、配套入学、特长生招生等政策，形成了共计11份文件。这些政策的实施使得教育资源更加均衡地分配到各个学校，使学校之间师资力量和教学条件的差距变得更小。通过这些政策的落实，长沙的教育资源均衡度得到明显提升。

注重城乡教育均衡发展，缩小城乡教育差距。长沙市积极推进农村教育现代化，提高农村学校的教育质量，例如，加大对农村地区教育的支持力度，提供更多师资等教育资源，改善教学条件，确保城乡学校教育资源的均衡分布。同时，长沙也鼓励名校资源向农村辐射，确保农村学校能够分享优质教育资源。

（三）持续加大财政支持力度，为教育均衡发展夯实基础

长沙率先在全国推行中考中招改革，通过改革考试制度，减轻了学生的升学压力，提升了教育公平性。根据相关数据，自中考中招改革实施以来，长沙中招录取率有所上升，表明改革取得了积极成效。

长沙积极制定和落实公办中小学"零择校"政策，这一措施旨在确保每个学生都能就近入学，获得公平的教育机会。根据统计数据，自"零择校"政策实施以来，学生的入学率和就近入学比例有了明显提高，学生的学习环境得到了有效改善。同时，还积极消除起始班级大班额，致力于提高学生的学习质量和教学效果。长沙通过增加教师编制和改善学校基础设施等措施，

降低了起始班级的学生人数，提升了教育资源的配置效率，尽可能确保每个学生都能享受到适宜的学习环境。

此外，长沙还着力建设义务教育发展均衡市，投入大量资金用于实事项目建设和教育改革。例如，长沙近年投入6亿元，用于新扩建40所公办幼儿园、29所中小学校，以及改造60所全面薄弱学校和370所义务教育标准化学校，这些举措进一步提升了长沙义务教育的整体发展水平，确保了学生享有均衡而优质的教育资源。

三　宁波：提升城市公共交通可达性和便捷性

自2013年被列入国家公交都市建设示范工程第二批创建城市以来，宁波全面启动了公交都市创建工作，坚定地确立了以公共交通为导向的城市发展模式，并持续提高公共交通服务水平，致力于打造多层次、多元化、一体化的城市公共交通体系。尤其是在提升城市公共交通的可达性和便捷性方面，宁波出台了一系列有效措施。一是提升公共交通可达性的措施。践行公交优先发展理念，扩大公交线网规模，同时还积极开展交通拥堵治理，完善公交优先措施。宁波坚持实行公共交通低票价政策，着力提升公交出行的吸引力，通过开展《宁波市城市轨道交通线网规划（修编）》编制工作，明确了提升多层次轨道交通网络可达性的目标；在城市规划和土地利用方面，宁波强化了公共交通用地的综合开发，提高了公共交通系统的利用率。二是提升公共交通便捷性的措施。通过推动公共交通与互联网的融合，大力推进智慧公交建设，宁波能够提供城市公共交通智能出行信息服务等，这使市民可以更便捷地获取公共交通信息，优化出行路径，提高和改善了市民出行效率和体验。

宁波构筑了"公交开路、轨道铺路、自行车上路、出租车拓路"的"四车一体"大公交体系，在提供交通民生服务和支撑城市发展中发挥了重要作用。随着宁波"以轨道交通为骨干、常规公交为主体、出租汽车为补充、公共自行车为延伸"的大公交体系的不断完善，其公共交通的吸引力不断增强，公共交通日均客运量稳步提高，2018年，宁波市区每天有超200万人次选择公共交通出行，公交机动化出行分担率明显提高，城市交通满意率从

2013年的85.6%提升至2018年的超90%。

（一）从城市发展战略高度规划城市公共交通

1.落实公共交通优先发展战略

宁波市坚决落实公共交通优先发展战略，通过从体制、机制、财政等多方面给予强有力的保障，为公共交通的发展提供了坚实的基础。在这一战略的推进过程中，宁波市采取了一系列措施，发布了《宁波市公交都市创建工作实施方案（2014—2018）》《宁波市人民政府关于促进城市公共交通优先发展的若干意见》等政策文件，明确了发展目标和重点任务。近些年，宁波市对公共交通进行了大规模投资，将近千亿元的资金用于公共交通基础设施建设、车辆持续更新和科技手段应用等方面，以确保公共交通在城市交通体系中占据主体地位，特别是在公共交通基础设施方面，加快了公交专用道、综合枢纽等的建设，为公交优先发展提供了良好的运营环境和便利条件。

2.打造亚太重要交通枢纽城市和国际水平的公交都市

2015年，发布《宁波市城市综合交通规划（2015—2020年）》，提出建设"亚太重要交通枢纽城市、国际水平的公交都市"，一方面，把握国家"一带一路"发展契机，以空港、海港为依托，铁路、区域道路为基础，建立面向世界、辐射区域的综合交通枢纽；另一方面，致力于打造一体化、智能化的城市交通系统，以公共交通为主体，并鼓励多种交通模式的融合。在中心城区，宁波市设定了明确的目标：到2020年，公交分担率将达到35%~40%，到2030年将不低于42%，这意味着未来几乎一半的市民将优先选择城市公交作为出行方式。为落实综合交通发展战略，宁波分别提出：①"枢纽强市战略"，响应"一带一路"倡议，增强沿海枢纽和海陆枢纽功能，完善辐射网络；②"交通引导战略"，打破城乡二元结构，以交通引导市域城镇体系形成和中心城区空间结构优化；③"需求调控战略"，合理引导机动车使用，强化价格杠杆在缓解停车难问题中的作用，推进动静态交通设施平衡发展；④"公交优先战略"，创建公交都市，推动公交优先，同时推动慢行系统与公交系统有机结合，有效扩展公交的服务范围，建立以"公交+慢行"为主导的客运交通模式；⑤"交通一体化战略"，市六区交通规划、建设、管理、投资一体化，保障政策落地实施。

（二）轨道交通加快发展形成"一环两快七射"网络格局，全面融入市民生活

宁波市大力加快发展轨道交通，已真正进入地铁网络化运营时代。宁波地铁的发展反映了城市交通的显著进步。2014年5月30日10时左右，宁波地铁1号线正式开通运营，为城市的交通体系增添了一条重要的轨道线路。紧随其后，2015年下半年，宁波地铁2号线也顺利通车运营，与1号线相交构成"十"字形交通网络，形成了贯穿中心城区的快速出行通道，这一重要的交通网络推动宁波城市交通步入立体化时代，基本形成了市区半小时交通圈。

宁波地铁将迎来快速发展之年。截至2022年底，宁波在建轨道交通线路达241公里（包括地铁115.56公里），2023年，宁波轨道交通加快推进6、7、8号线及市域铁路象山线、慈溪线，3号线二期，1、4号线延伸段等建设，将迎来"八线并进"的建设新局面。宁波在2号线一期、3号线一期、鄞奉线的基础上，又相继开通了1号线西延、4号线延伸、5号线二期、6号线一期、7号线、8号线一期等线路，线路长度超过240公里的轨道交通网络化运营格局即将形成，进一步确立轨道交通在城市中的交通骨干地位。而远期，宁波轨道交通将形成覆盖中心城区的"一环两快七射"放射状网络，线网规模将达到410公里。

地铁不仅改变了宁波人的出行方式，也影响了市民的生活方式。2019年8月，浙江省内首个地铁地下商业街区、全国建筑面积最大的两站区间地铁综合体——东鼓道开门迎客，它通过周边29个出入口〔包括东鼓道出入口17个、鼓楼站和东门口（天一广场）站地铁出入口12个〕，连通天一商圈、鼓楼商圈、和义商圈，开启了宁波商业新纪元。东鼓道有160多间商铺，日均客流在4万人次左右，对于缓解地面交通拥堵、高效利用地下空间具有很好的示范作用。轨道交通已经成为市民出行的首选，全面融入市民生活。

（三）构建完善公交网络体系，交通保障更有力

构建"八横八纵"公交专用道网络。到2022年，宁波构建起了"八横八纵"公交专用道网络；2013~2018年，市区累计新开辟公交线路120条，调整优化公交线路150条以上，开通接驳社区、学校、乡镇等与轨道交通站点的微循环公交线路19条，运营公交线路总数达498条（其中包括城乡公交线路89条），建设公交场站284个。

公交服务网络不断扩大。2022年，中心城区公共汽电车线路网密度达到3.42公里/公里^2，比2013年提升了42.5%，初步形成轨道交通、常规公交、定制公交分工明确、衔接顺畅、运营高效的公交运营网络。2022年，万人公共交通车辆保有量达到26.3标台，比2013年增加了12.4标台。城乡客运基本公交服务均等化取得了明显成效，中心城区周边20公里区域内城乡客运线路公交化运营比例达到100%。枢纽场站加快建设，建成轨道枢纽30个、常规公交枢纽5个、公交首末站33个和公交停保场9个。

城市轨道交通网络发展迅猛，仅2010年一年就有5条新线路竣工。2022年，已形成较为完善的公共自行车系统，服务网点超过1300个，投放车辆超37000辆，发放租车IC卡超51万张，日均租车量超8万次；到2018年8月，有37个轨道交通站点设置了接驳公交自行车网点，占比达70%，24小时通租通还的公共自行车体系基本形成。

（四）积极推进公交体系与移动互联网深度融合，提高公交智能化水平

积极推进公交体系与移动互联网深度融合，开启智慧公交时代。为了更好地管理和支持公交运营，宁波建设了宁波公交数据资源中心和政府指挥决策支持平台、企业运营平台以及公交出行信息服务平台，形成了智能化、数字化的城市交通管理体系，其具备智能调度、出行信息服务及运营状态动态监测等功能。在全国率先推广应用金融PBOC 3.0标准的新版市民卡，集轨道交通、常规公交、公共自行车、出租车、咪表停车等城市综合交通出行所需刷卡功能于一体。2017年，宁波进入全国交通一卡通互联网互通城市行列，轨道交通和公共汽车全部支持全国交通一卡通卡的互联互通使用。2018年，市区公共交通在全省率先实现支付宝、微信、银联闪付、NFC、ApplePay、手机市民卡、交通云卡等多种移动支付方式全覆盖。"宁波通"手机App能够提供行前、途中、便民三大类18项服务，具备来车实时预报的功能。

四 青岛：提升城市医疗卫生服务能力

青岛采用绩效考核方式推动现代医院管理制度建设，科学设定绩效考

核指标体系，突出重点指标，激发医务人员积极性，提高服务质量和运行效率；积极推进基层标准化建设，强化基层队伍建设，加强基本公卫信息化建设，提高基本公共卫生服务水平。这些措施共同构成了青岛医疗卫生服务能力提升的路径，为城市健康事业的发展打下了坚实基础。

1.以绩效考核方式促进医疗卫生服务能力提升

为推进现代医院管理制度建设，青岛出台《青岛市公立医院综合绩效考核办法（试行）》，建立和完善公立医院绩效考核机制，维护公立医院公益性，提高服务质量和运行效率，保障公立医院可持续发展。考核主要覆盖青岛所有二级及以上公立医院，科学设定综合绩效考核指标体系，考核突出全面加强党的领导、医疗质量与安全、公共卫生安全、医疗控费、医院财务管理、成本控制、人才培养、科技创新等重点指标，考核结果与医院工资总额核定、财政补助资金分配、重点学科评审，医院及其主要负责人年度考核、评优评先等挂钩。开展公立医院绩效考核，是充分调动医务人员积极性、提升公立医院管理水平的重要手段。

2.推进基层医疗卫生机构标准化建设，加快完善基层医疗卫生体系

按照《山东省基层医疗卫生机构标准化建设工作推进方案》，青岛严格贯彻落实新建社区机构审批标准，推动基层医疗卫生机构"四类五化"建设，2017年已有3133家机构达到标准。加快推进农村基层医疗卫生体系建设，指导各区市合理规划建设中心村卫生室，到2017年，已建成106家中心村卫生室。2017年，青岛2家社区卫生服务中心被评为全国百强，2018年，青岛21家社区卫生服务中心和乡镇卫生院被推荐为国家优质服务示范社区卫生服务中心或群众满意乡镇卫生院，数量全省最多。

3.有效加强基层医务人员能力培训，强化基层队伍建设

青岛把是否配备全科医生作为新建社区机构备案"一票否决"条件，有力推动基层全科医生注册和转岗培训，2017年，青岛市有注册全科医生846名，为全省最多。全面落实6364名乡村医生待遇，为1.8万名老年乡村医生发放7100万元生活补助。组织370余名镇街卫生院医师到社区开展坐诊和巡诊，为全市3966家基层机构提供医疗责任险。在省内率先组建地市级基层卫生协会，建立起"强基层"的工作平台。联合复旦大学等单位举办10次基层

研修班、培训班，培训人员4000余名，有效提升基层医务人员服务能力。

4.推动基本公卫信息化建设，完成公共卫生服务平台升级

2017年，青岛完成基本公共卫生服务平台升级，建立以信息化考核为主、现场考核为辅的基本公卫考核新方式。推广信息化查体随访服务，实行全程信息实时采集，杜绝弄虚作假现象。2017年，青岛建立居民电子健康档案690余万份，对62万老年人进行健康查体，管理高血压和糖尿病等慢病患者90余万人。2018年，基本公共卫生服务筹资标准提高到54元/（年·人），为全省最高。

第六章 文化品质——城市品质中吸引力的源泉

利物浦利用"欧洲文化之都"（ECoC）活动申办推动城市复兴，瑞士整合资源推动体育文化旅游发展，深圳加快文体设施建设，青岛创新公共文化服务。这些成功案例共同体现出提升城市吸引力的重要路径，即注重文化发展，提升城市形象，优化资源配置，推动产业发展、构建产业发展新格局，创新公共服务模式，实现高质量发展。这为其他城市的品质提升提供了借鉴和启示。

一 利物浦：紧抓"欧洲文化之都"活动申办契机，全力推进城市复兴转型

利物浦是英格兰西北部重要的城市，位于默西河口东岸，曾是英国第二大港口和商业中心。然而，20世纪70年代，利物浦港口经济开始衰落，这导致了城市经济的整体衰退和一系列社会问题的出现。为了应对这一挑战，利物浦启动了大规模的去工业化和经济结构调整。20世纪末，利物浦逐渐转变发展方向，从过去以房地产为主导的城市发展，转向了多元导向的城市复兴。2008年利物浦成功主办"欧洲文化之都"活动成为重要的转折点，推动了其以文化导向的发展策略推动城市的可持续发展，文化导向的发展策略推动了利物浦城市文化基础设施的建设和文化艺术活动的蓬勃发展，大量的文化项目和活动为城市带来了新的活力和吸引力，使利物浦成为吸引游客和居民的热门目的地，带动了文化产业的振兴，为城市经济发展带来了新的动力。利物浦的城市经济开始得到恢复和发展，城市形象逐渐焕发新的光彩，这为城市的可持续发展打下了坚实基础。

（一）以举办"欧洲文化之都"活动为契机，大力推进机制建立与运行

"欧洲文化之都"是一项重要的国际文化活动，被选为该活动2008年的

主办城市对利物浦来说是一次宝贵的机遇。利物浦通过策划和举办不同主题年活动，为ECoC的举办做了全面的准备，将其打造为一项持续多年的文化发展大工程。这一系列文化活动的举办不仅是为了办好一个短暂的盛典，更重要的目的在于对城市的产业和定位进行转型升级。通过从2003年开始策划不同主题年活动，利物浦逐步增强自身的文化底蕴，培养了居民对文化活动的参与兴趣，同时也提升了城市的活动组织和举办能力。通过ECoC和主题年活动，利物浦成功吸引了公众广泛参与文化活动，使城市的文化生活更加丰富多彩。创意社区项目（The Creative Communities Programme）是利物浦在ECoC期间推出的一个重要项目，它通过赋权社区，为社区艺术提供资金和技术支持等方式，使社区参与到文化活动中来。这样的项目不仅能够推动文化的普及和传承，更能够在社区层面促进文化自发发展，增强城市社区凝聚力和市民归属感。

除文化活动的举办外，利物浦也加大了对文化和商业基础设施等方面的投入力度。例如，利物浦一号购物中心（Liverpool One）等项目的建设，为ECoC的顺利举办提供了良好的基础设施和场所。这些投资不仅满足了游客和居民的需求，也提升了利物浦作为文化之都的形象，为城市的产业转型和定位转变打下了坚实基础。

积极从多层面建立发展愿景。利物浦积极宣扬艺术和文化的重要性，提高居民对艺术和文化的认知，吸引更多的参与者，为城市的文化部门创造长期增长和可持续发展的动力。利物浦强调艺术和文化对生活的积极影响，通过广泛宣传，让本地居民更好地认识到艺术和文化对于提高生活质量、增强社区凝聚力以及创造丰富多样的城市体验的重要作用。鼓励地区参与，吸引来自默西塞德郡和其他地区的人参与文化活动，加强与周边地区的文化交流合作。重新梳理城市定位，回应地方和区域利益相关者对城市更新的需求，重新审视利物浦在"欧洲文化之都"活动中的城市定位，确保文化发展与城市发展相互促进。在国内外进行全方位的城市营销推广，通过多种渠道积极向国内和国际游客展示利物浦文化特色，强调利物浦是一个具有丰富文化底蕴和很强吸引力的旅游目的地，鼓励更多的国内外游客来到利物浦和英格兰西北部地区旅游与体验。建立公私合作伙伴关系，结合城市再生和更新计划，通过利物浦文化公司等机构，与利益相关者开展广泛合作，共同策划文化活动，并募集资金推动利物浦城市复兴。与欧洲其他地区开展文化交流与合作，积极寻求来自欧洲其他地区的合作伙伴，获得来自欧盟委员会的指导与支持，争取资金用于利物浦文化领域项目的推进。

（二）践行文化主导策略，大力推进文化设施与平台的建设

利物浦在2003~2008年的多个主题年内组织了超过4.1万项文化活动，每天平均举办超过28项文化活动，这展现了城市对文化复兴的高度重视和扎实推进。这些大量的文化活动不仅注重满足不同城市居民和游客的兴趣需求，还涵盖了公共艺术、艺术展览、音乐活动、体育赛事等各个领域，丰富多样的内容吸引了人群的广泛参与，激发了城市的文化活力。此外，利物浦举办的文化活动等级不断提升，规模不断扩大。2008年，利物浦举办了多个世界知名的文化活动，如第五届利物浦双年展、MTV欧洲音乐奖颁奖仪式等。这些国际级的文化活动使利物浦地方文化得以在全球舞台上展示，提升了城市在国际上的文化影响力。这样大规模和高水平的文化活动不仅是一场短暂的盛会，更是利物浦文化复兴的重要推动力。这些丰富多样的文化活动吸引了民众的广泛参与，为城市营造了充满活力和创意的氛围。同时，这些文化活动也为城市带来了经济效益和社会效益，促进了旅游业的发展，提高了城市的知名度和声誉。

利物浦在推进文化组织平台建设方面，采取了多方合作的模式，实现了政府、企业、艺术家和社会组织等不同主体的共赢合作，从而大大降低了文化艺术活动的组织成本，并推动了城市的文化发展和复兴。通过建立常态性的交流机制，利物浦将政府、社会组织和企业等各方的组织力、创造力和资源进行整合，激发了城市的文化活力。利物浦文化公司在此过程中发挥了关键作用，统筹社会资本并为艺术家和组织提供资助，推动了文化活动中的多方合作。根据《影响08》（Impacts 08）的数据，仅2005~2008年其资助的活动所创造的艺术成果就相当于140名全职艺术家4年的工作总量，这充分显示了多方合作模式对于利物浦的艺术发展和文化复兴所产生的巨大推动作用。这种合作模式的成功，不仅使艺术家和组织得到了更多的支持和资源，也让城市的文化活动得以充分发展，为文化复兴增添了强大动力。在合作平

台方面，利物浦积极探索与社会组织的合作模式，建立了利物浦艺术再生联盟（Liverpool Arts Regeneration Consortium）、中小型艺术集体（Small and Medium Arts Collective）等艺术文化合作平台。这些合作平台为艺术家和不同规模的组织提供了更广阔的交流和展示机会，促进了艺术文化的蓬勃发展。此外，为艺术家们提供免费的表演平台也是利物浦成功举办大量艺术活动的重要保障。这样的措施吸引了众多年轻群体和业余表演者参与，为城市的文化活动注入了更多新鲜力量和活力。

通过多公司业务合并，统一协调更新项目，利物浦成功推进了文化设施硬件水平的提升，为城市的文化复兴和发展奠定了坚实基础。一些重要文化设施，如利物浦竞技场和会议中心（Arena and Convention Centre Liverpool）、利物浦博物馆以及蓝衫艺术中心（Bluecoat）等的建设和翻新，为城市文化的多样性和吸引力增强做出了重要贡献。利物浦竞技场和会议中心的建设为城市提供了一个多功能的文化交流和演出场所，不仅能举办大型音乐会和体育赛事，也能举办国际会议等活动，为城市吸引更多国内外的文化活动提供了场所支持。利物浦博物馆的建设则丰富了城市的文化资源，为居民和游客提供了一个了解利物浦历史、文化和艺术的重要场所。同时，翻新蓝衫艺术中心为当地艺术家和艺术团体提供了一个展示和创作的平台，促进了当代艺术的发展和推广。同时，对现有重要文化景点基础设施，如披头士故事展览馆（The Beatles Story）和利物浦足球俱乐部等的持续改进，也大大提升了这些景点对游客的吸引力。这些举措吸引了更多游客前来参观和体验，提升了本地居民对文化活动的参与度。根据统计数据，2007~2009年，利物浦本地居民中前往博物馆、艺术画廊等文化设施的比重远高于英国其他地区，这表明城市的文化设施和活动吸引了本地居民的频繁访问或广泛参与，增强了城市文化的凝聚力和市民的归属感。

二 瑞士：优化资源配置，推动城市体育及文化旅游产业发展

瑞士通过科学整合优质旅游资源、在全球为体育特色旅游打开知名度、精细化打造配套体制机制、整合景观和优质旅游资源等措施，吸引国内外游客、提升市场认可度，助力城市文化品质提升与体育旅游产业蓬勃发展。

（一）科学整合优质资源，提升旅游市场国际化吸引力

空间资源和环境资源整合：利用科学规划理念和技术，将瑞士丰富多样的自然景观，如阿尔卑斯山景、冰川雪原等，有机整合在一个相对集中的区域内。通过便捷的交通网络串联这些优质旅游资源，为游客提供更加多样化的旅游选择。同时，重视保护和维护这些自然资源，创造令人赏心悦目的景观，提升游客的满意度和体验。

完善产业链：在整合旅游资源的同时完善产业链，为游客提供多样性选择。例如，发展游艇产业，提供游艇租赁服务，丰富游客的体验选择；举办游艇赛事等活动，为游艇产业带来商机和活力，提高该产业的知名度和吸引力。

提升运行效率：优化旅游产业的运行模式，整合行政资源和社会资源，将分散、弱小的民间资源组织起来，形成强大的力量应对旅游市场化和国际化的挑战。借助瑞士民间组织和行业协会网络，推动协会在乡村地区发挥组织能力和服务优势，促进资源规划、产品开发和销售，将分散的农户和农庄与广阔的旅游市场相连接，为他们提供更多的机会和平台。

宣传民俗文化：充分宣传瑞士各村庄独具特色的民俗文化博物馆，增强本地居民对传统文化的自豪感和认同。通过推动社区和村落参与文化资源的保护和开发，吸引更多游客前来体验，为本地经济注入活力，形成文化保护宣传与经济产出的良性循环。

（二）充分挖掘资源优势，使体育特色旅游在全球打开知名度

瑞士永久中立国的国际地位为洛桑的体育产业发展筑牢根基。19世纪时，瑞士宣布成为全球永久中立国，它是世界上最为稳定的经济体之一。这一特性使得诸多大型的国际机构将总部设立在瑞士，如欧洲总部位于日内瓦的联合国，总部位于日内瓦的世界贸易组织、世界卫生组织，总部位于洛桑的国际奥委会，等等。

积极招揽全球性、区域性体育组织落户洛桑。凭借国际奥委会的强大吸引力，洛桑乃至整个沃州（洛桑是沃州的首府）积极招揽各国际体育组织迁居于此，为此，洛桑提出了诸多优惠条件：办公室免租两年、帮助体育组织员工找住宿、帮助协调签证的申请，另外还可永久免税。除了硬件条件不断

提升以外，洛桑当地政府还积极组织研讨会、滑雪等活动，密切组织之间的交流，进一步增强城市在体育领域的吸引力。

充分利用体育资源优势，发展文化体育旅游活动，对洛桑而言是一项非常明智和有效的战略。洛桑是"奥林匹克之都"，奥林匹克博物馆的存在为城市增添了独特的吸引力和知名度，通过赠送免费交通卡和提供优惠价格，洛桑成功地将体育旅游产业与其他文化和消费场所结合，为游客创造了丰富多样的旅游体验。

（三）精细化打造配套体制机制，不断扩大市场规模和提升认可度

1.注重细节，体现人性化和精细化设计

在景区开发和旅游服务设施建设上，设计的人性化与精细化是非常重要的，这可以提升和增强游客的满意度和体验感，同时也能体现对自然环境和当地文化的尊重。

在方便游客方面：在机场、车站、酒店等公共场所设置导向标识，确保游客能够轻松找到所需的信息。导向标识要简明清晰，提供准确的指引，避免游客迷路和浪费时间。同时，提供免费的旅游宣传品，如地图、手册等，帮助游客更好地了解景区和旅游线路。

在尊重自然、发展生态旅游方面：在山区旅游公路的建设上，遵循生态旅游理念，选择合适的路线，随弯就势，减少对自然环境的破坏，保护自然景观和生态系统。灵活采用技术标准，避免过度开发，一般只建设双车道公路，以保持山区的原生态和美景。

在自然村落融入方面：在旅游城镇的规划和建设上，不搞大广场、宽马路，而是顺应自然条件，充分尊重当地的自然村落和文化。保持当地建筑风格和传统特色，就地取材，使旅游城镇与周围的自然环境融为一体，营造出独特而美丽的景观。

在人性化服务方面：提供周到的旅游服务，使游客感受到温暖和关怀。为游客提供便利设施，如公共厕所、休息区、饮水站等，满足游客的基本需求。培训服务人员，提高他们的专业素养和沟通能力，使他们能够更好地为游客提供帮助和解答疑问。

2.优化政府、协会、企业合作机制

优化政府、协会、企业合作机制在旅游业的发展中起着关键作用，可以促进旅游业的可持续发展和提高竞争力，具体体现在以下几方面。

政府推广和资金支持：政府可以推广国家和区域的旅游形象，打造国家旅游业竞争力。同时，为旅游业提供持续增长的专项营销资金和购物退税等税收优惠政策，以及旅游项目土地使用优惠政策，鼓励和支持旅游业的发展。

协会塑造旅游品牌：旅游相关行业协会可以通过塑造旅游品牌，展示旅游目的地的独特魅力和特色，提升游客对目的地的兴趣和好感，促进旅游业的发展。

企业营销具体产品：企业可以通过营销具体的旅游产品、提供各类旅游服务，满足游客的不同需求，增加旅游业的收入并增强赢利能力。

跨地域联合营销：除政府、协会与企业的联合营销外，国内各州市之间可以进行跨地域联合营销，共同宣传和推广旅游目的地，增强整体旅游品牌的影响力。

国内与国际联合营销：可以在国内与国际上进行联合营销，吸引更多国内外游客前来旅游，扩大旅游市场规模。

企业与当地社区的联合营销：企业可以与当地社区合作，推动旅游项目的开发和运营，确保社区居民的参与和受益，实现可持续发展。

尊重地方意见和公平公正：推动核心规划理念下移，尊重地方对空间布局和环境优化的诉求，充分听取社区居民对规划的意见和建议，维持旅游业的发展与社区利益的平衡，保障发展中的公平公正。

3.积极打造高标准诚信体系，不断巩固市场

通过打造高标准诚信体系，可以增强旅游市场的公信力和吸引力，为旅游业的持续健康发展提供有力保障，也有利于提升游客的旅游体验，提高重游率和形成良好口碑，促进旅游市场的巩固和拓展。这具体表现在以下几个方面。

培养旅游意识和观念：从学校、社会等多方面入手，加强旅游教育，培养人们的旅游意识和观念。深化人们对旅游业的认知，鼓励珍惜历史悠久的

旅游品牌和资源，使人们意识到旅游业的重要性和影响。

确立诚信制度：建立健全诚信制度，包括实现价格透明公开、保障服务质量。例如，同类型同款式的产品在全国统一价格，避免价格欺诈和不公平竞争。同时，要确保价格与质量相符，保护游客的权益。

严格执行制度：旅游业的管理部门严格执行诚信制度，对违规企业进行监督和处罚。一旦发现有欺诈游客的行为，及时处理并将欺诈主体列入黑名单，防止其继续从事旅游业务。

提升服务质量：优质的服务是建立诚信体系的基础。鼓励旅游企业提升服务质量，确保游客满意和具有安全感。通过客户满意度调查和反馈机制，不断改进服务，满足游客的需求。

宣传诚信文化：通过各种媒体渠道宣传诚信文化，强调诚信的重要性和益处。鼓励旅游企业自觉遵守诚信原则，树立良好的企业形象。

加强监督和执法：加大对旅游市场的监督和执法力度，确保诚信制度的有效执行。严厉打击欺诈、不良竞争等违法行为，维护市场秩序。

三 广州：利用优势资源，通过"文化＋产业"形成发展新动能

2018年10月，习近平总书记视察广州时提出的实现老城市新活力、做到"四个出新出彩"的要求，[①]对广州城市文化综合实力的提升起到了重要的引领作用。作为国家中心城市和粤港澳大湾区的核心引擎，广州的文化建设具有重要的战略意义。在广州的发展规划中，文化作为一项重要支撑，被赋予了更多的关注和更强的重要性。为实现打造社会主义文化强国城市范例的战略目标，广州着力打造"四大文化品牌"，通过加强城市IP的建设，打造具有广州特色和魅力的文化品牌，为城市的文化发展树立独特的形象。同时，广州还注重历史文化传承保护，保护传统文化遗产，传承历史记忆，让广州的文化根基更加深厚。另外，广州积极发展文化事业，扩大文化供给，满足市民对多元化、高质量文化产品和服务的需求。推动文化产业发展壮

---

① 《老城广州出新出彩》，"中国广州发布"百家号，2019年10月24日，https://baijiahao.baidu.com/s?id=1648248229566941011&wfr=spider&for=pc。

大，为广州经济的增长和就业的增加提供支持。同时，广州深化文化体制改革，创新文化产业的发展模式，激发文化产业的创新活力。广州还加强国际传播能力建设，提高城市的文化国际影响力，通过开展国际文化交流合作，让广州的文化走向世界，提升城市的国际形象。

（一）充分发挥红色文化资源丰富的优势

红色文化主要指中国共产党领导中国人民经过长期的革命实践积淀形成的革命文化。它承载了中国共产党波澜壮阔的革命史、艰苦卓绝的斗争史、可歌可泣的英雄史，是建设中国特色社会主义的强大精神支柱。习近平总书记多次强调，要把红色资源利用好、把红色传统发扬好、把红色基因传承好。据统计，截至2020年5月，广州有各类红色资源619项，包括物质遗产类526项、人文活动类93项，分布在广州市11个区，其中越秀区红色资源最为丰富，如中国共产党第三次全国代表大会会址、毛泽东同志主办农民运动讲习所旧址、广州公社旧址、中华全国总工会旧址、广东省立宣讲员养成所遗址等，都是中国共产党曾经活动的重要阵地，在中国革命历史上具有重要地位。广州充分利用丰富独特的红色资源，大力推进红色文化传承弘扬示范区建设，将红色文化建设和城市建设有机结合起来，开展了大量卓有成效的实践探索。截至2021年10月，广州市共有全国红色旅游经典景区6个、红色旅游国家A级景区13个。广州推出了"广州起义红色之旅"等一批精品线路，2022年建设完成全长6.6公里的红色旅游步径，其连接广州市内重要红色景点11处，成为传播红色文化的重要载体。广州依托红色文化资源，积极推进红色文化旅游产业发展，探索"旅游＋红色文化＋党史教育"模式，广州红色旅游知名度、美誉度不断提升。2016~2023年，据不完全统计，16个红色旅游景区年均接待游客总量超过4000万人次。

（二）持续增强岭南文化深厚积淀的辐射力

岭南文化是中华优秀传统文化中最富有特色和活力的地域文化之一，也是粤港澳大湾区共同的文化基础，拥有深厚的历史底蕴和丰富多样的文化形态。在新时代，推动岭南文化的创造性转化和创新性发展，让城市留下珍贵记忆，唤起人们的乡愁，让老城市焕发新的生机，已成为贯彻习近平总书记视察广东重要讲话精神的政治要求，也是走好中国特色社会主义文化发展道路和落实粤港澳大湾区战略的重大举措，对于广州建设文化强市、成为建设社会主义文化强国城市典范，具有重要意义。

目前，广州正积极打造以荔湾为核心的岭南文化中心区。通过进一步提炼岭南文化的核心精髓和时代价值，强化全市岭南文化资源的空间连接以及自然资源、人文历史、科技应用与时代创新的有机融合，广州推动形成"一核四廊"的岭南文化发展布局。这一布局旨在加快建设岭南文化传承展示中心、创新发展中心和对外交流中心，持续增强优秀岭南文化的传承力和辐射力。这些举措将为广州建设岭南文化中心和对外文化交流门户提供强大的精神动力和文化支持。广州的努力在塑造城市形象、提升城市软实力方面具有重要的影响力和示范作用。

（三）全面促进公共文化服务高质量供给

提高公共文化服务效能是关系人民群众基本文化权益保障的重要任务，也是增强人民群众获得感的重要民生工程。近十多年来，广州着力打造"图书馆之城"和"博物馆之城"，取得了显著成效。截至2022年6月底，广州拥有公共图书馆（包括分馆）、服务点、自助图书馆共1315个，其中已实现通借通还的公共图书馆（包括分馆）、服务点、自助图书馆达747个，城市图书馆数量已经迈向"千馆之城"水平。文化综合实力大幅提升。2022年，团一大纪念馆建成开放，成功打造15分钟文明实践服务圈；国家版本馆广州分馆、广州文化馆新馆、粤剧院新馆等文化新地标投入运营，南越国宫署遗址、南越王墓入选中国百年百大考古发现；电影《中国医生》等2部作品入选中宣部"五个一工程"，话剧《大道》等4部作品斩获文华奖、群星奖；永庆坊被列入首批国家级旅游休闲街区，长隆旅游度假区、广州塔入选国家级夜间文化和旅游消费集聚区；"群体通"上线广州各类体育场馆640家，广州运动员首次参加冬奥会，组团参加省第七届少数民族传统体育运动会，团体总分、奖牌总数、一等奖数量在省内均位居第一，实现六连冠。

（四）文化新业态强力支撑文化产业稳步发展

围绕"补短板、强弱项、固底板、扬优势"工作思路，对标高质量发展要求、对标国内先进城市，出台文化与科技融合、文化与金融融合、促进文化消费等方面具体扶持措施，发布了《关于推动文化旅游高质量发展"六大行动"工作方案》《广州市推动文化创意产业链高质量发展三年行动计划（2021—2023年）》等政策文件，开展"数字文化产业项目"扶持工作。2022年，共投入4190万元扶持120家企业的145个项目，从政策、资金、服务等方面，为文化企业成长营造良好发展环境，破除制约产业发展的堵点和难点，畅通文化企业融资渠道、降低融资成本，推动文化空间开放，促进应用场景、消费场景开发，实现"文化+"协同高效发展。因此，凭借着根植于厚重的岭南文化的优势，凭借着思维更新、内容创新和技术革新，广州文化产业有着坚实的发展基础，且整体规模不断壮大。面对三年疫情冲击，广州文化产业依旧实现营业收入稳定增长、逆势上扬。2022年，广州规模以上文化及相关产业法人单位有3220家，同比增加146家；实现营业收入4815.79亿元，同比增长0.2%。全市游戏动漫、新媒体娱乐、娱乐智能设备制造等16个文化新业态特征较为明显的行业小类的规模以上企业有804家，同比增加81家；实现营业收入2189.21亿元，同比增长5.3%。其中，广州游戏产业营收约占全国的1/3，网络音乐产值约占全国的1/4，动漫业产值约占全国的1/5。文化头部企业实力不断壮大，拥有月活用户达12.99亿的全国最大社交平台、年营收超800亿元的互联网企业、全球钢琴产销规模第一的钢琴集团、国内用户量最大的网络音乐平台等。

四　青岛：创新公共文化服务供给模式，打造高质量发展"青岛样本"

通过建设互联互通的服务模式，青岛构建了"三馆联动"机制，实现了文化活动的全覆盖，并积极探索创新文化服务模式，提供低门槛的文化消费渠道；建立健全全市域文化服务体系，优化公共图书馆等文化阵地，建立互动的群众文化活动服务体系；巩固示范区创建成果，满足市民和游客的精神文化需求，共建共享多元文化供给体系，促进公共文化服务现代化、标准化、市场化、均等化水平的提升，努力打造国家公共文化服务体系示范区的"青岛样本"。

（一）建设互联互通的服务模式

1.打造文化载体网络新模式

构建"三馆联动"输送机制。发挥图书馆和文化馆及专业演出场馆资源和人才优势，建立辐射带动作用更强的协调机制、输送机制和管理机制。打造"全域覆盖"基层网络。将基层设施建设作为完善公共文化服务体系的重要抓手，到2016年4月，建立起1197个社区文化中心和5545个乡村文化站，实现文化活动全覆盖。依托老建筑聚集优势，积极引进文博场馆、独立书店等业态，提升全市文化品位。目前，良友书坊、猫的天空之城、青岛文学馆等特色场馆陆续建成开放。

2.积极探索创新文化服务模式

持续为市民提供低门槛文化消费渠道。与专业院团和高资质的社会团体合作，发动群众"走上舞台"，为居民群众送上数十万场精彩纷呈的文艺演出，门类多样的公益培训以及公益电影、非遗展示、儿童话剧演出等服务。积极开展"文馨惠民"文化促消费活动，组织市内图书馆、影院、文化演出场所、文艺培训机构等百余家签约企业为群众发放数十万张文化消费券。

以"开放、现代、活力、时尚"为主线，积极组织群众文化艺术活动。根据不同年龄群体的文化需求，通过书画、摄影、音乐、游戏等多种艺术形式，每年组织几百支群众队伍开展十余项新鲜时尚、丰富多彩的主题活动，并通过搭建城市互动体验的共建共享平台、群众广泛参与的交流展示平台，繁荣群众文艺精品创作，提升公共文化服务水平。

围绕各类特色主题，激发文化活动创新创造的热潮。2020年以来，围绕"青年经济""夜文化"创办"青年文化艺术节"，通过线上板块征集候选人并评选出年度"54先锋青年""青年文创家"等优秀青年代表，通过线下板块举办深受年轻人喜爱的说唱音乐会、街舞大赛、街头篮球赛、极限长板比赛、交友派对、青年论坛等百余场各具特色的交流互动活动，共吸引数十万人参与，汇聚青年力量。同时，充分发掘特色鲜明的港口文化、工业文化、红色文化、商贸文化、民俗文化等资源，优化文化空间布局，强化文化基础设施建设，全面建设开放多元、港产城文深度融合的文化强市。

积极开拓公共数字文化服务新途径。近年来，青岛市着眼于推进"智慧文旅"信息平台建设，成功完成了文旅产业经济监测分析平台和"品游青岛"公众服务平台的构建。其中，文旅产业经济监测分析平台整合旅游假日统计系统、大数据服务和政府部门数据，通过数据可视化方式展示文旅产业的运行状况，为决策者提供有效的参考和支持。而"品游青岛"公众服务平台则采用多种形式，包括PC端网页、移动端App、公众号等，向公众提供多样化的文化服务，包括文化场馆预约、文化旅游信息资讯、景区分时预约、文化消费券发放、在线咨询以及文化旅游产品购买等服务。通过这些智能化、便捷化的服务，公众能够更方便地获取文化旅游信息，满足个性化的文化需求，提升文化消费体验。青岛的这些举措为公共数字文化服务的发展开辟了新的渠道，通过数字化平台的建设和应用，青岛在文旅产业监测、信息传递和公众服务等方面取得了显著成果。

（二）建立健全全市域文化服务体系

1.优化公共图书馆等文化阵地体系

打造可以覆盖全市各区、街道、社区的免费开放公共文化服务场所体系，与文化馆、图书馆共同建立起公共文化服务设施网络。比如，在公共图书馆建设方面，青岛立足书香城市建设，不断拓展全民阅读服务途径和载体，着力构建"中心汇聚、全域辐射"阅读服务体系。实施"众星捧月"工程，在优化提升全市图书馆核心服务功能、打造公共阅读服务中枢的同时，不断延伸基层阅读服务触角，着力构建"社区图书馆集群"。实施"全域辐射"工程，在打造公共阅读服务阵地的基础上，不断激活社会文化力量，有效拓展服务渠道，实现由定点供给向全域辐射的转变。通过优化图书资源配置，试点推出"啡阅青岛"图书馆项目，为100余家咖啡馆免费配送图书，将咖啡馆打造成能够提供阅读体验的精致文化空间。开创民营公益图书馆新模式，实现全市各大图书馆网络互联互通，打造了全市首家"私人咖啡馆兼公益图书馆"。

推广移动阅读是一项重要举措，可以通过在社区安装电子书借阅机，方便读者下载电子图书。这样的举措可以让居民在社区内就能轻松获取阅读资源，无须到图书馆等远处的地点读书，提高了阅读的便捷性和可及性。同时，试点开通社区自助图书馆也是非常有益的。通过终端服务机与图书馆主控网络的数字交互自助借还系统，居民可以用自己的身份证来办理借还书手续，免去烦琐的借还流程。这种自助服务方式节约了时间，提高了图书馆资源的利用率，也增加了居民使用图书馆的积极性。

2.建立互动的群众文化活动服务体系

为建立互动的群众文化活动服务体系，青岛采取了一系列举措来提供内容更为丰富、格调更为高雅的文化艺术精品，同时组织了群众性的公共文化品牌活动。首先，通过送服务、组队伍、做培训、办巡展等方式，为基层群众提供丰富多样的文化艺术精品。可以设立送文化服务项目，将文化活动和演出送到社区和农村，使更多人能够参与其中。同时，组织文化艺术团队进行巡回演出和开设培训课程，提升基层群众的文化艺术水平，增强他们的文化参与感。其次，打造群众性公共文化活动品牌，如举办"五王"大赛。利用公共平台发起多个艺术门类的比赛，让更多人参与其中，不设过高门槛，鼓励群众参与。评选出的优秀民间艺术家组成艺术团队，将他们的作品演出带到市民中，让更多人受益。这样的活动可以在城市和乡村广泛开展，让文化艺术走入寻常百姓家。同时，增强培训的多样性，成立专家顾问团、艺术创作团、文艺表演团、群文辅导团、文化服务团和社区艺术团等多个团队，以"六团走基层"公益培训模式将培训内容和地点多样化，使更多的人能够接受优质的文化培训。

（三）打造国家公共文化服务体系示范区高质量发展的"青岛样本"

1.巩固示范区创建成果，满足市民游客精神文化需求

以巩固提升国家公共文化服务体系示范区创建成果为出发点，专注于推进文旅融合、完善四级公共文化服务网络，丰富和活跃市民游客的文化生活。政策引导方面，强调保障公共文化设施建设的有效性。遵循国家公共文化服务体系示范区和"文化青岛"建设的整体要求，紧扣构建现代公共文化服务体系，密集发布了推进公共文化设施建设的多项政策文件，同时设立市公共文化服务体系建设联席会议，由24个成员单位组成，为推进全市现代公共文化服务体系建设提供了良好政策环境。

同时，加强文化地标建设，丰富人们的精神世界。24小时自助图书馆——青岛筑美印象公寓24小时自助图书馆以"图书馆+酒店"为特色，成为青岛公共文化空间的独特标志；西海美术馆以"中国最美美术馆"闻名，为青岛市民和外来游客提供了独特的建筑体验，具有特别的艺术魅力；除此

之外，青岛市图书馆新馆建设工作也已全面启动，一座交通便利、具有滨海特色的时尚文化综合体地标即将竣工。建设这些场馆旨在完善公共文化服务网络，提升文化设施建设水平，丰富市民和游客的文化体验，使文化场馆成为青岛市民心中的精神家园。这些努力同时也有助于提升青岛市的文化品位和文化软实力，对青岛成为国家公共文化服务体系示范区做出了积极贡献。

2.共建共享多元文化供给体系

为了实现共同建设和共享多元化文化供给体系这一目标，需要通过搭建平台、开拓渠道、提高质量和效率，持续提升公共文化服务的现代化、标准化、市场化和公平化水平，同时构建起"项目为线、多点成面、动态管理"的共建共享文化服务网络。为了提供更丰富的公共文化产品，可以依靠品牌项目引领服务的升级。青岛通过"啡阅青岛"、露天剧场、"欢起剧社"、社区公益系列等品牌项目的建设，为不同艺术门类和团体搭建交流合作的平台，进一步丰富公共文化产品的内容。形成多点发展格局，集结"露天剧场展示点""社区阅读服务点""公益文化共享点"等，建立覆盖面更广的文化服务网络，以提供更丰富和优质的文化产品。同时，实施动态管理来优化资源配置。通过对项目进行动态管理，有效地满足文化服务供需双方的诉求，实现双向调节和动态管理，以更好地满足群众文化需求。这一共建共享的多元文化供给体系有助于丰富城市的文化内涵，提高公共文化服务水平，进一步满足市民多样化的文化需求。

第七章 环境品质——提升城市品质的有效切入点

城市环境品质的提升是实现城市品质提升的最直接手段。在横滨，立足于首都圈发展需求，协调与明确城市功能定位是关键，通过吸引产业转移、强化经济内核和打造文化艺术创新都市，横滨不断追求创新发展，提升经济自主性，焕发城市活力。利物浦通过建筑遗产更新，激发城市内动力，重塑核心品牌形象。宁波积极探索网络化城市格局，实现从三江时代到三湾时代的跨越。苏州推进市域一体化发展，加快融入大上海都市圈。柏林则通过科学开展大规模城市更新，显著提高城市环境质量。这些城市都以不同方式致力于提升城市品质，为居民提供更美好的生活环境。

一 横滨：立足首都圈发展需求，协调与明确城市功能定位

立足首都圈发展需求，横滨不断调整城市功能定位。作为集中了东京都市圈核心城市所需功能的服务中心，横滨与东京都市圈紧密相连，以此为基础吸引产业转移、增强经济内核和打造文化艺术创新都市；建设制造研发基地，助力东京突破产业瓶颈。通过规划建设港湾未来21区和新横滨，增强经济核心功能，横滨不断追求创新发展，提升经济自主性，焕发城市活力。

（一）横滨的定位：集中了东京都市圈核心城市所需功能的服务中心

横滨城市转型发展与东京都市圈的规划建设密不可分。东京都市圈是由国家战略主导，以提高首都圈能级和促进首位城市在全球及区域网络中发挥作用为目的的超大型跨区域建设项目。《第四次首都圈规划》中，日本政府提出将东京的部分城市功能加速分散到首都地区以外的其他核心城市。作为首都地区除东京以外最大的城市，横滨自身增加城市工作机会的需求与首都圈规划赋予横滨的职能相吻合，横滨在1980~2000年的总体规划中也提出

了要增加其作为东京都市圈核心城市所需的功能。因此，横滨的城市转型发展，是从国家战略层面提出的，其中日本政府的主导作用和整个区域间的协作分工至关重要。

（二）横滨发展的措施和路径：吸引产业转移、增强经济内核、打造文化艺术创新都市

1.利用工业基础吸引首都产业转移，建设全国先进制造研发基地

在战后的经济发展过程中，东京不断吸引人口、资源、产业和财富，但也面临日益突出的"大城市病"。为了缓解这一问题并促进周边地区的合理、均衡和有序发展，日本在1956年颁布了《首都圈整备法》。该法案的主要目标之一是在都市开发区域建设多个工业化卫星城，以吸引产业及人口转移。在这一背景下，横滨充分利用其雄厚的近代工业基础，积极吸引东京的产业转移。横滨采取了大规模填海造地的措施，在东京湾沿岸建设了临海工业带，并辅以优惠政策，吸引了大量东京企业。据统计，到20世纪90年代中期，入驻横滨临海工业带和67个工业园的2332家企业中有一半来自东京。这一举措不仅促进了横滨自身的产业发展，还为东京突破产业发展的瓶颈提供了助力。通过利用工业基础吸引首都产业转移，横滨成功地建设了全国先进制造研发基地，实现了与东京及周边地区的协同发展。

2.规划建设两大新城，增强自身经济发展核心功能

横滨作为东京大都市圈的一部分，因与东京距离过近，逐渐失去独立性，成为东京的"卧城"。尽管拥有本町金融区和中华街商业区等传统的中央商务区，但这些区域已显老旧，与横滨作为国际化港口城市的地位不相符。为了改变这一状况，横滨规划建设了滨海区域的港湾未来21区（MM21），并围绕新横滨站打造了新城，其成为推动横滨新一轮发展的动力来源和增长极。MM21着重发展商业及国际交流等功能，积极承接东京的相关首都功能，并吸引了跨国公司、文化设施和研究机构等，为市民提供了更多就业机会，同时也活化了当地经济，增强了横滨的经济自主性。数据显示，2015年，MM21的观光人次约为7600万人次，就业人数约为10.2万人，企业数量约为1770个。同时，新横滨地区以新横滨站为核心进行高密度开发，通过功能复合和引入文化设施等措施，吸引了大量商业、商务和IT产业

的集聚，打造了一个无论是工作日还是休息日都充满活力的城区空间。这使得新横滨地区在横滨市的都市计划中被定位为新的中心，完成了从"工作在新横滨"到"生活在新横滨"的定位转变。

3.始终坚持文化立市，着力打造文化艺术创新都市

横滨虽然历史积淀较少，但在对外开放和持续发展的过程中，逐渐形成了独具特色的城市文化，被誉为"世界之横滨"。这里拥有10座日本重要文化遗产和3座市指定文化遗产，还拥有日本最大的唐人街。同时，完善的文化设施体系和丰富多彩的文化艺术活动，使得横滨这座港口城市展现出独特的文化魅力和特色，这些也是横滨在第一届评选中就被选为"东亚文化之都"的重要原因。

2004年，横滨在庆祝开港150周年时提出了建设"文化艺术创新都市"的口号。2010年通过的《创新都市计划》强调"文化艺术不仅丰富市民生活，还对活跃城市和增强城市国际竞争力产生重大影响"。横滨高度重视文化艺术在城市发展建设中的重要作用，其政策文件清晰阐述了文化与城市发展的紧密关系。横滨通过打造自身独特的城市文化，大力建设创新型都市，让整个城市持续充满活力。

二 利物浦：建筑遗产更新激发城市内动力，重塑城市核心品牌形象

利物浦已被联合国教科文组织列为世界文化遗产城市。不仅如此，利物浦也被公认为英格兰最成功的足球城市、欧洲文化之都、世界上夜生活最丰富的城市之一，还是联合国教科文组织认定的音乐之城。利物浦是除伦敦之外全英拥有博物馆和画廊最多的城市，历史悠久的足球和音乐文化吸引各类国际知名策展人在此举办展览，近些年，访客量纪录也在不断刷新。

（一）利物浦从工业城市转型成为历史文化名城

利物浦曾是大英帝国第二大港，但在二战期间遭受重创，几乎被摧毁。尽管经过战后重建，利物浦港的地位得到恢复，但英国重工业的衰落和产业结构的调整使得这个老工业基地面临严峻挑战。利物浦政府一直尝试改造城市，振兴这个老工业基地，但效果不甚明显。然而，2000年，利物浦申办欧

盟"欧洲文化之都"活动，投入了2亿多英镑用于城市文化和旅游基础设施建设。在竞争激烈的情况下，利物浦于2003年击败了伯明翰、牛津和布里斯托等竞争对手，成功当选为2008年"欧洲文化之都"。利物浦将此次申办成功视为城市复兴的难得机遇，活动正式举办前，有分析机构预测成功申办"欧洲文化之都"活动将带来20亿英镑的投资，创造1.4万个就业机会，并额外吸引170万名游客。2008年，"欧洲文化之都"活动开幕，利物浦加快实施文化立市战略，从工业老城蜕变为文化新都。利物浦的历史文化名城地位逐渐确立，为城市带来了新的发展动力。

（二）利物浦加快遗产建筑更新再利用，激发城市内动力

1.在城市层面，以遗产保护地规划建设激发城市内动力

2009年，利物浦地方政府通过了"利物浦海港贸易城市世界遗产保护规划"（Liverpool Maritime Mercantile City World Heritage Site SPD），将其作为地方发展框架补充规划文件的一部分。该规划旨在通过提高世界遗产地区的设计和保护标准，提升其价值并凸显其全球意义，吸引投资，维护健康经济环境和支持可持续性的城市更新发展。这样的规划建设具有多重优势。首先，对世界遗产地区进行保护，可以增加城市的历史和文化魅力，吸引更多游客和投资者，从而推动城市经济的发展。其次，规划建设有利于改善城市的建筑环境和市容市貌，提升城市形象，增强居民的自豪感和归属感。此外，注重可持续性发展，也能带来更长远的城市发展和环境保护效益。通过有效的遗产保护地规划建设，城市内动力得到激发，文化、旅游和经济等多个领域将实现持续发展。这种综合性的规划方法，能够在促进城市繁荣的同时，保留和传承城市的历史遗产，实现城市的可持续发展目标。

2.街区层面，以遗产建筑更新利用和环境整合承载城市文化、突出城市形象特色

利物浦默西河东岸的码头顶区、阿尔伯特港码头区和斯坦利港保护区共同组成了利物浦的滨水区。在这三个区域进行的城市更新项目的成果，成为利物浦文化的核心和城市转型的成功代表，也使滨水区成为举办城市活动和吸引游客参观的"城市客厅"。通过对这些遗产建筑的更新利用，城市成功地保留了历史和文化遗产，并将其融入现代城市发展中，实现了传统与现代

的融合。这些更新项目为城市带来了新的功能和活力，使其成为文化的重要中心，同时也吸引了大量游客和参观者。其所在地区也成为举办城市活动和文化节庆的理想场所，为展示城市形象提供了地标。

3. 遗产保护区的衍生商业实现空间再造激活，进一步促进地区发展

不同保护区具有各自独特的功能特色，而且这些功能之间能够有效衔接。保护区周围的空间被充分利用，为这些保护区提供商业购物、餐饮娱乐等功能，进一步提升了这些地区的吸引力和活力，同时也为城市经济发展注入了新的活力。利物浦的码头区、历史街区和标志性建筑区被巧妙地围合形成商业区，这种城市设计的手段极大地改善了城市的面貌。利物浦通过将这些保护区连接在一起，形成了一个具有独特文化和历史背景的商业区，吸引了大量游客和居民前来观光和购物。这个商业区的建设不仅带来了商业价值的增加，还对当地经济发展做出了极大的贡献。通过激活历史地块和创造新的商业区，利物浦成功地将历史和现代融合在一起，形成了充满活力和魅力的城市景观。这种城市经济发展模式为利物浦带来了可持续的增长和繁荣，同时也增强了城市的国际竞争力。

三　宁波：积极探索网络化城市格局，实现从三江时代到三湾时代的跨越

随着社会经济的发展，宁波市的空间格局也在不断演化发展，《宁波市城市总体规划（2006—2020年）（2015年修订）》围绕优化城市空间格局，提出了打造"一核两翼、两带三湾、多节点、网络化"的空间结构，突出了宁波三湾的战略价值。2018年，为适应新时期发展需要，宁波市出台《宁波市2049城市发展战略》，围绕宁波市2049年城市空间结构发展规划，进一步提出"一主两副多中心、三江三湾大花园"的市域理想空间格局。宁波市在三江口－东部新城"双中心"结构基础上积极探索网络化城市格局，提升市域南部和北部地区的地位，并逐步实现从三江时代到三湾时代的跨越，以优化城市空间布局。

宁波市城市空间结构发展规划采用了"一主两副多中心"的空间格局，以统筹规划全域城镇发展，明确空间建设重点和其承载的核心功能，引领城

市综合竞争力提升。首先，规划将宁波主城区划定为"一主"，该区包括海曙、江北、鄞州、北仑、镇海和奉化，是都市核心区域。其次，规划确定了两大副城区，分别是北部余慈副城区和南部宁象副城区。这两大副城区以全域城区化为导向，意在实现全域城镇的整体协调发展。最后，在"多中心"方面，规划构建了全域多中心网络化的城镇空间体系。这意味着不再单一依赖主城区，而是在全域范围内发展多个中心，实现城市资源的合理配置和互补。这将有助于促进城市的均衡发展和空间布局的优化。此外，规划还特别强调了生态空间格局的重要性，以"三江三湾大花园"为核心理念，明确了全域生态空间格局。同时，规划统筹管控全域的自然与生态资源，包括"山水林田岛、江河湖海湾"等多元资源，以确保城市的可持续发展和魅力提升。

宁波优化城市空间功能结构的具体措施包括以下几方面。

1.空间密度上，增强空间统筹，合理引导要素适度集聚

宁波以合理引导城市要素适度集聚为目标加强空间统筹。统筹土地的综合开发，探索形成疏密有致的空间布局，确保土地资源的合理利用。对于中心城区，提出对整体建设强度的要求，并以街坊为单位进行分等定级，采取刚弹并济、分级分类的强度管控措施，以确保各空间要素的合理有序发展。重点推进三江口核心区、东部新城、东钱湖、南部商务区、新材料科技城、姚江两岸等重点区块的建设，通过提升区块的开发强度，增强其辐射能级，引导人口在主城区内的多点聚集。这样的策略将有助于提升这些区块的综合竞争力，形成更具活力的城市中心区域，同时缓解主城区人口过度集中的问题。

2.混合性上，推动城市更新，促进低效空间集约集聚利用

促进低效空间的集约集聚利用。针对低效楼宇，开展招商引业工作，重点推进三江口地区商业设施的整合提升。对于低产楼宇和空置率较高的楼宇，采取"腾笼换鸟"和提供二次招商服务等措施，以提高其利用效率和吸引力。推进中心城区的工业用地调整和升级，通过"退二进三"的方式整理市区内老旧的工业用地，引导产业结构的调整和升级。这样的举措有助于提高城市工业用地的利用效率和价值，推动城市产业的持续发展。同时，还将建立存量用地倒逼机制，适度控制新增建设用地的规模，以确保土地资源的合理利用和节约。这将促使开发商和城市规划者更加注重对现有土地的开发

和利用，减少土地浪费。

3.优化开放空间，增强"城市品牌"影响力

宁波城市规划中，优化开放空间的策略旨在增强"城市品牌"的影响力，实现城市空间的优化和提升，并凸显城市的独特魅力和文化底蕴，增强宁波"城市品牌"的影响力，吸引更多人来访和投资。为实现这一目的，宁波主要采取的举措如下。

建设郊野公园和绕城生态外环：计划在中心城外围打造9处郊野公园，形成组团分隔的近郊绿带，同时构建绕城生态外环，以提供优美的自然景观和休闲空间，为居民提供更多与自然亲近的机会。

构建景观轴线和重塑滨水空间：依托"三江六塘河"，打造景观轴线，构筑城市品质骨架。同时，重塑滨水空间，彰显宁波水乡魅力，创造"城在绿中、水在城中、人在景中"的独特风韵。

建设多彩活力环：以有价值的厂房、仓库、码头、冷库群等工业遗产为重点，引入文化创意产业、工业旅游、艺术会展等现代新业态，打造宁波文创地标，增强城市的创意和活力。

保护历史街区：推进宁波老城内历史街区、历史地段、历史街巷的保护，充分利用丰富的历史遗存修复老城生态环境，促进老城功能转型，展现宁波的文化魅力和历史传承。

四　苏州：推进市域一体化发展，加快融入大上海都市圈

自改革开放以来，苏州中心城区的空间结构经历了四个阶段的演化，从单中心逐渐走向多中心和都市区化。进入高质量发展阶段，苏州面临老城区公共环境恶化、服务布局不合理和供给不足、产业基础薄弱、经济发展受到一定的限制等问题，亟须站在大区域的角度，融入区域发展"大龙头"大上海都市圈，并优化城市空间结构，推进市域一体化，实现要素的自由流动，推动苏州社会经济的可持续发展。

1.20世纪80年代：形成单中心的空间结构

在20世纪80年代，苏州中心城区空间结构逐渐形成单中心的特点，这是由于国有企业改革和市管县体制的实行共同推动了苏州城市空间结构的演变。

1986年，苏州市第一版城市总体规划得到国务院批复同意，其明确了中心城区的总体空间布局。根据规划，中心城区依附于古城向西进行定向发展，同时合理安排工业、仓储、商业、文教科研、居住等功能区域，形成了"东城西市""古城新区"的布局结构，这样的规划和布局进一步稳固了苏州的单中心空间结构。在这个阶段，苏州中心城区的主要发展方向是向西延伸，古城区是主要的中心区域，而新的城区主要集中在古城的西部。同时，工业、商业、居住等功能也被合理地划分到不同的区域，实现了各功能的有序布局。

2. 20世纪90年代：呈现多中心空间特征

在大量外来资本的引入以及地方政府与资本的互动的共同推动下，苏州中心城区资本的空间化加快，在20世纪90年代，苏州城市规模不断扩大，也促进了城市空间形态的激烈变革。1991年，苏州中心城区的空间逐步由东向西拓展，重点开发建设苏州高新区。随着新区的不断发展，苏州的中心城区向西方延伸，高新区成为城市开发建设的重点区域。而在1994年，苏州中心城区的发展重点转移到东部，苏州工业园区在古城的东郊开始开发建设。工业园区的建立使得古城区与高新区之间的联系越来越紧密。这样，苏州中心城区的空间结构逐渐演化为"东园西区、古城居中"的一体两翼多中心形态。东部的工业园区成为城市的一大中心，西部的古城区和高新区成为另一个中心，形成了中心城区的两个核心。同时，城市空间也开始呈现不断拓展的趋势，各个中心之间的联系更加紧密。

3. 2000~2011年："一心两区三片"都市区化空间结构

2000~2011年，伴随着两次大的撤县建区行政区划调整，资本空间化与空间资本化的交织、权力关系的再生产共同推动苏州中心城区空间的扩张，使城市的空间结构经历了较为显著的变化，呈现"一心两区三片"的都市区化空间布局形态。2001年以后，苏州中心城区中工业园区、高新区、吴中区、相城区和老城区"五区组团"平行发展模式开始形成。城市建设高潮导致苏州中心城市面临着空间生产达到极限的危机，为了应对这一挑战，苏州从2003年起多次修改城市总体规划，明确城市的首要发展方向是城市的东部，其次是城市的北部，南部主要进行空间的优化调整，而西部被设定为主要的生态控制区域以限制城市建设。在这个背景下，苏州中心城区的空间结构逐渐形成了"一心两区三片"的形态。其中，"一心"是指由平江、沧浪、金阊三个老城区合并而成的姑苏区；"两区"是指高新区和工业园区；"三片"即吴中片（吴中区）、相城片（相城区）以及吴江片（吴江区）。这种空间布局凸显了苏州中心城区的都市化特征，各个区域的发展和功能定位相对独立，形成了多中心的城市结构。

4. 2012年以来：融入大上海都市圈，实现市域一体化发展

党的十八大以来，随着长三角一体化发展加快推进，苏州正在加速进行城市空间结构战略调整，主要围绕"融入大上海都市圈""实现市域一体化""将增长空间纳入未来发展中"等三大目标展开，继续发挥沿沪宁、沿江轴线对苏州社会经济和产业发展极其重要的空间组织作用，保持其在苏州区域发展空间战略中的长期稳定性。

一方面，随着未来通苏嘉甬高铁的建成通车，其与原有的苏嘉杭高速公路叠加起来，将会使南北轴线的地位更加突出，因此，作为东西向与南北向铁路的交会点，相城综合性交通枢纽的地位将更加突出，要加强相城与虹桥、硕放的深度合作，与硕放共建苏锡常都市圈中的战略门户。同时，苏州步入高质量发展阶段后，需要激活更多潜在的生态资源和文化资源，促进不同板块之间的协同发展，这会对推动市域一体化发展起到重要的作用。这里的重点在于长三角的内湖——太湖，苏州积极通过穿越太湖的苏州湾1号隧道打通吴江太湖新城与吴中太湖新城之间的断点，加强吴江、吴中、高新区、相城协同发展。同时，积极发挥阳澄湖的重要空间组织作用，加强其与昆山、苏州工业园区、相城、常熟之间的协同发展，使湖区以青苔科学家村（苏州实验室）、长三角国际研发社区为核心，向西经黄埭镇、望亭镇连接环太湖科创圈，向东覆盖阳澄湖西岸，向北经漕湖街道、北桥街道联动常熟市，向南衔接苏州古城。另一方面，充分借助虹桥国际开放枢纽及其北向拓展带的作用，加强与硕放机场的合作，大力发展临空经济。苏州积极推动北向拓展带中的太仓、相城全面融入上海大飞机产业链，围绕大飞机及其配套产业发展、航空产业培育、核心技术攻关、新材料研发等领域，协同构建航空产业集群，承接上海国际开放枢纽的一些服务功能的外溢，并发展以航空为指向的高新技术产业。

五 柏林：科学开展大规模城市更新，城市环境质量得到显著提高

作为一个充满历史底蕴的城市，德国柏林在城市设计和规划方面一直坚持着"批判性重建"的纲领，强调对历史和传统的尊重，有计划地开展改建活动，积极推动城市的改建和更新，以适应现代社会的需求和发展。

（一）着重开展体制机制建设，打造全球知名绿色城市

1.建立健全规划制度体系，有效推进城市更新

德国城市更新因其系统的法律制度和完备的规划体系得以有序推进。德国政府制定了《建设法典》和《建设法典实施条例》；1986年，《德国建筑法》被正式纳入《特别城市更新法》，赋予各地政府部门审批、征购及优先购地等权力，为城市更新过程提供法律依据。柏林市政府以"空间形态逻辑清晰、公园交通流线简洁、注重场地历史与人文遗产保护"为原则，提出谨慎的城市更新原则。针对不同区位和所有权类型，实行多样化政策，并致力于将闲置制造业用地和旧基础设施用地规划为自然保护公园。

德国的城市更新管理结构分为三级，层级清晰透明。采用邦—州—地方政府三级互联的规划体系，明确各地区各部门职责任务，畅通各级衔接机制，有效提高城市区域规划效率。以柏林为例，相关组织机构主要有城市发展规划局、州文物保护局、普鲁士宫殿和园林基金会三级。规划制度和管理结构的健全使德国城市更新得以有序推进，促进了城市的品质提升。

2.践行生态发展价值理念，打造全球知名绿色城市

践行生态发展价值理念，是柏林打造全球知名绿色城市的重要策略。柏林着重强调生态发展价值理念，通过行政与经济相结合的发展政策，全面推动绿色城市发展。在绿色城市建设中，城市森林建设成为重点发展领域。柏林和勃兰登堡的林业发展是城市森林建设的一个典范，通过20年的努力，人工造林5090公顷，采取多元化的造林方式，在小面积内打造多样化的林分结构，提升既有林地质量，满足大众需求，推动城市更新的绿色建设。

为激励市民参与绿化，柏林实施针对性的减税激励措施、资金补贴措施，并引导市民在公共建筑的垂直墙壁、平屋顶、闲置角落进行绿化。同时，国家建立双轨收集制度，实施相关法律法规，规范引导消费者和市场的行为，促使居民进行垃

圾分类，以便对废弃物进行分类收集、回收和处置，实现废物资源化的目标。

柏林市政府允许市民低价租用城市社区四周的公共空间，打造花草、蔬菜混合种植的绿色地带，加快推进城市绿地建设，提升城市的精致程度、生态建设水平。多年来，柏林坚持追求生态理念、绿色理念和健康理念，最终成功建立了全球知名的绿色城市，成为绿色发展的典范。

（二）着重体制机制建设，打造全球知名绿色城市

1.重视街道空间多元化设计，优化城市街道环境

在很多发达城市，街道往往已超越了其本身的通行功能，代表着一个城市的理念精神和文化内涵。柏林采取综合性的城市更新行动，从城市布局、社会发展和文化艺术等多个角度出发，推进街道空间的优化。坚持优先考虑居民个体的平等使用权，力求最大限度保障民众的出行方便和活动空间不受限。为此，对全市街道辅助设施进行科学规划，充分考虑地形地势，并结合当地实际情况不断完善周边布景设计。在街道两旁配备了突出城市文化特色的餐饮、休闲娱乐和购物场所，从而为居民和游客提供更多元化的选择和体验。通过街道的多元化设计，柏林成功增强了城市的观赏性，使街道成为城市文化展示的舞台。此举还降低了城市环境中的街区突兀感，使各个街区与周边环境更加融洽。优化后的城市街道提升了整体城市环境品质，为居民提供了更美好的生活体验，同时也增强了柏林作为旅游目的地的吸引力。

2.践行可持续发展理念，改善城市生态环境

针对城市基础设施陈旧等历史问题，着力进行以可持续发展为目的的规划和投资。在全市范围内，积极倡导践行可持续开发的创新理念，以保护历史建筑为导向，注重商业、住宅和办公等领域的有机融合。柏林市政府通过对试点街巷进行空间改造、重塑和复原，对70%的陈旧建筑进行了改造升级，注重新建筑的外观和高度与旧建筑的统一协调，形成了老城区商住混合住宅区的空间更新和使用模式，促进了城市的多样化更新与发展。同时，政府积极应对城市建设带来的固废资源管理问题，致力于推动固废的循环利用。2021年，柏林城市的固废循环利用率已达到65%，建筑废物循环利用率高达90%。这些措施在城市基础设施更新的过程中发挥着重要作用，推动了城市全方位的更新与发展，改善了城市的生态环境。

第八章 管理品质——城市社会治理水平的体现

城市管理品质和城市社会治理水平提升方面的成功经验体现了有效的制度建设、社会参与和创新发展的重要性。伦敦通过优化应急管理体系，鼓励社会广泛参与，保障公众安全；南京以数字化和社会组织扶持体系构建社区服务体系；上海通过规划和创新发展社会组织；维也纳通过增强社区凝聚力和促进居民参与实现治理改善。这些经验表明，提升治理水平需要强化制度建设、促进社会参与和鼓励创新发展，为城市管理和公众福祉带来实质性的改善。

一 伦敦：加强体制结合，优化公共安全突发事件应急管理体系

伦敦的公共安全突发事件应急管理体系不仅注重依法行政，结合正式法与非正式法，还将全国和首都体制有机结合，并结合减灾预防和应急恢复，重视风险评估与应对准备；该体系也重视政府与社会积极合作，建立广泛的社会参与机制，形成共治的突发事件应急管理体系。这些举措使得伦敦能够更好地应对复杂的突发事件，保障公众的安全。

（一）正式法与非正式法有机结合

伦敦作为英国的首都和全球重要城市，面临着各种复杂突发事件的威胁，如恐怖袭击、自然灾害等。为了有效管理和应对这些突发事件，伦敦建立了一套完善的应急管理体系。

1.通过法律对伦敦的应急管理体系进行规范

伦敦的应急管理体系建设非常重视依法行政，政府进行应急管理的所有行动都有法律依据。英国的应急管理体系建设在全国范围内由《英国突发事件应对法》提供整体框架，而专门针对伦敦应急管理体系建设的法律规定则

确保了伦敦的应急管理工作有明确的法律基础。这种法律依据的存在体现了英国严谨系统的法治精神和传统。《英国突发事件应对法》为全国范围内的应急管理提供了基本法律框架，包括突发事件的预防、准备、应对和恢复等方面的规定。而《大伦敦地方政府法》则专门针对伦敦的应急管理体系进行规范，明确列出了关于管理伦敦突发事件的具体条款。这样的法律体系确保了伦敦能够在法律框架下有条不紊地开展应对各类突发事件的工作。伦敦的应急管理机构可以依据法律规定，合理规划预防措施、制订紧急应对方案以及灾后恢复计划，保障公众的安全和福祉。同时，相关法律也有助于确保应急管理工作的透明度和公正性，使公众对政府的应急管理工作有更强的信心。

2.正式法与非正式法结合

在应急管理方面，伦敦市政府注重将正式法与非正式法相结合，以提高法律适用性和操作性。由于应急管理的特殊性质，单纯依靠正式法律可能存在原则性和抽象性问题以及立法成本较高的难题。因此，伦敦市政府采取了制定非强制性但具有指导性的规范性文件的方式来弥补正式法的不足。在突发事件的准备、应对和从突发事件中恢复等方面，伦敦制定了一系列规范性文件，这些文件具体细致且具有操作性。例如，关于突发性事件的准备阶段的规范性文件，包括详细的准备计划和资源调配方案，而应对和恢复阶段的规范性文件则包括具体的紧急行动指南和恢复策略。这些规范性文件都是在正式法的指引下制定的，为伦敦的应急管理提供了具体的操作指导，改善了应急工作的实际效果，可见，伦敦应急管理体系中正式法与非正式法的有机结合在实践中取得了显著成效。近年来，伦敦在恐怖袭击事件中表现出较高的应急管理效率。例如，在2019年的伦敦桥袭击和2020年的西敏桥袭击中，应急管理体系迅速响应，各部门协调配合，有效地减少了人员伤亡和财产损失。同时，对突发事件应急预案的评估结果显示，伦敦的应急预案制定和实施水平明显提高，各项预案的操作性和实用性得到了积极评价，相关部门的响应速度和行动效率明显提升。

（二）全国体制和首都体制有机结合

全国体制和首都体制在伦敦突发事件应急管理中的有机结合，通过法律保障和中央政府的主导作用，有效提升了突发事件应急管理的能力和效果。

1.《大伦敦地方政府法》的制定

为了有效管理和应对伦敦的突发事件，英国议会通过了《大伦敦地方政府法》。该法律专门确认了伦敦的特殊地位，并列出了关于伦敦突发事件应急管理的条款，为伦敦在突发事件应急管理方面提供了法律保障。2004年通过的《英国突发事件应对法》在应急规划实施细则中，特意设置了"伦敦"部分，明确规定了伦敦的突发事件应急管理细则。伦敦这种国家专门针对其做出规定的法律地位是其他地区所不具备的，体现了英国对伦敦特殊地位和需求的重视。《大伦敦地方政府法》的制定旨在增强伦敦的突发事件应急管理能力，确保在面对各类突发事件时，伦敦有法律和规范可依循。该法律为伦敦的应急管理提供了明确的框架和指导，规定了相关部门的职责和权限，强调了应急预案和救援措施的必要性，促进了各部门间的协调配合。同时，该法律的制定也是对伦敦地方政府应急管理工作的一种肯定和鼓励，使其在应对突发事件中具有更大的自主权和决策权。通过《大伦敦地方政府法》的制定，伦敦的突发事件管理更加完善和规范，其对保障市民的安全和社会的稳定起到了积极作用。在实践中，该法律为伦敦的突发事件应急管理提供了明确的法律基础，使伦敦能够更加高效地应对各类突发事件、保障市民的生命财产安全，提高了伦敦的整体应急管理水平。

2.中央政府在突发事件应急管理中的主动介入

伦敦作为国家首都，突发事件应急管理涉及国家的利益和安全，因此中央政府在突发事件应急管理中起到了明显的主导作用。中央政府在突发事件应急管理的体制和机制安排中主动介入，中央政府与伦敦市政府之间形成等级制关系，这种层级关系确保了中央政府对伦敦突发事件应急管理的有效指导和协调。全国体制和首都体制的有机结合为伦敦突发事件应急管理带来了实际效果。2019年，对伦敦突发事件应急管理体制的评估显示，中央政府的主导作用以及与地方政府之间的合作机制得到了广泛认可，突发事件应急管理的决策流程较以往更加清晰，责任分工较以往更加明确，有助于提高应对突发事件的整体效能。

（三）减灾预防和应急恢复有机结合

使风险管理贯穿于突发事件应急管理的各个环节，将减灾预防与应急恢复有机结合，提高灾害风险的管理效能，增强各级政府和相关部门之间的合作与协调能力。

1.风险的预测、评估与避免

在英国，风险管理是一个重要的政府职责，政府通过预测和评估风险，采取相应措施来进行风险防控。在这个方面，各级政府都承担着地方风险排查、登记和评估的责任，以确保及时应对可能出现的各类风险。英国政府建立了完善的风险评估机制，每两年对《国家安全风险评估》进行一次评审，各地方政府也每一年对关键领域进行一次风险评估，并制定相应的防灾措施。例如，基于对自然灾害如洪水、地震等的风险评估，2019年，伦敦市政府采取了防洪、土地规划等预防措施，减少了潜在的灾害风险。

2.减灾与应急预案的调整

伦敦在突发事件管理中注重长期和短期两个方面的准备、应对和恢复，通过减灾措施，降低灾害风险，并根据评估结果调整应急预案或计划。在突发事件发生前，英国政府通过广泛的减灾宣传、培训和演练，提高公众的应对能力。例如，对于火灾风险，政府积极宣传火灾预防知识，并要求建筑物具备必要的防火设施。此外，政府还定期检查和更新应急预案，确保其与风险评估结果相适应。

3.分工与合作的有机结合

在英国的应急管理实践中，分工与合作有机结合，各级政府和相关部门在突发事件管理中承担着不同的职责，并通过紧密合作实现高效应对。伦敦建立了跨部门的突发事件管理机构，各级政府与相关部门之间通过协作、信息共享和资源互助，形成了高效的协同作战机制。例如，警察、消防部门、医疗机构和志愿者组织在突发事件中紧密合作、协同行动，及时提供救援和支持。

（四）政府与社会有机结合

伦敦在突发事件应急管理方面成功实现了政府与社会的有机结合。通过建立广泛性参与、社会参与机制，培养公众的应急意识和自救能力，制定国家标准和机制，以及使政府与社会各界紧密合作，伦敦建立了一套具有伦敦特色的突发事件应急管理体系，为城市的安全和稳定提供了有力保障。

1.最大限度动员社会各界参与

伦敦作为一个人口和资源高度集中的城市，面临着来自全球因素和地方因素的复杂挑战，其中突发事件管理方面的挑战尤为复杂。在应对这种复杂挑战时，单靠政府的努力是远远不够的。因此，伦敦坚持广泛性参与的原则，积极建立社会参与机制，最大限度地动员社会各界参与其中。为了增强公众的应急意识和自救能力，伦敦推出了名为"准备伦敦"（Prepare London）的项目。该项目通过22种语言向公众传授灾害发生时个人的自救技能和技巧。通过这样的举措，市民能够在突发事件发生时做出正确的反应和行动，有效减少伤亡和损失。这种积极的社会参与举措，使得突发事件管理不再仅依靠政府的单方面努力，而是将社会各界的力量汇聚在一起，形成了强大的合力。除了"准备伦敦"项目外，伦敦还采取了其他多种社会参与措施，包括与志愿者组织、企业、社区团体等合作，共同推进应急管理工作。政府与社会各界的紧密合作，使得伦敦的突发事件管理体系更加灵活高效，能够更好地应对复杂多变的情况。

2.大幅提高社会自救能力

为了进一步加强社会的自救能力，英国政府采取了重要的举措，将业务连续性管理（Business Continuity Management，BCM）机制纳入国家法律，并制定了国家BCM标准。这一举措的目的是最大限度地提高社会各组织的自救能力，确保它们能够在突发事件中保持正常运营，并能够迅速恢复到正常状态。通过将BCM机制制度化和标准化，英国政府为社会组织提供了明确的指导和支持，促进了其在突发事件应急管理中的积极参与。有数据表明，在伦敦的实践中，社会组织的应急管理参与能力得到了大幅增强，突发事件响应和从突发事件中恢复的速度也得到了显著提升。

3.推动政府与社会各界紧密合作

在区域应急论坛和地方应急论坛中，政府以外的大量社会组织也成为成员的一部分。社会组织的存在促使政府与社会各界通过紧密合作共同应对突发事件。社会组织的参与不仅为突发事件应急管理提供了更广泛的资源和专业知识，还提供了更多的实践经验和社区联系，使整个应急管理体系更加全面和有效。例如，2009年，伦敦公布了社区火灾安全战略，其涉及伦敦消防和应急策划局提出的一个将政府、消防站工作人员、公众、志愿者和社会组织结合起来的联合防灾体系，其中工作人员有市政管理人员、消防安全专家也有社区建设人员。这一举措进一步增强了社区的凝聚力和抗灾能力，对伦敦的整体安全和稳定做出了重要贡献。

二 南京：提高数字化水平和完善社会组织扶持体系，构建资源下沉式社区服务体系

南京在社会组织发展和治理方面采取了多种措施，通过建立多级体系，以政府和社会组织为中心，满足居民需求，推进多元共治和精准智治。同时，运用"互联网＋大数据＋云服务"的思维，建立公众参与平台，完善培育扶持体系，降低登记门槛，引入公益创投，提升社会组织的认知度和发展能力。

（一）推进多元共治，加强基层协同

1.初步形成"多中心－多层次"的服务治理格局

以南京沿江街道为例，其基于"爱 i 社区"服务体系的创建，初步形成"多中心－多层次"的服务治理格局。该格局的基本模式是以政府为基本中心，围绕小区业委会（物业）、商业街道、市民群体等社会组织，建立公众服务、城市治理一级体系，政府负责协调各方资源，提供政策支持和指导。政府的参与不仅能够确保治理行动的合法性和有效性，还能够提供必要的公共设施和社会服务。例如，政府投入资金改善基础设施，提供公共交通和环境保护等服务，促进社区的可持续发展。小区业委会和物业公司承担着社区管理和服务的责任，为居民提供日常维护、安全保障等服务。商业街道则承担着提供商业服务和促进经济发展的责任，为居民提供各类商业设施和便利服务。此外，市民群体也积极参与到社区治理中，形成一个多元共治的局面。例如，市民通过居民委员会参与社区议事和决策，发表意见和建议，推动社区事务的发展。

2.各级体系根据自身能力承担相应的社会责任

以一级体系单元为次要中心，单独或混合建立公众服务和城市治理二级体系，并逐步建立多级体系。不同级别的体系根据自身能力承担相应的社会

责任，实现协同合作。这种多级体系的建立能够更好地满足不同层次和不同领域的需求，提高服务的针对性和专业性。例如，在一级体系单元下，可以建立社区志愿者服务团队，为社区居民提供咨询服务、指导和帮助。在二级体系中，可以建立社区卫生服务中心，提供医疗保健和健康咨询等服务。

（二）提倡精准"智治"，提升治理能力

1.优化居民与基层政府的沟通渠道，建立基础信任

在"爱i社区"服务体系内，所有活动的安排基本以居民需求为导向。通过设置App界面功能模块清单，该体系将与居民相关的内容、居民诉求以及居民感兴趣的内容传递给居民。数据显示，这些内容的重点包括各类办件咨询、便民利民服务、志愿服务、居民互助、志愿积分兑换、居民课堂、物业服务、居民创业等。通过这种方式，居民能够从多个层面了解基层政府和与基层政府沟通，从而建立对基层政府的信任。

2.以大数据技术提高诉求解决效率

南京沿江街道灵活运用网络优势，第一时间收集群众诉求，并第一时间解决群众问题。"爱i社区"App中设置了投诉举报模块，并创新加入了"一键拍"、定位、提醒处置等功能。这些创新的功能使得投诉举报的内容更加明确、证据更加充分、处置更加便捷。根据统计数据，通过手机完成反映问题、解决问题、评价效果的完整操作已经成为居民的常见行为。这一举措极大地提高了治理的效率和透明度，有效解决了居民的诉求和问题。

3.推动志愿者参与，促进社区和谐发展

"爱i社区"服务体系还增强了居民参与社区治理的积极性。通过App中设置的志愿服务模块，居民可以选择参与社区志愿者服务团队，为社区居民提供咨询服务、指导和帮助。同时，志愿积分兑换功能也激励更多居民参与到志愿服务中来。2020年，App后台数据显示，参与志愿服务的居民人数明显增加，志愿服务项目的覆盖范围也不断扩大。这种积极参与的行为不仅加强了居民与基层政府的互动，增加了社区凝聚力，还促进了社区和谐发展。

（三）完善培育扶持体系，提升人们对社会组织的认知度

南京通过改革登记制度、引入公益创投以及举办公益展示会等活动，完善了社会组织的培育扶持体系，提升了人们对社会组织的认知度，促进了社

会组织的快速发展，为其参与公益事业提供了更广阔的舞台和更多的支持。

1.完善改革登记制度

南京市政府积极推动社会组织发展，为进一步优化社会组织登记和管理流程，出台了《南京市社会组织登记工作指引》，旨在简化登记手续、提高办理效率，并为社会组织提供更便捷的登记渠道。试点范围涵盖建邺、玄武等区，后期将逐步扩展至全市范围。这一改革措施旨在简化登记程序，降低登记门槛，为社会组织的发展提供便利。根据相关数据，自试点实施以来，全市范围内新登记社会组织数量明显增加，平均每年增长率超过20%。同时，社会组织孵化器的设立为初创社会组织提供了办公场所、培训资源和专业指导，为其快速成长提供了坚实支撑。

2.引入公益创投，为社会组织发展提供资金扶持

南京市政府设立了公益创投基金，旨在引导社会资本投入具有社会影响力的社会组织项目中。根据相关数据，截至2017年，公益创投基金已投入资金超过500万元，支持了30多个社会组织的创新项目，涉及教育、环保、健康等多个领域。这些资金的注入直接促进了社会组织的发展，同时也提升了社会组织的影响力和可持续发展能力。

3.举办各类文化活动，提升公益事业品牌影响力

在2012年，南京市成功举办了第二届社区暨社会公益服务项目洽谈会，这一活动对推动公益事业的发展和提升社会组织的品牌影响力起到了重要作用。该展示会吸引了大量的社会组织积极参与，它们通过展示自己在教育、文化、扶贫等领域取得的成果，展现了社会组织在推动社会进步、促进公益事业发展方面的重要贡献和影响力。根据相关统计数据，展示会参观者有超过5万人次，媒体报道覆盖了全市范围，使更多人了解和认可南京市的社会组织，进而激发了更多人参与公益事业的热情。

（四）加强监管，强化党建，实现统筹

南京在加强监管和强化党建方面采取了多项具体措施。通过评估机制的建立、重大事项报告制度的实施以及行政许可流程的优化，社会组织的规范化程度和透明度得到了显著提升，同时也推进了社会组织的健康发展和社会治理的科学化进程。

1.推进全社会对社会组织的评估，加强社会组织自律能力建设

南京建立了评估机制，对社会组织进行全面评估，以促使其提升管理水平和服务质量。例如，通过开展年度评估，对社会组织的组织结构、财务状况、人员素质等方面进行评估，进一步提高社会组织的规范化程度和专业化水平。根据相关数据，评估后的社会组织中，有80%以上组织形成了内部管理规范，同时，评估后组织服务质量和公信力也得到了明显提升。

2.出台重大事项报告制度，加强监管

南京建立了重大事项报告制度，要求社会组织在开展重大活动、进行重要决策或变更管理者等情况下及时向相关部门报告。这一制度的实施有效提高了社会组织的透明度和管理规范性。数据显示，自重大事项报告制度实施以来，社会组织的合规率提高了30%，重大决策的风险和不确定性也得到了有效控制。

3.梳理行政许可流程，使监督管理趋向合理化、民主化、科学化

南京市政府对社会组织的行政许可流程进行了梳理和优化，以提高行政效率和透明度。经过努力，成功减少了冗余环节和审批时间，取得了显著成效。实证数据显示，社会组织行政许可的平均办理时间缩短了50%，这意味着社会组织在获取许可的过程中节省了大量时间，有利于其更快地开展公益事业和服务社会。

除了优化审批流程，南京市政府还着力加强政府与公众的沟通和公众的参与，以推动社会组织的监督管理进一步合理化、民主化和科学化。公众对社会组织的评议和监督投诉数量明显增加，这反映了公众对社会组织活动的关注程度上升，也表明社会组织管理在民众中的透明度和接受度提高。政府积极回应公众关切，及时处理投诉和反馈，从而增强监督机制的有效性和民主性。

三　上海：强化顶层规划，形成社会组织规范快速发展模式

上海明确了社会组织发展目标，并制定了专门的发展规划。推进行业协会体制改革，增加了登记管理机关的选择，促进社会组织可持续发展。此外，上海采用了适应时代需求的社会组织新型运作模式，如政府购买服务、

建设公益园区等，并通过网络信息技术，推动社会组织参与社区治理，利用互联网和新媒体平台提升公益活动的影响力，推动了上海社会组织进入规范化快速发展通道。

（一）强化顶层规划，明确社会组织发展目标

为促进社会组织的规范快速发展，上海市政府将社会组织的发展目标纳入了《上海市国民经济和社会发展第十四个五年规划和二〇三五年远景目标纲要》以及《上海市民政事业发展"十四五"规划》中，并专门制定了《上海社会组织发展"十四五"规划》，这些举措充分展现了上海市政府对社会组织发展的高度重视和坚定承诺。

1.率先建立了新型社会组织登记制度

上海在社会组织登记制度发展方面处于领先地位，建立了一套组织分类明确、登记分级清晰、审批高效便捷的新型社会组织登记制度。这一制度允许社会组织根据自身定位和功能选择适合的登记类型，并获得相应的权益和待遇。根据最新数据，截至2023年6月30日，上海市已经登记注册的社会组织数量达到了7339个，涉及了各个领域和行业，为社会组织的多样化发展提供了坚实的基础。

2.率先建成社会组织服务支持体系

上海市率先构建了一个覆盖面更加广泛、更加多样化的社会组织服务支持体系，提供了更加有力的扶持措施。上海市政府通过设立专门的社会组织服务机构，提供培训、咨询、资金支持等多方面的服务，帮助社会组织提升管理水平和服务能力。统计数据显示，上海市每年投入数亿元用于社会组织的扶持和发展，为社会组织提供了稳定的资金来源和充足的发展空间。

3.率先建成了综合监管体系

上海市在建立社会组织综合监管体系方面处于领先地位，率先建立了一个综合监管体系，其中社会组织自律自治得到了很好的实现，法律监管力度大，政府监管措施有效，社会公众的监督有序进行。上海市政府加强了对社会组织的管理和监督，以确保社会组织合法合规运营，通过政策引导和政府支持来促进其发展，并积极引导社会公众和媒体对社会组织进行监督，推动社会组织实现公开透明和履行社会责任。因此，这一综合监管体系的建立，有效地提高了社会组织的整体规范水平和社会对社会组织的信任度。

（二）探索行业协会体制改革，促进社会组织可持续发展

针对传统制度在一定程度上阻碍了社会组织的发展的问题，上海市开始大胆尝试改革，在探索行业协会体制改革方面取得了显著成果，新型制度安排和行业协会改革的探索为社会组织的可持续发展注入了活力，同时为其他地区提供了宝贵的经验借鉴。

1.为社会组织发展提供更多支持

上海市政府采取了一系列新型制度安排，如政府购买社会组织服务、建立公益服务园和公益新天地、举办公益伙伴日活动等。这些举措为社会组织提供了更多的合作机会和资源支持，推动了社会组织的可持续发展。统计数据显示，自新型制度安排实施以来，上海市社会组织的数量不断增加，影响力不断增强，对社会发展做出了积极贡献。

2.推进行业协会体制改革

上海推进行业协会体制改革始于2002年，上海市政府和人大常委会先后颁布了《上海市行业协会暂行办法》以及《上海市促进行业协会发展规定》，这些政策文件的实施，对行业协会的管理体制进行了重要调整，将过去的双重管理制度，即业务主管单位和登记管理机关共同负责，转变为三重登记管理制度，即业务主管单位、行业协会发展署以及登记管理机关共同负责，这一改革措施为行业协会发展提供了更加灵活和多样化的选择并注入了新的活力，也促进了各个行业社会组织的蓬勃发展。其他地区在进行行业协会体制改革时，也从上海市的成功实践中汲取经验。例如，深圳市在2004年、广东省在2005年以及国务院在2013年相继进行了类似的体制调整，包括建立业务主管单位和登记管理机关双重管理与直接登记相结合的管理制度，旨在更好地推动行业协会的发展和社会组织的壮大。这些借鉴有效提升了行业协会的组织能力和服务水平，同时也为各个地区的社会组织繁荣发展提供了有益的推动力。

（三）配合上位规划，适时创造社会组织新型运作模式

配合上位规划，适时创造社会组织新型运作模式是上海市在社会组织发展方面的一项重要举措。根据不同时代的发展机遇、国家大政方针和上海城市发展规划定位，上海市及时创造了多种新型运作模式，为社会组织的发展提供了有力支持。

1.以浦东开发为起点，积极推动购买社会组织公共服务

上海积极推动购买社会组织公共服务，在政府购买社会组织公共服务和设立公益园区基地方面，浦东新区政府在全国处于领先地位。浦东新区政府积极采购社会组织提供的公共服务，推动了社会组织在社区建设、教育、环境保护等领域的积极参与和健康发展。据统计，自政府购买社会组织公共服务制度实施以来，浦东新区已吸引了超过100家社会组织参与公共服务提供，服务范围涵盖教育、医疗、社区治理等多个领域，这有效提升了公共服务的覆盖率和质量。

2.以中国加入世贸组织为契机，加强行业协会商会的能力建设

上海市政府在中国加入世贸组织后认识到行业协会商会在促进经济发展、推动行业合作中的重要作用，因此加大了对行业协会商会的支持和培育力度。通过加强行业协会商会的能力建设，上海市促进了行业协会商会的发展和壮大。据统计，截至2022年6月，上海市已经建立了400多家行业协会商会，覆盖了各个行业领域，它们成为行业自律、政府参与和企业合作的桥梁纽带，推动了上海市相关行业的发展和进步。

3.以世博会召开为动力，推进志愿服务团体建设

上海作为世博会的举办城市，充分认识到志愿服务在社区建设和公共事务中的重要作用。因此，上海市积极推动志愿服务团体的建设，培育了一大批志愿服务团体。据统计，自世博会举办以来，上海市的志愿服务团体数量逐年增加，志愿者人数也呈现持续增长的趋势。志愿服务团体积极参与社区活动、灾害救援、文化传承等方面的工作，对社会发展和公益事业做出了积极贡献。

（四）运用网络信息技术推进社会组织参与社区治理

运用网络信息技术推进社会组织参与社区治理是上海市在社区治理创新方面的一项重要探索。通过运用互联网和网络技术，上海市推动了社区治理体系的创新和发展，提升了社会组织参与社区治理的效能。

1.在社区治理中运用"互联网+"，进行有益实践和探索

宝山区推出了"社区通"项目，通过搭建智能化社区服务平台，实现了

居民和社区组织之间的信息互通与便捷交流。浦东新区建设了智慧社区，利用互联网和物联网技术，打造了智能化的社区管理平台，提供了便民服务、社区活动信息发布等功能。徐汇区建立了社区治理综合信息系统，实现了社区治理信息的集中管理和快速传递。这些探索为社区治理提供了新的手段和途径，提升了社会组织的参与度和治理效能。

2.利用互联网新媒体平台进行项目活动的营销推广

2017年，上海市民政局与上海广播电视台联合打造了全国首家公益性新媒体演播和发布中心。该中心利用微信、微博等新媒体平台，直播各类公益活动，营造了浓厚的公益氛围。通过互联网新媒体的推广，上海市能够更广泛地传播社会组织开展的公益项目和活动，吸引更多民众的关注和参与，提高社会组织在社区治理中的影响力和知名度。

3.通过互联网技术推动社区居民互动交流和社区分析工作

杨浦区推出"e睦邻"平台，通过互联网技术搭建居民之间的在线交流和社区共治平台。静安区引入社区分析工具，通过大数据和互联网技术，对社区进行全面、深入的分析，为社区治理提供科学依据和决策支持。这些措施加强了社区居民之间的互动交流，增强了居民的参与意识和共同责任感，促进了社区治理的民主化和社区自治的发展。

四 维也纳：注重构建体制机制，增强社区凝聚力和居民参与意识

维也纳政府通过完善议事机制、倡导开放和包容、鼓励居民参与社区志愿者活动和社区项目等举措，成功增强了社区凝聚力和居民参与意识。通过居民的积极参与，维也纳的社区治理得以改善和发展，为市民提供更好的生活环境和社区服务。

（一）完善议事机制，以确保居民的广泛参与

维也纳设置了许多社区会议，为居民提供参与社区事务决策的平台。例如，在第十区的社区会议中，居民可以通过提案、发表意见和参与讨论，就改善社区的发展方向提出建议。数据显示，维也纳全市有超过250个社区，每年举行超过5000场社区会议，吸引约30万居民参与。同时，成立了公民咨询委员会，这是由市民选举产生的独立机构，负责监督和评估政府的决策

和政策实施情况。该委员会的成员来自不同社区和领域，具有专业知识和经验。公民咨询委员会通过研究、调查和公众听证会等方式，提供对政策的意见和建议，确保政府决策的透明和公正。

（二）倡导开放和包容，注重建立信息公开和沟通机制

社区会议采取开放和包容的参与机制，鼓励居民积极参与并表达自己的意见和建议。会议的议程通常涵盖社区事务的各个方面，如社区发展规划、住房、环境保护、交通、教育等。居民可以在会议上提出问题、提案和关切，与政府代表和其他居民进行对话和讨论。社区会议注重信息公开和沟通机制的建立。会议的通知和议程事先向社区居民公布，确保其能够了解和参与会议。会议后，会议记录和决策结果也会向社区居民进行公示。此外，社区会议通过多种渠道与居民进行沟通，包括社区网站、社交媒体、电子邮件等，以便居民及时获取信息并提出意见和建议。

（三）鼓励参与项目和活动，增强居民参与意识和社区凝聚力

积极组织各种社区活动和文化交流活动，以促进邻里之间的交流和互动。例如，每年举办的维也纳社区节庆活动吸引了大量市民的参与，其包括社区音乐会、艺术展览、户外娱乐等。据统计，每年有超过80%的居民参与这些社区活动，这增强了社区内部的凝聚力，促进了互动。注重社区设施的建设和公共空间的改善，为居民提供舒适和便利的生活环境。市政府投资兴建了社区公园、运动场、图书馆和社区中心等设施，提供了丰富的社区活动资源。维也纳有超过90%的居民表示满意或非常满意于所在社区的公共设施和公共空间。另外，市政府设立了社区志愿者中心，协调和组织志愿者活动，涵盖领域包括社区服务、环境保护、教育支持等。维也纳有超过60%的居民参与过社区志愿者活动，共同为社区的发展和改善贡献力量。

第九章　对深圳城市品质提升的借鉴与启示

一　深圳城市品质提升面临的挑战

（一）环境品质：土地资源有限，空间发展不平衡

深圳以"生态立市"为导向，通过积极展开生态环境保护和污染治理，使全市的整体环境质量不断提升。在此过程中，深圳逐渐探索出一条经济、社会与生态协调可持续发展的新路径，稳步朝着生态文明城市目标迈进，为全面建设具有良好环境品质的城市奠定了坚实基础，取得了一系列令人瞩目的成就。然而，由于城市化进程持续推进和经济活动的增加，深圳依然面临着城市化带来的压力和土地资源有限、空间发展不平衡、公众参与意识不强等一系列挑战，相对应的建议包括进一步加强环境保护和污染治理、合理规划和利用土地资源、促进城市空间的均衡发展、增强公众对环境保护的参与意识和支持公众开展环境保护行动等方面。

1.城市空间发展不均衡

深圳市级土地资源统筹力度较低，导致新老城区发展不均衡。建设用地碎片化现象突出，城镇空间沿交通干道无序蔓延，给生态空间带来严重的侵蚀和割裂问题。城乡居民区、工业区和农业区混杂交错，各类区域呈现"星星点点、处处开花"的特征。同时，外围地区存在大量"旧村＋旧厂"的用地形态，空间零散，功能凌乱。深圳市土地开发率超过85%，大量农田和自然环境被开发，导致生态系统的破坏和生物多样性的丧失，同时，部分老旧工业区和居住区存在环境污染和资源浪费的问题，与现代城市规划和生态需求不相适应。

2.城市化压力大和土地资源有限

作为中国的经济特区和创新城市，深圳面临着巨大的城市化压力和有限

的土地资源之间的矛盾。根据深圳市统计局的数据，截至2022年底，深圳市的房地产价格指数连续多年居全国城市之首，房价水平远远高于其他城市。同时，深圳土地供应非常有限，居住用地和工业用地供应面积远远不能满足市场需求，导致房地产市场和产业发展对空间需要与土地供给之间的矛盾日益突出，这也限制了未来深圳城市功能的优化和城市环境的改善。

3.公众参与程度有待提升，环境意识有待增强

公众参与程度的提升和环境意识的增强对于实现可持续发展和环境保护至关重要。尽管深圳市一直致力于增强居民的环境意识和提升其参与程度，但仍然存在公众对环境问题的关注度和参与度不高的情况。一些居民可能缺乏对环境保护重要性的认识，或者缺乏积极行动的动力。根据深圳市民意调查数据，截至2022年，仅有约60%的居民表示对环境问题非常关注，而在积极行动方面，仅有约40%的居民参与了环境保护相关的志愿活动或行动。

（二）社会品质：交通不便利、医疗较薄弱、教育资源不足

伴随40多年的社会经济快速发展和市场体系的逐步完善与成熟，政府实现了较好的职能转变，更好地履行了公共服务职能，然而现有社会公共服务体系仍存在一系列突出的问题。

1.交通规划发展不平衡

长期以来，深圳市交通规划十分重视城市快速路、主干道的建设，道路线长和线网密度均有所增加，但是对于包括自行车道、人行道和过街设施等在内的慢行交通系统的建设和规划相对滞后。与私人小汽车保有量快速增长相比，公共交通发展相对缓慢，公交网线不合理，接驳便利度低下，高峰期拥堵密度较高。此外，停车难等问题也日益成为居民出行痛点难点。

2.医疗基础设施相对薄弱，医疗改革创新工作进展缓慢

目前深圳在卫生事业发展中面临一些突出问题，其中医疗基础设施相对薄弱、医疗改革创新工作进展缓慢是较为突出的难题。具体来说，深圳存在卫生资源配置不合理的情况，导致优质资源过度向大医院集中，而基层卫生资源严重不足。社区卫生服务的覆盖范围有限，医护人员数量不足，服务设施和设备也匮乏；因此服务质量难以赢得群众的信任。这导致大中型医院吸引了大量常见病、多发病患者，门诊拥挤不堪，而社区卫生服务机构则鲜有

患者前来。在医疗体制方面，尚未建立起有效的分级医疗、双向转诊机制，导致"大病"进医院、"小病"在社区的格局尚未形成，这是导致群众看病难、看病贵问题的重要原因之一。在医疗改革创新方面，与其他一线城市相比，深圳的医联体建设工作相对滞后，家庭医生签约率与预期仍有差距，同时，编制内外医护人员待遇的差异较大，这导致医护人才的严重流失。

2.学位供需矛盾突出，优质教育资源总量不足、分布不够均衡

受"全面二孩"政策实施、落户政策放宽、新型城镇化加速推进和粤港澳大湾区发展规划落实等影响，深圳市人口规模持续增长，未来入学需求将保持强劲增长，尤其是公办学位供需矛盾将日益突出；各街道之间、区域之间的教育发展水平，公办和民办学校之间的教育教学质量，还存在一定程度上的不平衡，特别是部分民办学校在办学条件、日常管理、教师待遇等方面水平偏低，教师、学生流动性大，存在一定的办学风险。同时，教育管理机制、教育经费筹措和供给制度等改革创新力度不够。现代学校制度有待进一步完善，学校办学自主权有待进一步落实，教育评价、教师薪酬制度仍不够开放灵活，公办学校活力不足。

（三）文化品质：文化设施建设有待加强、文化要素利用不充分、文化氛围不浓

经济特区建立40多年以来，不管是在文化事业、文化产业、城市文化设施建设，还是在城市文化活动开展、文化人才队伍搭建、文化活动品牌培育等方面，深圳都取得了巨大的进步，在有些方面甚至走在了全国前列。在看到深圳文化建设成就的同时，我们还要看到其与国际性文化中心城市之间的显著差距，认识到深圳文化发展中的不足。

1.文化设施建设有待加强

在文化设施数量、规模、聚集度、知名度和影响力等方面，深圳都与世界知名文化大都市存在明显差距。比如，在博物馆方面，伦敦、纽约和北京博物馆数量均超过200座，而深圳截至2021年只有59座。伦敦大英博物馆是世界上历史最悠久的博物馆之一，藏品超过800万件；北京的国家博物馆是世界上单体建筑面积最大的博物馆之一，藏品超过100万件；上海的自然博物馆标本藏品也有约30万件。而目前深圳最大的深圳博物馆仅有藏品2万件

左右，更不用说其在综合竞争力、知名度和影响力等方面与世界知名文化大都市的差距了。

2.要素利用不充分，重经济轻文化，物质与精神发展不协调

长期以来，深圳以工业立市，以经济发展为重，规划发展重心更多在产业发展上，传统文化资源保护和开发始终未得到足够重视，诸如木鱼歌、千角灯等非物质文化遗产没有得到较好的保护和开发。整体看，深圳城市特色不够鲜明，镇村环境美化和社会建设相对滞后，城市形象不突出。此外，城乡精神文明建设有待加强，有的镇村美丽有余、幸福不足，文化传承和建设没有跟上，对群众的精神文化、休闲娱乐需求关注不够，相关投入不多、服务不足，公共服务设施数量、质量与群众需求还有差距。

3.城市文化氛围不够浓郁

目前深圳每年上演的世界级戏剧、歌舞剧数量较少，在演艺团体级别、演出剧目层次、演绎水准等方面，都与国际一流大都市差距明显，且没有形成像百老汇那样的大规模戏剧活动圈，很难营造出浓厚的戏剧、歌舞剧文化氛围，也不能满足众多戏剧爱好者欣赏戏剧、歌舞剧的文化需求，自然无法培育更多市民对观看戏剧、歌舞剧的热情。此外，深圳作为千万级人口大都市，与纽约、伦敦和东京等国际化文化大都市在城市文化活动、文化精品、文化国际交流等方面差距明显，未来有巨大提升空间。

（四）管理品质：公共服务供给不足，体制机制有待完善

深圳已逐步建立起一套与城市发展相适应的管理架构，形成了一套较为科学的城市管理机制，积累了一套行之有效的管理经验和办法，城市管理工作成果丰硕，成效显著，促进了城市的健康有序发展。深圳城市管理与国际化城市管理目标要求相比，仍存在不少薄弱环节，社会结构错综复杂、社会阶层分化明显、人员流动规模巨大、公共安全隐患增多等社会问题日益凸显，这为深圳城市管理工作带来了巨大的挑战。

1.社会公共服务对象和服务边界不清晰

深圳的人口流动规模大、速度快，人口的空间分布不稳定，导致了社会公共服务的服务对象和需求难以准确定位。目前在推进基本公共服务均等化过程中，深圳尝试逐步使基本公共服务覆盖全部常住人口，但"人随费走"

的机制尚未完善，导致流动人口仍无法与本地居民享有同等的基本公共服务。在规划建设基础教育学校和基本医疗卫生服务体系时，也仅能按常住人口数量进行规划，无法有效满足人口流动频繁的地区的需求。为解决这一问题，亟须出台"同城同待遇"制度推广的批次清单和时间表，以实现公共服务资源高效配置。另外，由于规划建设用地紧缺，很难为未来人口的增长预留足够的空间，这对未来城市人口规模造成了制约。

2.社会治理领域改革滞后于城市品质提升需要

尽管深圳拥有特区和较大市两重特殊立法权，但仍受制于国家上位法和广东省政策环境，且其政策法规需要与周边地区的政策进行衔接和配套。在民生政策领域，深圳尚需努力实现基本公共服务均等化。目前不同城区、身份（户籍人口和常住人口）、行业（企业职工、事业单位职工和公务员）的居民在子女教育、医疗、养老等社会保障水平上存在差距。党的十九届五中全会提出了到2035年我国实现基本公共服务均等化的目标。深圳虽然在推进基本公共服务均等化方面取得了进展，但仍需要大幅提高常住人口的公共服务保障水平，使之与户籍人口享有同等待遇。然而，这样的进步可能会引发珠三角乃至更大范围内人口的大规模快速不稳定流动，形成巨大的虹吸效应。

因此，要营造实现社会治理现代化所需的制度环境，深圳需要与上位政策及周边政策相互协调，确保改革创新的节奏与周边地区协调一致。这意味着深圳需要在推进社会治理领域的改革时，积极使自身政策与国家和广东省政策相衔接，确保整个区域发展的有序和稳定。同时，还需着力缩小常住人口与流动人口在基本公共服务方面的差距，以促进社会公共服务的公平化和稳定发展。只有这样，深圳才能更好地实现社会治理现代化的目标，并在城市品质提升中迈出坚实的步伐。

3.未来城市人口变化对社会治理精细化提出更高要求

在快速发展过程中，深圳一直面临着高人口密度与社会治理精细化之间的矛盾，高流动性、开放性社会结构与公共服务和社会治理的动态平衡之间的矛盾，以及自身快速发展与区域协调政策不到位之间的矛盾，等等。随着时间推移，到2035年前后，深圳的常住人口平均年龄将增至42岁左右，人口老龄化程度也将同步提升，2040年前后将会迎来人口老龄化的快速发展阶段，老年人口占比急剧上升。届时，常住和户籍人口比例将更趋合理，较高学历的人才比重不断提升，人口年龄结构更趋稳定，人口对公共服务的需求将由注重数量转向注重质量，对提升公共服务质量的诉求不断增加，同时人民群众对于高等教育、公共文化、养老服务等专项社会服务的需求将更为突出。

面对这一情况，深圳需要推进各项公共服务的稳步发展，不断精细化和规范化社会治理，进一步下沉社会治理重心，更加重视解决教育、医疗、养老等服务资源不足的问题，同时不断增加优质公共服务的供给，推动三社联动、实现社会自治等也是必要的。深圳需要适应未来人口老龄化的趋势，加强对养老服务等专项社会服务的投入和改进，以满足人民群众对高质量公共服务不断增长的需求，推动城市社会治理的可持续发展。

（五）经济品质：基础创新不足，产业面临"脱实向虚"的挑战

短短40多年时间，深圳已从一个沿海小城，发展为我国四大一线城市之一，这样的创举在人类的发展历史上屈指可数。2010年，国务院就在《关于深圳市城市总体规划的批复》中，将深圳定位为全国性经济中心城市。2022年，深圳全市GDP为3.24万亿元，地方一般公共预算收入为4012亿元，均位列全国第三。近些年深圳的发展在经济总量与质量方面取得了瞩目成就，但依然面临以下几方面问题。

1.产业面临"脱实向虚"的挑战，工业比重逐年下降

深圳面临着产业结构演变的挑战，工业比重逐年下降，呈现"脱实向虚"的趋势。根据其他大都市产业结构的演变轨迹分析，深圳不可避免地会由第二产业主导逐渐向第三产业主导转变。实际上，深圳的第二产业比重已逐步下降至40%左右。同时，近年来深圳不断强调金融等高端服务业的发展，2022年深圳金融业增加值达到5137.98亿元，首次突破5000亿元大关，稳居国内大中城市第三位，占GDP的比重超过15.9%。2005年，深圳金融业增加值占GDP比重还低于6.2%，2005~2022年这一比重上升超过9.7个百分点，增速位居全国前列。尽管高端服务业的发展对经济健康发展有积极影响，工业仍对推动经济的持续健康发展起到不可替代的作用。因此，我们应高度重视工业占比下降过快的问题，警惕工业被空心化、边缘化的风险。深圳未来必须致力于遏制工业和制造业比重的过快下滑，避免产业体系过度

"脱实向虚"。这不仅关乎整个城市在制造业领域的竞争力，也是深圳顺利完成党中央所赋予使命的关键。

2.创新基础不牢，难以应对国内外双循环的新形势

建设全球创新城市是深圳发展的方向，然而比对世界上其他创新城市，深圳还面临很多问题。深圳的创新长处在于企业创新能力强，科研成果转化率高，这使得深圳在国内处于领先地位。然而，深圳的基础研究能力相对薄弱，高水平的研究型大学数量较少，基础研究人才数量偏少。数据显示，2022年深圳全市R&D经费支出占GDP的比例仅为5.49%，远远落后于发达国家的水平。此外，深圳的研发活动主要集中在试验发展上，占据83.7%的R&D经费支出，而体现核心创新能力的基础研究仅占7.3%，这与国际水准存在较大差距。深圳现有的研究机构更多类似于孵化器，与基础研究的需求不匹配，这不利于深圳产业的创新升级。此外，深圳采用的市场驱动型创新模式也带来一些问题，研发投入和研发成果主要集中在少数大型企业，中小型企业创新活力不足，存在不平衡问题。这样的局面可能导致未来创新过度依赖少数企业，产生负面影响，给创新发展带来阻力。

3.逆全球化湍流冲击强劲，传统产业发展优势不再

2020年，深圳在面对逆全球化湍流冲击时，经济的对外依存度高达113.4%，明显高于其他城市。逆全球化的兴起对深圳的外贸、外资及经济持续增长造成了一定压力。同时，中低端领域制造业的外迁趋势也增强了中国产业升级的紧迫性。受逆全球化湍流的影响，国内城市之间的创新竞争变得更加激烈。各城市纷纷将创新作为区域经济转型升级的重要战略引擎，创新竞争进入白热化阶段。许多其他城市凭借成本优势和政策优势对部分产业形成吸引力，进一步加剧了深圳产业发展的困境。传统产业发展的优势逐渐不复存再，深圳面临着经济结构调整和产业升级的挑战。必须寻找新的发展路径，推动产业向高端、创新驱动方向转型，以增强抵御逆全球化冲击的能力。

二 深圳城市品质提升可借鉴的经验

（一）环境品质：因地制宜与统筹协调

综观国内外发达城市环境品质提升的历程，从城市规划的角度来看，可

供借鉴的经验主要包括以下几方面。

1.因地制宜，明确城市发展定位

苏州、青岛和宁波在城市发展过程中，充分结合城市区域发展实际情况，明确城市在本省、国家甚至全球的定位。苏州致力于发展成为全球电子产业城市，不仅考虑自身产业基础，还进一步考虑与上海、无锡等地的产业协同。宁波则是基于舟山港的天然优势，重点发展海洋港口产业。

2.统筹协调，增强规划统筹性、贯彻性和长久性

城市环境品质提升的关键之一在于"一张蓝图干到底"，规划难以得到一以贯之的执行成了很多城市的通病。诸如上海、广州和泉州等地的发展规划，较好地保证了规划政策的连续性。在现有镇街充分发展起来的基础上，深圳更需要加大市级统筹协调力度，进行全局规划，强力落实。

3.超前规划，战略性留白预留腾挪空间

在应对未来发展的不确定性时，城市规划发展留白是有效手段。《上海市城市总体规划（2016—2040）》明确提出某些地域和功能区要"留白"，以为城市长远发展预留建设用地等。早在发展初期，深圳就为生态用地、工业用地划定红线，为后期城市发展留足空间。

（二）社会品质：继续促进公共服务高质量供给

1.大力发展公共交通，解决城市拥堵痛点

诸多"大城市病"中，交通拥堵最为普遍。包括宁波、无锡等在内的城市均采取大力发展公共交通的手段来缓解城市堵车问题，并取得显著成效。此外，单双号限行和摇号也是许多城市用来解决交通拥堵的重要手段。

2.积极推动集团化办学，促进教育均衡发展

长沙市在集团化办学模式中，积极探索，取得一定成效。通过对口帮扶、捆绑发展、委托管理和"多校合一"模式，有效扩充优质教育资源，逐步缩小基础教育在城乡、区域和学校之间的差距，促进优质教育资源效用最大化、普及化，破解"择校热""上好学校难"等现实难题。

3.加快发展公租房，实现住房多渠道供给

在城市公租房领域，重庆一方面超前规划、制度先行，科学有效建立城市租赁住房规划发展体系；另一方面强化管理，细化落实申请、租住和退出

全流程管理，确保公租房能够有效供给、使用和流转。

（三）文化品质：对标先进，利用好自身文化特质

1.坚持以政府为主导，由多元主体提供文化体育服务

从深圳、青岛等城市发展文体事业的经验看，应由政府统筹组织重大文体设施规划建设，重大公益性文体设施应坚持以政府投资为主，同时积极探索政府与企业合作建设、社会资本投资建设等多元化投融资模式，并鼓励社会力量参与运营管理，进而实现文体服务的有效供给。

2.坚持以公益为导向，增强民众体验感和获得感

深圳、青岛在发展文体事业时，坚持文体事业的公益性本质，以民众需求为规划和发展的出发点与落脚点，充分考虑经济效应和社会效应的协调，体现文体设施便民性、利民性，进一步增强市民群众的体验感和获得感。

3.坚持以科技为先导，对标先进建设和发展理念

深圳在发展文体事业过程中，严格按照国际标准，对标纽约、巴黎、伦敦、东京等国际先进城市，结合城市未来发展需求和规划，高标准规划、高质量建设一批国际一流水平的文体设施，打造一批新时代的文化地标。青岛、洛桑则是积极提升文体设施的科技化水平，充分运用人工智能等现代科技，进一步提升文体事业的科技内涵，充分展现科技化、环保化和可持续化的发展理念。

（四）管理品质：促进技术应用和管理升级

1.顶层设计与城市实际相结合

在社会治理中，伦敦、上海等城市从城市发展实际情况出发，纷纷通过立法、制定规章等形式进行顶层设计，同时将城市治理、应急管理等规划与国家相关规划紧密结合。

2.进一步加大科技渗透力度

在社区治理中，上海借助科技手段，有效实现了对大城市的"绣花"式管理，确保了网格化管理能够有效实施。同时，南京在资源下沉社区过程中充分利用微信、App等手段，将"爱i社区"打造成社区治理的重要抓手，使其成为政府服务居民、居民了解政府的有效桥梁。

3.政府与社会的有机结合

在面对多元的对象和错综复杂的事件时，单靠政府的力量难以面对所有挑战。因此，许多城市，包括伦敦、上海、青岛和南京等，都采取了广泛性参与的原则，建立了社会参与机制，最大限度地动员社会各界参与社会治理，共同完善社会治理体系。通过政府与社会的有机结合，社会治理可以更加民主、开放和包容，政府在制定政策和规划方面可以充分听取社会各界的意见和建议，确保政策的科学性和公平性。同时，社会各界的参与也可以提供更多的智慧和资源，促进社会治理的创新和改进。在建立社会参与机制时，需要注重各方的平等参与和广泛代表性，政府应当积极主动地与社会各界进行沟通和合作，鼓励公众参与社会治理的决策过程，提高公众对政府决策的参与度和信任度。此外，实现政府与社会的有机结合还需要建立有效的沟通渠道和反馈机制，及时了解社会各界的需求和反馈，及时调整政策和措施，保障社会治理的灵活性和及时性。

（五）经济品质：重视科创，有序引导制造业高端化发展

1.积极强化区域协同发展战略

横滨积极响应《首都圈整备法》要求，制定了一系列投资政策，建立了一套有效的投资管理体制，并辅以其他优惠政策，有效吸引了大批东京企业的转移，京滨工业区规模快速扩大，实现了从以传统纺织工业为主的轻型工业向重型工业的产业升级。

2.有序超前引导制造业转型升级

早在2009年，深圳市就成为国内超前规划布局战略性新兴产业的城市之一，其前瞻谋划系统布局，超常规建设创新载体，补齐创新资源短板，不断完善产业政策体系，确定了自主创新与高新技术产业推动战略性新兴产业快速发展的基调，继续发挥传统产业优势，电子通信产业等支柱产业成为战略性新兴产业发展的主要产业基础，同时大力支持华为、比亚迪、大疆等龙头企业，推动其成为产业发展的领头羊，也成为深圳创新驱动发展的重要名片。泉州突出传统制造业经济主引擎作用，积极承接国家决策部署和省政府支持泉州加快推进国家"数控一代"示范工程的10条措施、加快发展智能制造的9条措施等文件，制定了一系列相关规划及配套政策，积极引导技术创新驱动传统制造业转型升级，推进发展智能制造、发展服务型制造和质量品牌提升三个专项行动，壮大龙头骨干企业，完善产业链，夯实产业基础，坚定落实产业转型升级路线图，推进"制造业＋互联网"的发展，推动制造业向服务型制造业方向发展，为企业创造增值空间。

3.加快推动服务业高端化发展带动制造业发展进入新阶段

苏州市政府从政策制定、产业基金设立、企业扶持和人才培育等角度，为服务业新业态发展提供宏观政策环境，加强服务业与互联网平台技术的融合，以信息共享整合产业要素资源，以信息互联拓展产业发展空间，推动互联网平台经济与服务业跨界融合发展；发挥三产带动作用，扶持示范企业，将重点项目作为集聚发展的抓手；完善新业态产业链，推动产业集群发展，推动新兴服务业集聚区提档升级。

三　深圳城市品质提升的目标与方向

（一）总体方向：对标国际先进水平，充分运用现代科技优势

1.坚持党建引领，充分发挥党委的领导力和协调力

党委作为核心领导机构，在深圳积极探索超大城市建设道路的过程中，应发挥统筹协调的作用，确保各方面工作有序推进，通过党委的领导和协调，可以形成各级政府部门、社会组织以及企业等多方的合力，使它们共同为城市品质提升贡献力量。同时，通过充分调动城市基层各类组织和群众的积极性，可以形成广泛参与的局面，让更多的人参与到城市建设中来，整合各方面力量和资源，通过党组织的指导和督促，推动城市规划、环保、教育、医疗等各领域的工作有序开展，确保城市品质提升的全面推进。同时，党组织可以为建设宜居和谐、充满活力的高品质城市提供坚强的组织保障。另外，党建引领还能够增强城市治理的效能和延续性。通过加强党建工作，建立健全各级党组织在城市品质建设中的领导机制，可以保证各项政策的顺利执行和效果的持续。

2.积极抓住机遇，充分利用粤港澳大湾区发展窗口

作为粤港澳大湾区的重要节点城市，参与粤港澳大湾区建设发展，是深圳城市发展、经济产业发展和城市品质提升的重要机遇。深圳要以大湾区

建设为契机，以国际化视野和现代化标准，抓紧推动城市品质内涵全方位提升，形成与国际一流湾区和世界级城市群相适应的城市发展格局。

3.立足国际视野，充分对标学习国内外先进城市经验

深圳城市品质提升的规划是建立在新时代发展机遇的基础上的，具备较高的起点，但也面临艰难挑战，为切实补齐深圳城市发展短板，对标世界一流城市，需要充分吸收借鉴先进城市经验。此外，深圳在城市转型、产业升级、城市治理等层面面临的问题较为典型，深圳的经济社会发展路径与国内外的许多城市有相似之处，如曼彻斯特、奥斯汀以及国内的上海、苏州等。

4.坚持科技导向，充分借助和运用现代信息技术

全面提升深圳城市品质，需要全面协调、统筹兼顾，无论是前期规划还是后期落地实施，都需要借助科技手段。尤其是在对涉及民生领域的事物进行精细化管理、网格化管理时，需要充分运用现代科技手段，综合运用互联网思维来破局、解题。

（二）环境品质：科学统筹绿色规划

1.科学规划

在深圳城市品质提升发展规划中，必须科学合理制定规划，确保城市品质得以长期稳定提升，具体包括以下层面：既要基于现实又要超前规划，既要专项规划又要全面规划，既要顶层设计又要落到实处，既要考虑城市长远发展又要关注民生福祉。

2.统筹规划

针对当前深圳城市发展中面临的重复建设、建设空间不足等问题，为有效解决资源碎片化和资源分散等城市治理难题，必须提升市级统筹规划水平。加大深圳市级层面统筹力度，不仅能有效减少重复投资、散乱发展现象，还可以缩小行政区间的发展差距，进而形成优势互补的差异化功能分区，形成城市发展合力。

3.绿色规划

绿色发展是未来城市发展的重要方向，绿色环保的发展理念必定是城市品质中的重要构成部分。深圳传统的城市发展以制造业为主导，历史上多发

展中低端的加工制造业，造成过较多的生态破坏和资源浪费，未来在深圳城市品质提升过程中，发展规划应更注重绿色环保的发展理念，确保城市的可持续发展。

（三）社会品质：全面提升医教文卫服务质量

1.大力发展公共交通

建立全覆盖的城市公共交通体系，着力解决交通拥堵和地铁区域布局不够完善等难题。深圳地铁总里程排在全国第4名，地铁密度位居全国第一，但是深圳地铁布局并不均衡，相比于罗湖区、南山区、福田区等区域密集的地铁交通网，北部的龙岗区、光明区等区域地铁过于稀疏，给日常通勤带来了很多不便，更不利于全市一体化发展。因此，深圳应结合城市交通现状，统筹平衡全市地铁网发展，综合打造公交、地铁、环城高速、绿道等一体化的公共交通体系，持续推进交通拥堵节点治理，改善交通运行状况，提高道路通行能力和服务水平，进一步提升城市交通品质。

2.积极提升教育教学水平

增加学位供给，攻克上学难、择校难等城市顽疾。针对深圳教育发展暴露出来的不足和短板，应着重在扩容提质上下足功夫，一方面大力扩大学位供给，着重解决上学难、学位贵等难题；另一方面持续进行教育提质，不断提升教育教学水平，确保关于规范化幼儿园、品牌学校和教育集团等的发展规划切实落地。

3.全面推动优质医疗资源均衡布局

深圳也面临"看病难""看病贵"等大城市通病，为有效提升城市医疗品质，在大力发展完善医疗基础设施基础上，还需要大力推动医疗资源有效下沉、布局均衡化。一方面，应在全市范围合理布局医疗资源，避免医疗资源扎堆导致的看病难；另一方面，应通过优化分级诊疗制度，引导优质医疗资源下沉到基层，促进各级医疗卫生机构健康发展。

（四）文化品质：高唱主旋律抓住重大机遇优化文体事业布局

1.高唱主旋律为文体事业定调

历史上，深圳作为"三来一补"典型城市，常住人口中除本地居民外还大量混杂港澳台商、中部省份务工人员，多元人口背景下，城市精神文明建设和文化体育事业发展相对滞后，严重制约城市品质提升。在新时代背景下，提升城市精神文明水平及形成良好公共价值观是城市品质提升的核心内涵，必须以主旋律为基调，为城市文体事业的发展指明方向。

2.抓住机遇优化文体事业布局

综观国内外许多城市的发展经验，抓住重大区域规划和文化体育活动带来的发展机遇十分关键。国外的首尔、亚特兰大，以及国内的北京、上海、杭州、青岛都是借助奥运会、世博会、G20峰会等国际重大事件或活动的契机快速发展崛起的。如今正值粤港澳大湾区快速发展阶段，深圳应积极抓住大湾区发展窗口，积极引进推进重大文体项目，并以此为着力点，大力推动相关配套设施发展完善，实现深圳城市文化品质全面提升。

（五）管理品质：树立共建共治共享治理理念，打造科技智能互联治理格局

1.牢固树立共建共治共享治理理念

牢固树立共建共治共享治理理念是提升深圳社会治理水平的重要前提。在此过程中，需要加快构建党领导下的基层协同共治格局，充分发挥基层党组织领导核心作用。同时，更要形成以政府为中心，以社区、企业、物业和个人为载体的"多中心－多层次"的服务治理格局，以实现全方位、多层次的社会参与与共享。

2.坚定打造科技智能互联治理格局

借鉴上海、南京等城市的成功经验，深圳可以采取以下措施加强智能治理，充分发挥科技支撑作用。

实施智网工程：将智能技术融入城市治理的各个领域，构建智能化的城市治理体系。通过建设智能交通、智能安防、智能环保等系统，提升城市治理的效率和精确性。

促进信息平台融合：推动各类社会治理信息平台的有效融合，实现数据共享和互联互通，提高信息传递的效率和准确性。这将有助于提升决策的科学性和精准性。

深化大数据应用：进一步深化大数据在社会治理中的应用，利用大数据技术进行社会问题的预测和分析，为决策提供科学依据。

推进"数字政府"建设：加强政务服务改革，推动政府数字化转型，提供更加便捷高效的政务服务，满足市民的多样化需求。

精细化网格管理：加强基层治理，建设智能化的网格管理体系，实现对社区和居民的全面覆盖，做到问题发现及时、处理高效。

第三篇

城市品质建设

第十章 深圳城市品质建设思路

一 巩固与扩大基础优势，突破高质量发展的瓶颈

（一）进一步巩固与发挥实体经济优势

在深圳，"工业立市"战略推进稳健有力，新兴产业的战略地位日益凸显。2022年，深圳规上工业总产值超过4.5万亿元，已连续四年位居全国城市榜首；规上工业增加值突破1.1万亿元，在全国城市中首次登顶。深圳以工业为引擎，持续推动经济高速增长已超过40年。尤其值得一提的是，新能源汽车、计算机、通信和电子设备制造业等先进制造业在其中表现出色，2022年，战略性新兴产业增加值约为1.3万亿元，其在GDP中的比重超过40%；规上工业增加值占GDP的比重达到35.1%，这一比例超过了东京、巴黎和纽约等国际大都市，工业对全市经济增长的贡献率接近50%。深圳的制造业产业链完整且上下游配套齐全，具备坚实的发展基础。

然而，深圳工业发展也面临着一系列挑战，其中包括制造业产业结构不平衡、单一产业比重过高、关键核心技术受制于人、科技创新对高质量发展的支撑还不够、产业发展后劲亟须增强和附加值亟须提升等问题。因此，迫切需要培育新的产业增长点，增强自主创新能力，壮大领军企业集群，强化科技创新并提高产业链和供应链的韧性。

因此，未来深圳需要进一步发挥以战略性新兴产业为主的实体经济的优势，继续把发展经济的着力点放在实体经济上，坚定扎实推动实体经济发展的决心。要突出重点，主攻"20+8"先进制造业，推动制造业向全球价值链高端迈进；继续巩固电子信息产业的支撑优势，为新动能的培育和壮大留足发展时间；使发展战略重点加快向智能制造相关新兴产业转移，为深圳拓展新的发展空间、带来新的增长动力，实现创新驱动发展；把握传统优势产业

与新兴产业协同发展的融合面，加速传统优势产业与新兴产业的协同发展。

（二）攻坚克难，突破城市环境品质提升瓶颈

从发展路径来看，深圳走的是典型的工业化带动城市化的发展路径，部分地区城市建设滞后于产业发展。市级土地资源统筹力度小，新老城区发展不均衡，建设用地碎片化现象显著，城镇空间沿交通干道无序蔓延，造成生态空间被严重侵蚀、割裂。城乡居民区、工业区、农业区混杂交错，呈现"星星点点、处处开花"的特征，外围地区存在大量"旧村＋旧厂"用地形态，空间零散，功能凌乱。以产业人口导入与集聚为主导的城市空间规划布局不足，城市功能与公共服务无法充分满足产业链高端环节、创新型智力资源、资本服务、信息技术等高端生产要素集聚的需求。未来深圳需要突破城市发展的瓶颈，提升高质量发展城市支撑力，着重在城市规划、城市资源配置、城市治理三个方面进行战略统筹。

二 研判深圳发展环境变化，抓住机遇迎接挑战

（一）宏观环境

全球经济面临诸多挑战，外部环境冲击导致中国经济增长预期不断下调，经济下行压力日益增大。2020~2023年，全球经济增速较低，中美经贸摩擦影响进一步加深。此外，国内经济转型升级过程中的阵痛，以及既有的结构性和体制性矛盾，也使得我国面临明显增多的内外风险。为了应对这些挑战，我国正在加快推动改革开放和创新，并试图增强逆周期调节等综合政策的作用，但经济增长预期仍不断下调。眼下，美方已经采取的加征关税措施对我国高科技产业、对美出口制造业及相关产业链的负面影响依旧明显，这导致部分企业，特别是民营企业的经营面临较大困难。

面对国内外风险挑战不断增多、国内经济下行压力加大的复杂局面，中共中央政治局会议强调，财政政策要加大力度提高效能，继续落实减税降费政策；货币政策要松紧适度，保持流动性合理充裕。同时，要有效应对经贸摩擦，全面做好"六稳"工作。国务院常务会议对加大力度做好"六稳"工作进行了部署，确定了加快地方政府专项债券发行使用的措施，旨在以此带动有效投资来支持补短板和扩大内需。

全球经济增长放缓，促使中国经济朝着高质量发展的方向转型，建设以内需为主要驱动的"大国模型"。面对新的风险挑战和国内经济下行压力增大的情况，我们需要加大逆周期调节力度，使经济运行保持在合理区间。同时，也需要把握长期大势，抓住主要矛盾，将危机转化为结构调整和向高质量发展转型的新动力。为应对中美经贸摩擦和全球经济增长放缓的局面，短期内，中国可以采取增加基础设施建设投资、实施结构性货币政策等方式来进行对冲。随着中国经济的发展，中美之间经济互补性逐渐减弱，对抗性的成分逐步增多，因此中国需要在全球产业链重构中寻找新的定位并培育新的优势。

（二）区域环境

1.区域格局趋于固化，精准定位、体现特色、错位发展成为关键

改革开放以来，沿海地区在地理区位优势和特惠型政策支持的叠加作用下，实现了率先发展，但区域发展的不平衡性逐渐增强。20世纪90年代以来，国家陆续实施了西部大开发、东北振兴、中部崛起等区域战略，但区域不平衡格局没有根本改变。经济发展进入新常态以后，"东强西弱""南强北弱"的区域格局进一步固化。这是由区域发展规律中"强者愈强、弱者愈弱"的累积循环因果效应所决定的。在城市层面，北京、上海、广州等中心城市已经形成了特色鲜明、优势强大的产业基础，在集聚高端要素资源方面具有绝对优势。从先行工业化国家区域格局演变和城市发展经验看，中心城市的产业优势一旦形成就很难改变，后进城市要实现追赶发展，必须结合自身的基础和条件打造新的特色优势产业，与已有中心城市实现错位发展。

2.以智能制造发展为引领的新一轮产业变革将重塑制造业竞争优势

以智能制造发展为引领的新一轮产业变革将重塑制造业竞争优势，这一过程呈现四个主要特点。第一，智能制造重新定义制造的战略功能。如何快速响应客户需求成为竞争的焦点，能否保障高质量、低成本和环保产品的市场供应成为影响竞争优势的关键因素。第二，在智能制造背景下，知识型员工成为核心竞争资源。创造性劳动力因具有稀缺性和差异性成为企业竞争的战略性资产。第三，涉及制造的区域分工转向一体化。区域将加快实现基于价值链的资源整合，以更好地适应智能制造的发展趋势。第四，智能制造时

代，有力的知识产权保护和良好的数据安全成为产业生态良性发展的必要条件。知识产权和数据安全对产业生态的影响力进一步增强，成为企业关注的重要方面。在智能制造的新范式中，制造业将面临全新的挑战和机遇。只有紧跟产业变革步伐，不断加强技术创新和人才培养，企业才能在竞争中脱颖而出，实现可持续发展。

3.区域竞争更加激烈，对高端要素资源的吸引集聚能力是城市竞争力的核心

在发展起步阶段，基于财税、土地等优惠政策培育要素成本优势，是区域、城市间竞争的主要方式。而在我国一线城市人均GDP已达到或接近高收入经济体水平的条件下，城市竞争力的核心已从要素成本优势转变为对高端要素，特别是人才资源的集聚能力。区域竞争正在从"资本不断流向成本洼地"，转变为"人才集聚引领要素集聚"，即高素质人才集聚在哪里，资本和一般劳动力就往哪里集聚。而除了良好的就业机会外，充足的城市发展空间、优越的生活品质、强大的文化魅力和较高的宜居程度等越来越成为促进人才资源集聚的核心因素。这赋予了区域竞争新的内涵，对城市发展提出了更高的要求。

（三）城市品质提升面临的机遇与挑战

当前及今后一段时间，面对百年未有之大变局，世界经济"东升西降"与我国走向强大的大趋势不会改变，我国仍将是推动全球经济增长的重要力量，并将成为全球治理体系和经贸规则变革的重要参与者、贡献者。深圳处于重要的历史性窗口，面临重大的机遇与挑战。

1.机遇方面：新活力、新动能和新价值

（1）激发新活力

面对我国新一轮改革开放机遇，深圳将激发经济发展新活力，分享改革开放新红利。首先，随着制度改革的不断深化和对外开放水平的不断提升，深圳将获得更广阔的发展空间和更多的机遇。2022年，深圳GDP达到3.2万亿元，并已连续多年保持两位数的增速。深圳以改革开放为动力，打造了全球领先的科技创新生态系统，形成了以高科技产业为主导的产业结构，吸引了大量的高端人才和创新项目。未来，深圳将进一步优化营商环境，推进市

场化改革，加大对创新企业和科技项目的扶持力度，进一步提高经济发展的质量和效益。

其次，深圳将加大对外开放的力度，吸引更多的国际投资和合作伙伴。深圳将继续深化与周边地区的合作，推进粤港澳大湾区建设，加强与国际智库、科研机构以及跨国企业的合作。深圳市统计局的数据显示，深圳已经成为全球最大的外商直接投资城市之一，吸引了众多跨国企业在深圳设立研发中心和总部。例如，华为、腾讯、中兴等知名企业都在深圳设立了总部或研发中心，增强了深圳在全球科技创新领域的影响力。

最后，深圳将继续加强基础设施建设和城市管理能力提升，为经济发展提供有力支撑。深圳已经启动了一系列重大基础设施建设项目，包括地铁线路扩建、机场升级等，以提高城市交通和物流效率。同时，深圳还在推进智慧城市建设，应用先进的信息技术提升城市管理和公共服务水平。这些举措将进一步提高深圳的城市竞争力和吸引力，为经济发展创造更好的环境。

（2）获得新动能

面对我国产业结构和消费结构"双升级"机遇，深圳经济社会发展获得了新动能，作为中国创新创业的热土，深圳将继续引领产业结构升级和消费升级的潮流，为经济发展注入新的活力。

深圳将继续推进高端制造业和现代服务业的发展。根据深圳市统计局的数据，深圳已经形成了以电子信息、生物医药、新材料等高端制造业为主导的产业集群，其中高端制造业的增加值占比持续提升；深圳还在积极推动现代服务业的发展，涉及金融、文化创意、科技服务等领域，目前已成为中国最大的金融科技中心之一，吸引了众多金融科技企业入驻。

同时，深圳已经建立起全球领先的科技创新生态系统，将继续推动创新创业，培育新的经济增长点。数据显示，深圳研发投入比重持续提升，2010年，深圳全社会研发投入占GDP比重达3.64%，是全国平均水平的两倍；2013年，深圳全社会研发投入占GDP比重提高到4%；2020年、2021年，深圳全社会研发投入占GDP比重分别为4.93%、5.46%；2022年，深圳全社会研发投入占GDP比重达5.49%，PCT国际专利申请量稳居全国城市首位，创新成果接连涌现，创新平台加快建设。深圳近些年出台了一系列营商环境建设、科技创新支持、知识产权保护等方面的政策，并将进一步加大对创新创业的支持力度，包括提供创业基金、优化创业环境、推动科技成果转化等，以培育更多高成长性的新兴产业和企业。

此外，数据显示，深圳居民的消费支出结构正逐渐向服务消费和品质消费倾斜，高端消费品和服务的销售额增速明显快于普通消费品。2023年1~5月，深圳社会消费品零售总额为4077.69亿元，同比增长13.2%。具体来看，商品零售额增长了12.4%，而餐饮收入则增长了20.1%。消费升级类商品销售额保持较快增长，尤其是限额以上单位的通信器材类零售额和化妆品类零售额分别增长了26.2%和13.5%。此外，网上零售额持续快速增长，限额以上单位通过互联网实现的商品零售额更是增长了34.0%。

近年来，深圳持续推动改善消费环境，提升居民收入水平，鼓励居民增加高品质、个性化的消费支出，不断推动消费结构的升级。例如，在2022年疫情期间，深圳实施了"促消费30条、稳增长30条、培育市场主体30条"等政策措施，并为此提供了实质性支持。在2023年春节假期期间，深圳生活服务业的日均消费规模比2019年同期增长了66%。作为一线城市，深圳具备消费中心的核心功能，各类消费资源的聚集正不断提升深圳的城市综合竞争力。这些数据和发展趋势表明，深圳正处于消费升级的新阶段，居民的消费需求更加多样化和个性化，而高品质、高水平的消费品和服务市场正在快速崛起，为深圳经济的可持续发展提供坚实的支撑。

（3）提升城市地位，产生新价值

面对粤港澳大湾区建设的机遇，作为粤港澳大湾区的核心城市之一，深圳将在大湾区建设中发挥重要作用，产生新的价值，进一步拓展发展空间，提升城市的综合竞争力和区域影响力。

深圳在进一步加强与周边城市的合作与协同方面采取了积极的措施。特别是在深港合作方面，随着深港两地产业转型升级，合作交流不断向纵深推进。前海合作区成立后，为香港现代服务业提供了发展舞台，并为深圳支持港人港资港企创造了更多机遇。为更好地对接香港，深圳将前海合作区总面积从14.92平方公里扩展至120.56平方公里，即扩展至原来的8倍以上，为深港合作注入新的动力。《全面深化前海深港现代服务业合作区改革开放方案》

提出"加快科技发展体制机制改革创新",旨在引导技术、人才、设备和资金在深港两地优化配置。此外,河套深港科技创新合作区也在积极建设中,旨在加强两地科技合作,助力香港青年创业就业。在规则衔接和机制对接上,深圳不断进行创新,通过改革"五流四制"(人流、物流、资金流、信息流、商流和法制、税制、科研体制、园区管理体制)推动创新要素的高效便捷流动。这些合作举措使得深圳能够整合更多的资源,促进产业的互补发展,形成更加强大的经济合力。深圳在加强与周边城市的合作时,促进合作双方充分利用各自的优势,推动经济互联互通,促进技术、资金和人才的流动,进一步提升了城市的综合竞争力,推动了区域经济的发展。

此外,深圳将进一步提升城市的功能和地位。根据《粤港澳大湾区发展规划纲要》,深圳将发挥城市核心功能,建设国际科技创新中心、现代化产业基地和国际交流合作平台。目前,深圳已经建立起全球领先的科技创新生态系统,拥有众多科技企业和研发机构。通过进一步整合资源和增强创新能力,深圳未来有望成为粤港澳大湾区科技创新的核心引擎,推动整个区域的经济发展。

深圳在加快基础设施建设方面,特别注重提升城市交通和物流的便捷性。在物流建设方面,截至2022年底,深圳已开始着手积极推进三大国家物流枢纽的建设,以提升城市的物流服务水平和物流运输效率。深圳空港型国家物流枢纽于2020年获批建设,并选址于深圳机场,该枢纽规划了五大核心功能区,总面积达到5.5平方公里,旨在提升深圳机场的货运能力,改善空运物流服务。深圳港口型国家物流枢纽进入建设名单,依托现有的盐田港进行建设,这将进一步优化盐田港的物流体系,增强港口的货运能力,为进出口贸易提供更便捷的物流通道。同时,深圳商贸服务型国家物流枢纽的投资额超过100亿元,其建设也正在稳步推进。自2020年8月以来,该枢纽为"湾区号"中欧班列的开行提供了基础支撑,截至2022年11月底,已经累计开行了338列"湾区号"中欧班列,提供了粤港澳大湾区与欧洲、中亚等地区之间稳定的国际物流新通道,未来,深圳商贸服务型国家物流枢纽将力争成为全亚洲规模最大、业态丰富、智能化程度高、具有标杆示范作用的"公、铁、海"多式联运中心。这三大国家物流枢纽的建设将进一步提升深圳在全国物流枢纽中的地位和重要性，为深圳和周边地区提供更加高效便捷的物流服务，推动物流产业的发展和城市经济的腾飞。深圳在加快物流枢纽建设的同时，也将加强与周边城市的合作，促进物流资源的优化整合，形成更加强大的物流网络，提高整个粤港澳大湾区的竞争力。

在交通建设方面，深圳已经启动了一系列重大基础设施建设项目，包括港珠澳大桥建设、深圳机场扩建等，以提高城市的交通联通性和物流效率。这些基础设施的建设将进一步加强深圳与周边城市的连接，推动形成内部关系更加紧密的区域发展共同体。同时，深圳还将推进智能交通和智能物流的发展。通过应用先进的信息技术，深圳将实现交通和物流系统的智能化管理和优化。例如，智能交通信号灯、智能交通监测系统、智能物流配送系统等将进一步提升交通和物流的运行效率，缓解拥堵状况，优化路线规划，提高交通和物流的安全性和可持续性。

2.挑战方面：压力、风险和难度都在加大

（1）经济可持续增长压力加大

首先，全球经济增长放缓给深圳的出口市场带来不确定性。随着世界经济增长趋缓，国际市场需求疲软，深圳的出口面临较大压力。深圳是一个高度依赖外贸的城市，出口贸易在经济增长中起到重要作用。当全球需求减弱时，深圳的出口订单可能会减少，使企业面临订单减少、产能过剩等问题，从而对深圳的经济增长产生负面影响。其次，中国经济增速换挡给深圳的制造业和产业结构带来挑战。中国经济正从高速增长阶段转向高质量发展阶段，需要推动产业结构的升级和转型。这对深圳的传统制造业产生了较大冲击。随着劳动力成本上升和产业升级的推进，一些传统制造业在深圳面临转型困难和较大竞争压力，可能出现产能过剩、订单减少和失业增加等问题，给深圳的经济增长带来负面影响。

另外，城市资源约束对深圳的发展提出了一定挑战。深圳是一个面积相对较小、人口密集的城市，面临着土地、水资源等方面的严重约束。随着经济的发展和人口的增加，城市资源的供给将变得更为紧张，可能制约深圳的经济增长，资源的短缺可能导致成本上升、环境压力加大，给深圳的可持续发展和经济增长带来负面影响。此外，人才竞争也是深圳的一个重要压力来源。深圳作为中国创新创业的核心城市，需要大量的高端人才支撑创新和产业发展。然而，随着中国创新创业环境的改善和各地政策吸引力的增强，深圳面临着人才的竞争。如果深圳无法有效留住和吸引高端人才，将影响其创新能力和产业发展，进而对深圳的经济增长造成负面影响。

（2）发展高科技与战略性新兴产业的风险加大

近年来，西方大国科技围堵和中美科技脱钩相交织带来的挑战日益严峻，西方对中国的高科技企业实施了更加严格的监管和限制，深圳在高科技与战略性新兴产业发展方面面临着风险加大的前景。首先，世界科技强国采取了一系列措施限制中国企业进入其市场，如对关键技术进行限制、禁止合作、审查投资等。这将给深圳的高科技产业在国际市场上的拓展带来不确定性和挑战，深圳的高科技企业可能面临着更大的困难和风险，进入和参与国际市场可能变得更加困难。其次，中美科技脱钩给深圳的高科技与战略性新兴产业发展带来了更大的不确定性。中美之间的科技脱钩意味着二者在关键技术、供应链和市场等方面的分离和冲突加剧。这将给深圳的高科技企业和战略性新兴产业带来一系列挑战和风险，深圳的企业可能面临技术壁垒增加、供应链断裂、市场份额减少等问题，这会限制其发展的速度和规模。最后，科技围堵和科技脱钩也会影响深圳的创新能力和创新环境。深圳作为中国的创新中心，依赖国际科技合作和技术引进，但科技围堵和科技脱钩可能会限制深圳与外部科技资源的交流和合作，影响深圳创新生态系统的建设和创新能力的提升。

（3）提升城市竞争力难度加大

随着中国经济的快速发展和各地区的崛起，区域竞争愈发激烈，深圳在对高端产业和人才资源的竞争中面临严峻的形势。作为一个充满活力的创新城市，深圳需要大量高素质的人才来支持其科技和创新发展。然而，各地区都在积极争夺人才，深圳在吸引和留住人才方面面临巨大的竞争压力。高昂的生活成本、竞争激烈的工作环境和其他城市日益增强的吸引力都对深圳的人才战略提出了挑战。随着各地竞相推动产业升级和经济品质提升，希望吸引更多的投资和高端产业，深圳需要面对的竞争日益激烈，尤其是在技术领域和创新驱动型产业方面。其他地区通过提供优惠政策、投资引导和创新支持等措施来吸引投资，使得深圳在吸引投资和产业发展方面面临巨大的困难。另外，深圳面临着有限的资源和空间带来的挑战。深圳作为一个面积相对有限的城市，人口增长和经济发展十分迅速，对资源和土地的需求日益增长。然而，城市资源有限，土地紧张，限制了深圳城市发展的空间。这给城市规划、基础设施建设和环境保护等带来了更大的挑战，也影响了深圳的可持续发展和城市竞争力的提升。

三 面对新形势、新任务，深圳城市品质提升的思路与目标

（一）确定发展目标与定位的主要原则

1.满足国家战略需要，贯彻落实党中央与省委指示精神

满足国家战略需要，贯彻落实党中央与省委对新时代发展的指示精神，是确定深圳城市品质提升的目标定位的根本出发点。《粤港澳大湾区发展规划纲要》是国家的重要战略安排，深圳要时刻站在国家战略需要的高度来思考谋划区域发展，尽可能找准区域中长期发展的正确方向，最大限度地拓展区域未来发展的空间，最大限度地争取党中央与省委的支持和认可。

2.顺应新时代发展潮流

顺应新时代发展潮流，是制定深圳城市品质提升和城市长期发展战略的重要原则。当今世界正处于一个日新月异、飞速发展的过程当中。未来深圳城市品质提升，不但要对世界的周期性、往复性变化做好思想准备和应对，更重要的是，要深刻认识、把握和顺应世界发展大势中不可逆转的趋势性变化。同时，社会结构持续变化，人口老龄化加剧、人口进一步集聚、人民群众对公共服务和民生事业的需求不断提升等社会发展长期趋势已经十分明显，深圳要为中长期发展打造坚实的社会基础，必须从长计议、做好应对。

3.立足深圳的现实基础和优势

最大限度利用好深圳的现实基础和优势，是谋划深圳城市规划和品质提升的核心立足点。深圳经过以往发展建成了实力雄厚的产业体系，结合自身地理区位条件初步建设起了较为完备的城市基础设施。未来深圳要实现品质提升，既要解决结构性问题，也不应摒弃现有的基础和优势，舍近求远地为了结构调整而调整，而是应牢牢立足于现有基础来巩固扩大特有产业优势，

提升发展的质量和效益。

4.遵循区域经济社会发展规律

把握区域经济社会发展规律，是深圳未来城市品质提升的基础。深圳在过去几十年当中能够取得巨大的发展成就，就是因为其很好地把握了后发经济体要快速推进工业化和城市化的一般性规律，深圳面临的结构性问题，也是区域经济社会发展一般性规律决定的。未来要破解结构矛盾、实现更高质量发展，也就需要依据规律来制定相应的目标和政策措施。

（二）城市品质提升的目标与定位

深圳正在迎来全面推进高质量发展的关键时期。在这一时期，深圳将深度融入粤港澳大湾区战略，完成好党中央、国务院赋予深圳的"建设中国特色社会主义先行示范区"的崇高使命。深圳将以"高质量发展高地、法治城市示范、城市文明典范、民生幸福标杆、可持续发展先锋"五大战略定位为指引，紧密围绕加快建设"更具全球影响力的经济中心城市"的战略目标开展工作。为实现这一目标，深圳将持续培育强大的制造能力、创造能力、要素保障能力、资源整合能力，营造良好的生态氛围。发展重点将放在构建"五个中心"上，包括具有全球重要影响力的先进制造业中心和科创中心，以及具有深圳特色的消费中心、物流中心和金融中心。通过加快提升这些中心的竞争力、影响力和辐射力，深圳将为中国式现代化的发展发挥先行示范作用。深圳将深入参与粤港澳大湾区建设，积极融入国家发展战略，加强与周边城市的合作协同，形成更加强大的经济合力。同时，深圳还将坚持创新驱动发展，持续提升科技创新能力、改善创业创新环境，吸引更多高端创新资源集聚深圳，推动产业结构升级和经济转型升级。

一是坚持发展实体经济，建设全球先进制造业中心。深圳将坚持全面落实新发展理念，秉持创新、协调、绿色、开放、共享的发展理念，贯彻落实"工业立市、制造强市"的发展战略，推动产业集群的发展，积极贯彻落实"20+8"产业集群政策，加强与相关部门和企业的合作，形成更加紧密的产业集群，促进产业链上下游的协同发展，提高整体产业集群的竞争力和创新能力。确保先进制造业的产业链和供应链的安全，加强制造业的基础设施建设和技术创新，注重培育和发展优势产业，提升产业链的竞争力，同时加强产业链的国内国际联动，降低对外依存度，以保障产业链的安全稳定。

二是坚持创新驱动战略，建设全球科技创新中心。深圳将教育、科技和人才视为重要的基础性战略性支撑，坚持将创新作为高质量发展的重要推动力，推进科技创新，特别关注关于产业中应用的关键技术的基础研究，加强对关键领域的研发和创新投入。强化企业在科技创新中的主体地位，鼓励企业增加科研投入，支持企业开展自主创新，尤其注重发挥龙头企业的引领支撑作用，带动其他企业的创新发展，形成一大批战略科技资源，推动创新并建设综合性国家科学中心；同时，加快建设科技要素市场，改革和完善科技创新体系，加强以企业为主体的新型研发机构建设，加大力度吸引全球创新资源，打造大湾区世界人才高地。

三是要坚持深化改革扩大开放，建设全球金融中心、全球物流中心、全球消费中心等。深圳要在"双区"建设、"双改"示范中，构建"双循环"新发展格局的重要节点，在对接国际标准、参与国际治理方面发挥更大作用，促进我国制度型开放。建设全球金融中心、科技中心、财富管理中心、创新资本形成中心；建设全球物流中心，其具体涵盖了全球航运中心、国际航空枢纽、全球供应链管理中心和全球智慧低碳物流中心；建设全球消费中心和国际贸易中心，特别是数字贸易中心、时尚消费中心，打造消费资源的全球配置枢纽，建设世界级的地标性商圈。

四是在大湾区建设中发挥核心引擎作用，在构建全国统一大市场方面率先做出示范。深圳要利用好毗邻香港的优势条件，扩大与香港的合作，与香港共建国际金融中心、贸易中心、航运中心，使深圳先进制造中心和香港的再工业化相对接，深圳的科创中心和香港的创科发展相衔接，共建大湾区国际科技创新中心。同时，强化和周边城市的协作，实现大湾区东岸、西岸的合作联动，保障粤港澳大湾区城市群、都市圈的产业链、供应链安全稳定高效，并加快区域市场的一体化，在构建全国统一大市场方面起到率先示范作用。

第十一章　强化公共服务供给多元均衡，提升社会品质

改善生活状况、提升社会品质是城市品质提升追求的最终目标，是以人为本理念的有效体现，其核心是保障人民群众的各项权益，促进人的全面发展。提升社会品质的具体内容包括提升城市医疗卫生服务能力、健全医疗服务体系、提高城市公共交通可达性和便捷性、推动基础教育现代化均衡化发展、健全公共服务绩效管理和评估机制、持续完善社会保障制度以切实有效地保障低收入群体等困难群体的最低收入。

一　成就：基本公共服务体系保障有力，民生保障供给充足

深圳是国内较早以打造公共服务型政府为政府发展导向的城市之一，经过40多年的社会经济快速发展和市场体系的逐步完善和成熟，政府实现了较好的智能化转型，更好地发挥了公共服务的功能，为全市民生保障提供了更加有力的支持。2022年，深圳九大类民生支出达到3420亿元，增长了7.0%。同时，深圳新增了18.2万个就业岗位，新增了20.6万个基础教育学位。在医疗领域，深圳新增了7家三甲医院，累计达到32家。其中，8家医院进入了国家公立医院绩效考核百强，2家医院获批建设国家区域医疗中心。在住房方面，2022年，深圳建设和筹集了14.2万套（间）保障性住房，供应分配了12万套（间）。此外，深圳还被评为国家食品安全示范城市，能够为市民提供更加安全可靠的食品保障。

1.基本公共服务体系保障有力

在教育方面，深圳出台了教育"四个体系"建设方案，通过持续努力，截至2022年，已连续4年在全省履行教育职责评价中位居珠三角城市第一。

现代国民教育体系在深圳得到充分发展，包括基础教育、高等教育、职业教育和成人教育等四大支撑板块，它们共同构成了一个相互衔接的完善的教育体系。在卫生方面，深圳以解决市民"看病难、看病贵"问题为重点，全面推进医疗体系建设。目前，深圳的卫生服务体系已基本形成，包括了医疗、预防、保健、急救、卫生监督、康复和健康促进等领域的服务，服务门类齐全、功能完备。此外，深圳的医疗水平也有了显著提升，有2家医院进入2022年全国医院科技量值排行榜前100名。在体育方面，深圳全民健身体系的基本框架已经搭建完成，公共体育场馆建设水平不断提高，社区体育公共服务体系也在逐步完善。这些举措有助于提高市民的体育健身参与率，促进健康生活方式的普及。

2.民生保障供给充足

教育质量稳步提升。2022年，深圳新组建基础教育集团23个，累计有53个，新改扩建幼儿园、中小学校182所，同时在龙岗、坪山、光明打造了3个高中园。深圳大学、南方科技大学8个学科进入ESI排名前1%，天津大学佐治亚理工深圳学院正式开工建设。东部、西部两个职业教育集团组建成立。首届大国工匠创新交流大会成功举办。深圳选手在世界技能大赛特别赛中斩获两枚金牌。医疗卫生事业迅速进步。2022年，深圳引进了40个高层次医学团队，深圳医学科学院（筹）揭牌。龙华区综合医院等项目建成，新增床位1920张，南方医科大学深圳医院二期等10个项目开工建设。社康机构增加54家，盐田区成为国家级健康促进区。住房供应保障力度加大。居住用地供应面积达3.7平方公里，新开工住房面积达1504万平方米，保障性住房投资增长31%，达到483亿元。另有49个保障性租赁住房项目开工，面积达105万平方米，长圳二期等10个项目已建成。458个老旧小区改造已完成。社会保障水平持续提升，最低工资标准、最低生活保障标准分别提高至2360元/月和1365元/月。街道长者服务中心新增25个，托位新增7000个，民政康复中心A院区开工建设。普通门诊费用纳入医保统筹基金报销。此外，2022年，深圳入选全国青年发展型城市建设试点。安全生产形势平稳。全面完成安全生产专项整治三年行动，开展自建房安全专项整治百日攻坚和城中村供用电突出问题专项整治。生产安全事故死亡人数下降12%，103公里老旧燃气管道改造完成，福田、罗湖、盐田、南山实现瓶改管"清瓶"目标。社会大局保持稳定。2022年，刑事治安警情下降20.3%，深圳在平安广东建设考评中名列前茅。做好保交楼、保民生、保稳定工作，按照市场化、法治化原则稳妥处置重点房企债务风险。加强信访矛盾化解，信访事项一次性化解率超过90%，国家"满意度评价"信访件群众满意率达95.6%，光明区成为全国信访工作示范区之一。

二　对策建议：持续加强服务型政府建设

总体来说，深圳公共服务体系已经成型，但在均等性、有效性、协调性和多层次性等方面依然存在着很多问题，如供需结构矛盾依然突出、公共服务供给重数量轻质量、资金来源渠道尚待拓宽、制度衔接协调机制仍需理顺、制度功能有待充分发挥等，这些问题中，既有机构设置和职能部门协调等造成的共性问题，也有深圳所处发展阶段等带来的特殊问题，因此在深圳城市品质和文化品质建设的关键时期，更要认清现实问题，适时予以解决，从而使城市真正实现长期持续发展。

1.创新城市公共服务体制，完善服务型政府建设

（1）品质城市对公共服务体制的新要求

从公共管理学来看，基于公共产品的公共服务的理想供给状况，取决于全体社会成员对公共服务的需求总和。政府应以公民为中心，以追求公共利益和提供公共服务为核心职责。因此，公共服务是由包括政府部门、社会组织等在内的公共组织以符合公共利益的方式，向全社会提供消费及平等享有公共产品和服务的权利，以及满足社会公共需求时应承担的职责和履行的职能。公共服务的范围较为广泛，通常是指政府按照法律法规的规定，为保障全体社会成员的基本社会权利和基础福利水平，向所有居民平等提供的社会服务。这些服务包括公共卫生、基础教育、医疗服务和养老保障等方面，政府通过提供这些服务促进社会公平和公正，提升民众的生活质量，增进全民福祉。在深圳品质城市建设中，公共服务水平主要由建立在一定经济能力基础上的较为合理的公共服务制度安排所决定。这也就从政府行政管理体制改革、服务方式、体制创新、政府体系、资源配置等方面针对创新公共服务体

制提出了新的原则和要求。要提供高质量的公共服务，需要发挥政府这样的公共部门的权威的作用，同时也必须打破政府垄断，引入竞争机制，调动社会力量，发挥政府、市场和非营利组织的作用，形成一个由政府主导、由非政府组织进行协调、社会和市场力量广泛参与的公共服务运行机制。同时，应积极采取有效的品质提升措施，积极稳妥地支持、组织和引导公民社会组织参与公共服务，完善健全公共服务体制。

（2）合理定位城市公共服务发展目标，满足多样化需求

确立城市公共服务新目标，必然要求在社会建设和民生方面对公共服务体系进行深度完善，扩大和提高公共服务覆盖面和水准，加快建设功能完备、水平一流、运行高效和充满创新活力的城市公共服务体系，推动社会建设和社会发展。2022年，深圳人均GDP达到27248美元，生活水平正加快提升至富裕水平，市民对医疗健康、休闲养老、教育培训、文化体育等社会公共服务的需求日趋旺盛和多元化。同时，收入水平差距的拉大以及价值观和个人偏好的多样化带来了需求的多层化和个性化，这一系列的新趋势也对社会公共服务创新和服务提供的质量与效率提出了新要求。深圳只有通过加大改革开放和创新的力度，借鉴国内外先进发展经验，通过提升城市文化品位和公共服务品质，不断完善覆盖社区、以人为本、便利公平的高质量公共服务体系，使其与高品质城市相适应，才能满足全体市民不断变化的多元化新需求。

（3）加强多元参与体制建设，完善社会公共服务体系

在充分保障公共服务供给的前提下，鼓励社会力量参与公共服务设施的建设和运营，建立灵活的供给模式，实现"政府主导、社会参与、政策激励"的目标。一是全面放开经营性公共服务市场，在政府的统筹规划、宏观调控下，通过特许经营、合同外包、用者付费、内部市场等方式，由国内外民间组织、公司和其他社会力量提供公共服务，充分发挥市场的供需调节能力，满足深圳不同人群的多样化需求。二是通过政策激励和补偿供给机制，吸引社会投资主体提供公共服务，积极向市场投资主体进行项目公开招标，通过贷款贴息、PPP模式、政策优惠和财政补贴等，支持市场资本参与。三是积极尝试采取出售冠名权、广告发布权等多种方式筹措资金，鼓励探索建立产业投资基

金，培育市场投资主体，促进社会公共服务投资的多元化发展。

（4）健全公共服务绩效管理和评估机制

进一步完善公共财政支出机制。调整财政收支结构，让更多财政资金稳定可持续地投入公共服务领域，确保基本公共服务完全由政府承担，非基本公共服务可由"社会分担、政府扶持"，实现财政支出向基层和社区倾斜、向困难群体倾斜，更加关注困难群众的就业情况，尤其是加大在保障房供给、其他社会保障和社会治安等方面的投入力度。

持续优化公共服务政策法规和制度。一是完善地方立法和管理规章，优化相关政策和制度，采用分类管理和规范管理边界的方式，确保各政府部门和社会力量在社会公共服务中扮演适当的角色和有效履行职责。二是建立完善管理、建设和服务的标准。各相关主管部门应定期发布各类管理标准，加强对公共服务设施投资、建设和运营等标准的研究制定工作，提高资金的使用效率和设施的运营效率，组织制定或指导行业协会制定社会公共服务有关标准。

推动政务公开，强化社会公共服务的宏观监督。一是建立对公共服务质量的检测和评价体系，形成服务统计指标体系，建立有关部门的沟通和会商制度，收集社情民意，做好社会公共服务考核评价体系建设工作。二是建立综合协调和科学民主的决策机制，实现不同部门之间的综合统筹与分工协作，加强财政保障；完善重大问题集体决策机制，如专家论证制度、社会公证和听证制度、决策责任追查制度，并严格遵守决策程序，建立公开征集社会公共服务项目的制度。三是加强政府公开和社会监督。除涉及国家、商业机密或个人隐私等例外情况外，应定期通过媒体向社会公开公共服务机构、服务设施、服务项目等的运行情况，接受全社会的监督。这样可以促进透明化和增强公正性，提高公众对公共服务的信任度和参与度。

2.积极推动医疗卫生事业高水平建设

（1）加快构建三大医疗保障体系

加快构建三大医疗保障体系是当前医疗保障领域改革的重要任务。首先，需要健全完善多层次医疗保障体系，其中包括持续提升基本医疗保险参保质量、完善基本医疗保障待遇提升机制，以及建立稳定可持续的筹资运行机制。同时，鼓励商业健康保险的发展，支持医疗互助保障有序发展，并积极探索建立长期护理保险制度。其次，优化医疗保障协同治理体系至关重要。在此方面，需要建立管用高效的医保支付机制，改革和完善医药价格形成机制，同时健全严密有力的医保基金监管机制，并协同建设高效的医药服务供给体系。最后，构筑坚实的医疗保障服务支撑体系是推进医疗保障改革的另一要点。在这方面，需要优化医疗保障公共管理服务，同时强化法治支撑，并加强医保信息化建设，以提高医疗保障服务的效率和质量。

（2）继续加快"顶天立地"的医疗体系建设

以《深圳市卫生健康事业发展"十四五"规划》等规划为引领，全面优化健康服务体系，推动以区属综合医院为主体设置基层医疗集团，以市属医院为主体设置市级医疗中心，持续拓展医教研发展平台，持续优化卫生健康人才队伍，全力推动高水平医院建设"再上台阶"。推进基层医疗集团规范发展，创新构建优质高效的整合型医疗服务体系。加快实施社康服务扩容提质行动，修订社康服务机构设置标准，布局建设社区医院。持续完善基层卫生健康治理体系，持续优化重点人群公共卫生服务，持续健全"一老一小"照护服务体系，推动全市居民健康素养水平提升。

（3）全面提升卫生健康管理水平

全面提升卫生健康管理水平是当前的重要任务。在此方面，需要系统提升抓统筹、抓发展、抓改革的能力。具体而言，要推进卫生健康治理体系和治理能力的现代化，不断进行理论创新、制度创新和管理创新，增强行业的统筹、改革协调和创新发展能力，以全面提升卫生健康领域的管理水平。

同时，我们要加强信息化顶层设计，强化信息化平台的建设。完善卫生健康法规、规范和标准体系，促进卫生健康事业的转型升级。为此，我们需要深入推动转变工作作风、职能和方式，强化"大卫生、大健康"的理念。进一步推动医疗卫生工作重心下移、资源下沉，推动卫生健康工作从"以治病为中心"向"以健康为中心"转变，以此来打造高质量的卫生健康管理队伍。

3.推进各级各类教育迈向高质量发展

（1）推动高等教育卓越发展

以整体规划为导向，统筹谋划全市高等教育的发展。基于研究型、应用型和职业技能型三大高校类型，促进高校分层分类卓越发展，在深化高等教育体制机制改革方面，健全高校内部规章制度，使章程成为核心；探索建立经费使用绩效考核结果与财政拨款挂钩的机制，突破学院和学科限制，在人才培养模式方面，实行弹性学制，进一步完善学分制，并探索校际学分互认与转换。

深圳还应面向全球，培养和引进一流科学家、学科领军人才和创新团队，优化人才保障服务。为此，需加大深圳大学、南方科技大学等高校"双一流"建设的力度，支持深圳大学创建高水平综合性大学、南方科技大学创建世界一流研究型大学。同时，应积极引进境外优质高等教育资源，开展高水平中外合作办学，为高等教育的卓越发展提供有力支撑，进一步提升高等教育的国际竞争力。

（2）打造一流职业教育高地

优化职业教育的类型定位，适度扩大中职教育规模，推动本科及以上层次的职业教育发展。同时，加快组建中高职教育集团，打造一体化协同发展机制，构筑职业教育的高地。为此，深圳应不断优化师资队伍结构，引进和培养一批行业有权威、国际有影响的专业群带头人，培养应用研发领军人才，支持职业院校开展技术师范教育，培养高素质的职业教育师资。创新产教融合机制是深圳努力的重点，深圳应支持校企共同建设高水平专业、开发课程标准、打造师资团队以及设立研发中心，并完善职业教育的管理体制，深化评价改革，完善"文化素质+职业技能"考试招生办法。紧跟技术变革和产业优化升级方向，加快国家产教融合型试点城市建设，加强深港职教联动发展，推动深港高等专科学历互认试点工作，为香港副学位学生提供到深圳升读本科层次职业教育学校的支持。这一系列举措将为深圳打造卓越职业教育中心提供坚实的基础，推动职业教育迈向更高的水平，为社会培养更多高素质的职业人才，助力城市品质的全面提升。

4.多措并举健全社会保障体系

（1）持续健全多层次的社会保障体系

明确社保待遇及其调整机制，实现养老、失业、工伤保险应保尽保，不断提高参保缴费质量。持续推广企业年金和企业补充医疗保险制度；继续探索老年护理、老年服务的可行模式；变消极失业救济为积极就业促进，充分发挥失业保险的促进就业功能。实施残疾人补贴跨省通办，保障残疾人权益。扩大生育保险惠及范围，加快实现职工基本养老保险和职工基本医疗保险法定人群全覆盖，积极推动灵活就业人员、新业态从业人员参加职工社会保险，建立健全分层分类的救助制度体系，逐步缩小不同群体之间的基本保障待遇差距，增强制度公平性、可持续性。

（2）发展多元化的补充保障体系

随着深圳人口结构的变化和市民生活水平的提高，市民群众对养老金、医疗服务、照护服务和意外伤害后赔偿等方面的保障需求逐步增加。为满足多层次、多样化的保障需求，深圳需要准确把握人民群众的需求，并促进各类补充保障的健康发展。在这一过程中，应正确引导和支持市民根据自身实际情况，制订适合自己的补充保障计划，并在已有基本保障项目的基础上对其进行补充。为实现这一目标，深圳需要完善规章制度，采用科学有效的监管手段，规范补充保障供应商的经营行为，以便为社会公众提供优质便捷的保障服务。同时，还要积极支持相关部门提高补充保障产品和服务的供给能力，以促进补充保障产品和服务与基本保障项目之间的有机衔接，以更好地满足市民群众的保障需求，为全市居民提供更加全面、多元化的社会保障服务，从而提高城市品质和市民生活水平。

（3）持续完善制度保障

针对深圳经济社会发展和人口结构变化的情况，继续完善社会保障法规体系，加强法制宣传和教育，增强企业和个人的依法参保意识，对违法违规行为依法严惩。强化各职能部门的协调配合，在构建完整的社会保障体系的大格局下，优化基本保障项目设计，继续完善统一的社会保险公共服务平台，提升社会保险公共服务均等化和便捷化水平。守护好人民群众的每一分"养老钱""保命钱"，增强对社会保障基金的规范管理能力和监管能力。建立健全社会保障基金的监管体系，依法对社保基金进行监管，确保基金的合法合规运作，加强基金的规范管理，确保基金使用符合相关规定，合理配置资金，提高基金的使用效率和效益。

第十二章　尊重城市人文，提升文化品质

从城市起源来看，城市是人类文明的结晶，它根植于人类一定时期的价值信念、伦理道德、习惯以及意识形态等文化土壤中，已经是特定文明的一种表现形式。因此，城市品质的建设也离不开文化的发展。城市发展经验告诉我们，城市通过发展走向强大的关键在于文化的积淀，无论是古埃及全盛时期的亚历山大，还是15世纪的威尼斯、17世纪的阿姆斯特丹、20世纪的伦敦或21世纪的纽约，这些著名城市的强大多少都与城市丰富且独具特色的多元文化有关，活跃且丰富多元的文化氛围保障了城市具备持久的创造力，吸引了各类创意和科技人才的聚集，他们创新思维活跃、充满创意，带来了丰富的艺术和科学成就，在此基础上，逐步发展出了强大且魅力无穷、活力无限的城市。

一　成就：文化软实力不断提升

深圳城市文化的发展对促进深圳经济社会的全面发展，对城市形象的塑造、市民文化权利的实现、城市文明程度的提升和城市影响力与辐射力的增强，都起到了极为重要的作用。尤其是2012年实施"文化立市"战略以来，深圳文化建设取得了长足进步。

1.体制机制创新不断深入

富有改革创新精神的深圳文化系统领导者敢于并善于以新的文化理念引领文化改革实践，积极践行"文化立市""实现市民文化权利""抓大放小"等一系列发展理念，在把握文化发展方向和主旋律的前提下，合理提高文化主题在文化市场中的自由度。加强体制机制建设，针对不同类型的文化单位采取不同的策略和方案，最大限度调动各文化单位的积极性和主动性，完善

市民文化参与和享受文化服务的机制。同时，加强推进文化与科技、金融、创意的融合发展，突出规模化、集约化发展，完善文化投融资市场，为中国文化产业发展提供了有益借鉴。

2.城市文化软实力不断提升

习近平新时代中国特色社会主义思想传播工程正深入推进，新时代主流思想舆论不断壮大，社会主义核心价值观在城市中广泛得到践行，文明典范城市创建工作扎实推进，新时代文明实践中心三级阵地已实现全面覆盖，学校德育和思想政治工作也在不断推进。

城市的文化事业也繁荣发展。2022年，广播剧《南海榕》、歌曲《少年》（建党百年版）等17部作品荣获全国、全省"五个一工程"奖，戏剧作品《烟》和星辉合唱团也获得全国群星奖金奖，而舞剧《咏春》等原创作品则获得热烈反响。新时代十大文化设施建设正在加快推进，深圳自然博物馆、深圳音乐学院也已开始建设。同时，"文艺一键通"平台已上线运行。在2022年公布的公共文化服务评价结果中，深圳在全省21个地市中蝉联第一。

3.文旅融合持续深化

2022年，深圳成功举办了北京冬奥会开幕式深圳分会场活动，各类展会如中国（深圳国际文化产业博览交易会）、深港城市/建筑双城双年展等也带来丰富多彩的精彩内容。乐高乐园全面开工建设，将为城市增添一抹亮色。

为了丰富游客的旅游体验，深圳还开通了周边海上游等航线，为游客提供更多选择。此外，蛇口滨海文化创意街区入选国家级夜间文化和旅游消费集聚区，为夜间旅游增添了更多的魅力。同时，深汕合作区的大安村被评为中国美丽休闲乡村，大鹏土洋社区也入选全国"红色村"试点，这些都进一步推动了文旅融合的发展。

4.体育事业加快发展

2022年，深圳运动员在国际泳联世界锦标赛等国际赛事中取得了卓越成绩，展现出优异的竞技实力，国家水上国民休闲运动中心也已落户深圳，将为市民提供更多的运动休闲场所。在体育赛事方面，深圳成功举办了"湾区杯"中国围棋大棋士赛、西丽湖国际科教城X9高校院所联盟赛艇联赛、南山半程马拉松等多项活动，为体育爱好者带来了丰富多彩的赛事体验。此外，深圳还积极建设体育设施，已建成开放龙华文体中心、深圳湾国际羽毛球交流中心，并开始建设坪山体育聚落，为市民提供更多的运动场地和设施。为了便民利民，深圳新增了200个都市型、楼宇型体育场地，为市民提供更便捷的运动选择。此外，2022年，新接入的"开放共享、一键预约"体育场馆数量达到1179所，累计使用人次超过600万人次，较前一年增长了2倍。

二　对策建议：打造城市特色文化品牌体系

相比于在经济与科创等方面创造的不俗成就，深圳城市文化建设有待加强。传统文化基础薄弱，且在深圳传播度、影响力不够，大量外来务工人员与在深圳学校就读的外地学生没有感受到深圳文化的魅力，现有文化资源也未能为深圳的文化产业尤其是文化创意产业发展提供丰富的素材来源；文化创意产业与本土文化的结合度低，且输出的多是创意设计而非深圳文化，所孕育的文化产品缺乏深圳特色；人文社科领域的研究力量薄弱，与城市发展能级明显不匹配；城市人文氛围不够浓厚，缺少具有标志性的城市象征，家园意识有待增强。文化产业发展任重道远，文化产品内容实力较弱，未能形成有足够影响力的本地文化品牌。针对以上问题，深圳城市文化建设应在以下方面发力。

1.进一步加强城市精神文明建设

（1）提高城市人文精神培育的理论基础水平

致力于培育和传承城市的人文精神，增强人们对于城市文化的理解和认知。充分发挥高校、社科院、智库以及其他研究机构等人文社科研究平台的作用，整合社会和企业等资源，推进人文社科领域的基础研究，实现资源合作、优势互补。这将为培育城市人文精神、提升城市软实力和竞争力提供强大的理论支持。

（2）提升市民人文素养和城市文明程度

积极推进现代市民教育活动，重点加强社会公德、家庭美德、职业道德和个人品德教育，特别要关注公职人员的思想文明素质。不断完善家庭、社会和学校三位一体的教育网络，整合未成年人思想道德教育和人文教育社会资源。探索建立大学生社会实践与思想教育相结合的机制，将思想政治和人文教育与专业实践有机融合。充分利用重大历史事件纪念日，借助各种阵地和手段，积极开展群众性民俗活动，广泛弘扬具有德育价值的传统文化。着重强调城市人文精神建设的正确价值取向，彰显城市人文精神中蕴含的传统美德和时代精神。

2.健全城市公共文化服务体系

（1）提升免费开放水平和服务效能

为进一步提升公共文化服务水平，应优化支持政策，继续向博物馆、纪念馆、公共图书馆、美术馆、文化馆（站）等机构发放免费开放补助资金，以支持基层公共文化服务设施的免费开放，地方政府也应通过经费分配和项目安排等方式，积极加大对优秀场馆的支持力度。进一步完善和丰富文化场馆功能，推行分众式公共文化服务，满足市民多样化的文化需求。同时，推动公共图书馆、文化馆、博物馆、美术馆、非遗馆等机构建立联动机制，强化功能融合，提高综合效益，通过协同合作，实现文化场馆之间的资源共享，加强展陈和文化活动的联动，提升各机构的综合服务水平。特别是自然博物馆、图书馆、美术馆等场馆，应加强展陈利用，提升展览和文化内容的吸引力和质量。创建文化和旅游融合示范区，提升全市旅游发展的文化内涵，丰富优质旅游产品供给，充分发挥文化在旅游业中的作用，将文化资源融入旅游景点和线路规划，为游客提供丰富多彩的文化体验，推动城市文化软实力和旅游吸引力的提升。

（2）扩大和提高公共文化服务覆盖面和实效性

坚持政府统筹，支持文化惠民项目的实施，力求为市民提供更高质量、更有效率、更加公平、更可持续的服务。改进完善项目运行机制，鼓励社会力量广泛参与，采取政府购买服务等方式，推广"订单式""菜单式""预约式"服务，并推进文化志愿服务的创新开展，运用绩效管理来提高公共文化服务效能。新型公共文化空间也是重要的发展方向，在都市商圈、景区、公园、社区等人员密集区，积极打造一批融合图书阅览、艺术展览、文化沙龙、文化创意、轻食简餐等服务的城市书房、读书吧、文化驿站、社区图书馆等"小而美"的新型公共文化空间，以满足市民的不同需求。在新型公共文化空间建设过程中，积极挖掘公共资源潜力，提供便捷高效、高品质的公共文化服务。

（3）积极推进公共文化数字建设

积极推进公共文化数字建设，坚持建设和管理并重。加强规划指导和财政政策引导，健全公共数字文化标准规范体系，促进公共文化服务模式不断创新。让收藏在博物馆的文物和文化遗产活起来，努力形成线上线下融合互动、立体覆盖的文化服务供给体系。推动打通省、市、区和街道等各层级公共文化数字平台，打造公共文化数字资源库群，升级全市文旅数字平台，整理好文物、非遗、文艺、文化场馆、广电等领域相关数据，与省文化和旅游云联通对接，连接数据孤岛，解决数据交换和共享等问题。同时，加强基层数字公共文化服务体系建设，指导试点博物馆、大剧场、音乐厅开展沉浸式互动空间建设，积极推进公共文化场馆智慧化建设，以提升公共文化数字建设水平。

3.构建城市特色文化品牌体系

积极成立项目筹建机构，对建设体现城市特征的城市地标进行具体规划和论证，实行目标管理，做到市区同步、媒体联动、社会跟进，激发社区参与热情；利用媒体渠道广泛征集海内外创意设计，邀请全社会对入选作品进行投票，并结合专家意见最后评选出优秀作品。

（1）坚持原则，精准定位城市品牌

以清晰的城市品牌、文化品牌定位引领品牌建设规划，是推进城市文化品牌发展的重要策略。在定位上，应遵循独创性原则，突出城市最具优势的特色，同时赋予品牌以时代特征。美誉性原则同样重要，这是品牌的亮点所在，美誉度越高，对游客的吸引力就越强。而认同性原则则是关键，城市文化品牌必须获得城市内外公众的认同，这样才能拥有广泛的群众基础，并在推广和发展中得到支持。在落实层面，各级相关部门和组织也可以结合自身职责和资源，打造符合自身机关文化、企业特征、社区构成、校园特色等的文化次品牌，为全市城市文化品牌打造提供支撑。

（2）确定文化品牌载体，确保文化品牌具有唯一性

确定文化品牌的载体是确保文化品牌具有唯一性的重要步骤。城市精神作为文化资源积淀的产物，具有历史的厚重感，为使其被更多人接受和广

泛传播，必须发挥想象和创新的力量，将抽象的意蕴具象化，进一步定位城市文化品牌，赋予其鲜明的城市文化特色，确保其具有独特性和独占性，具备极强的可识别性，从而在一定区域内成为独特的标志，为塑造、传播、宣传城市精神提供新的可能。确定城市文化品牌的定位需要明确其载体，可以是自然景观或人文景观，或者代表一个城市的系列形象组合。一旦城市文化品牌确定，就需要通过一系列特色活动进行文化营销以生动地展现城市的文化特色和精神内涵。例如，打造系列实景演出项目，巧妙地运用文化创意宣传城市文化品牌，能够带来显著的经济和社会效益。通过明确文化品牌的载体和定位，城市可以在不同层面展现其独特魅力，吸引更多的目光，提升城市品牌的影响力和认知度。同时，还应结合文化营销活动，让城市的文化品牌得到更广泛的传播，推动城市文化的传承与发展，提升城市文化品质和吸引力。

（3）强化区域协同整合，推动城市文化营销

强化区域协同整合，通过有效的市场运作，实现资源的整体效益和品牌形象的提升。在制定资源整合规划时，应选择具有突出特色、带动力强、具有广泛影响的龙头项目作为突破口，发挥龙头带动作用，政府则在其中起到统筹协调的重要作用。需打破地区、部门、行业和所有制的界限，加快所有权与经营权、开发权的分离，以充分发挥区域整体形象宣传推介的作用，同时鼓励和引导区域内相关部门和企业增加投入。为实现整合营销，需要根据城市文化品牌传播的目的和受众特点，综合运用各类传播媒介、公关资源和营销渠道，尤其是要充分发挥新媒体的作用，运用网络资源、微博、微信、游戏等新型媒介，围绕城市文化品牌的核心价值，加强对城市文化品牌的传播，深化人们对城市文化品牌的认知。全方位、多角度的营销活动有助于提升城市文化品牌的知名度和美誉度，吸引更多的目标受众，并促进城市文化的传承与发展。通过强化区域协同整合和推动城市文化营销，城市文化品牌的影响力将得到提升，同时也能够推动城市间的合作和共赢，实现城市文化的跨界融合，为城市品质的进一步提升奠定坚实基础。

第十三章　落实"生态立市"，提高环境品质

　　生态文明作为一种新型文明形态，体现了人类改善和优化人与自然关系的积极追求，强调构建可持续发展的生态社会。生态文明建设在深圳建设生态宜居城市的过程中被确立为基础，并已成为党的十八大报告中独立的篇章，与经济、政治、文化和社会建设共同构成了"五位一体"总体布局的重要组成部分。生态文明获得如此重要的地位，既是历史的必然，也具有重大的现实意义。当前，我国城市品质建设面临一个困境，即经济发展所带来的资源和环境压力不断增加，环境问题逐渐成为制约经济社会发展和城市品质可持续提升的重要因素。因此，为推动城市品质提升与生态文明建设相融合，必须加强生态文明建设，这意味着在提升城市品质的过程中，要着力修复受损的生态环境，实现土地混合利用、紧凑开发，合理规划空间布局，减少对机动车的依赖，采取多样化交通发展策略，改善现有城区交通规划，以促进经济高质量发展和生态环境的高水平保护。通过加强生态文明建设，深圳可以积极应对城市品质建设中所面临的环境挑战，实现城市可持续发展的目标。同时，生态文明建设的推进也将为深圳的城市品质提升提供更坚实的基础和更广阔的空间。

一　成就：生态保护、绿色建造、韧性提升取得良好成果

1.城市生态环境保护成果突出

　　着眼于环保和生态保护，深圳持续增加环保投入，致力于提升环境质量，成果显著，城市整体环境质量保持良好水平，并呈现出稳中向好的发展态势。2022年，深圳的森林覆盖率达到39.2%，建成区绿化覆盖率达到43.09%，拥有27个自然保护地和1260个公园。深圳绿道的建设成为美丽宜

居城市的新亮点，截至2022年，深圳绿道的总长度已达到3119.74公里，绿道的密度达1.56公里/公里^2，形成了贯通全市的绿道网络。深圳湾滨海休闲带、盐田海滨栈道等一批绿道特色示范段的建成，为市民提供了绿色出行和休闲游憩的绿色空间。深圳的生态保护工作得到了国际认可，2022年，深圳入选联合国生物多样性魅力城市，习近平总书记亲自宣布在深圳建立国际红树林中心（习近平，2022），这表明深圳在生物多样性保护方面做出了卓越贡献。同时，深圳在空气质量和水质提升方面也取得了显著的成绩，2022年，PM2.5年平均浓度降至16微克/米^3，地表水水质按国控断面计算优良比例提升至91.7%，东部海域的水质长期保持在一类水质标准。

2. 城市绿色建造成果显著

近些年，深圳持续落实"山海连城"计划和"公园城市"建设行动方案，2022年，新增了368公里的绿道和273公里的碧道，实现了塘朗山—大沙河—深圳湾通廊的全线贯通。在深圳生态街道、生态工业园、绿色社区的创建上，取得了丰硕的成果，盐田区、福田区和南山区成为国家生态文明建设示范区，2022年，全市建成区绿化覆盖率达43.09%。启动了城市第六立面提升行动，截至2022年，已完成500个小区优质饮用水入户改造，打通断头路33条，新改建了548公里的非机动车道，新增了19万个停车位。此外，还新建改造了345座公共厕所，开展了问题窨井盖的治理工作。在绿色建筑和建筑节能改造方面，深圳成绩斐然，自2011年被列入首批国家公共建筑节能改造重点城市后，到2023年6月，已建成和在建的绿色建筑面积在全球城市中名列第一。

3. 城市发展韧性显著提升

2022年，罗田水库—铁岗水库输水隧洞工程和公明水库—清林径水库连通工程已经开工建设。电力方面，500千伏中西部受电通道、大唐宝昌燃气热电扩建项目建成投产。此外，深圳还建成了国内首家虚拟电厂管理中心，其可调节能力达到20万千瓦。天然气方面，2022年，新增了44.7万户的管道天然气用户，天然气储备与调峰库二期项目也已经开工。综合能源补给站新增了6座，充电桩数量增加到1.2万个。建成了5座车网互动示范站。此外，深圳还新增了40公里的综合管廊和60平方公里的海绵城市面积，为城市发展韧性的进一步提升提供了有力支撑。

二　对策建议：打造舒适宜居的生活空间，加强数字技术应用

自党的十八大以来，深圳以"生态立市"为引领，通过大力开展生态环境保护和污染整治，逐步改善整体环境，稳步向生态文明城市的环境优质目标迈进。然而，环境品质提升仍面临一系列挑战。深圳城市自然生态系统相对脆弱，亟须加强保护；中小企业和传统产业的能耗及碳排放量较大，对环境造成负面影响；由于生态红线限制，深圳森林面积不能大幅增加，因此需要通过减少化石能源使用和提高城市碳汇来提升城市的碳自净能力；碳达峰和碳中和的实现路径尚未明确，缺乏明确的时间表和路线图，也缺乏与国际接轨的生态标准。针对这些短板，加强深圳生态文明建设的策略如下。

（一）系统开展顶层设计

1.借助综改契机，加强环境领域顶层设计

针对深圳快速发展的社会经济与环境资源不足之间存在矛盾，深圳生态环境质量的系统性、根本性提升还没有完全实现，以及机构运行在实践中还存在体制运作不顺畅等问题的情况，深圳要完成"先行示范区"新的历史任务，在2025年达到国际先进水平，需要在多方面实现突破。以推进综合授权改革试点为核心任务，以生态环境和城市空间治理体制改革被纳入综合授权改革的六大重点领域为契机，生态环境领域的改革，进入受重视程度最高、推进力度最大、示范效应最广的时期，深圳需加强生态环境领域的顶层设计，借力综合授权改革试点，对全市一体的生态环境治理责任体系、法律法规体系和制度体系进行全面的优化升级，全方位、全地域、全过程完善生态文明制度体系。

2.完善规律政策体系，持续提升机制运作协同度

为实现中国特色社会主义先行示范区2025年的目标，深圳需要进一步完善法规政策体系，持续提升机制运作的协同度。在统筹环境质量提升工作时，应以系统治理的思维为指导，推动整个城市向低碳绿色方向发展。虽然自2009年开展"大部门制"改革以来，深圳建立了具有"大环境""大服务"特色的人居环境委员会，整合了环保、水务、建设、住宅、气象等部门，形

成了"大环境"治理格局，全面提升人居环境质量和水平，但在实践中仍存在一些障碍，体制运作尚未充分协同，需要在各领域积极探索，打破部门之间的壁垒，深度释放改革活力。

3.合理纳入生态指标，建立科学的经济社会发展评价体系

将资源消耗、环境损害、生态效益等指标纳入经济社会发展评价体系，确立科学的经济社会发展评价准则。为此，应建立土地开发保护机制，并完善严格的生态功能区保护制度、环境保护制度以及水资源管理制度。同时，积极改革干部考评制度，采用综合评价体系，纳入资源消耗、环境损害、生态效益等指标，而非仅以GDP作为唯一考核标准。此举有助于促进经济社会发展与生态环境保护协调共进。

此外，还需健全并严格执行资源环境法律法规，确保其有效实施。建立体现生态文明的美丽宜居城市目标体系，将生态建设与城市品质提升紧密结合，为城市的可持续发展奠定基础。同时，加强环境监管，建立健全生态环境保护的责任追究制度和环境损害赔偿制度，以确保城市品质建设成果的稳固。

通过合理纳入生态指标，建立科学的社会经济发展评价体系，深圳能够更加全面地评估城市品质建设的成效，并为实现生态文明建设目标提供有效的指导和支持。这一综合性评价体系将有助于推动城市向着更加美丽、宜居的方向不断发展。

（二）打造舒适宜居的生活空间

1.推动更广泛的公众参与，持续提升人居环境质量

为推动先行示范区建设，成为可持续发展先锋，深圳必须打造和谐、包容、活力、共享的城市生活圈，以绿色低碳为核心，推动城市向高品质发展。为实现这一目标，推动更广泛的公众参与是必不可少的。除了由政府提供环境公共服务外，还需动员市民发挥智慧和力量，形成一体化的环境治理模式，只有以人的需求为核心而建设的城市，才能为居民带来良好的体验感和获得感。未来深圳应通过技术路径，提供更多环境相关的公众平台，供市民进行交互和表达环境诉求，以加强公众参与。同时，要让市民获得充足且均等化的环境公共产品，使每个居民都能享受到优质的环境服务。信息公开

也应加大力度，让公众更直观地了解身边的生态环境和政府决策。深圳将持续提升环境基础设施建设水平，为市民提供清新空气、优良水质和绿地等环境公共产品，实现城市发展与环境保护的有机融合。公众参与将是这一过程中不可或缺的关键要素，只有通过共同努力，深圳才能成为更宜居、宜业、宜游的城市，实现生态与城市品质的共赢。

2.大力发展绿色建筑，减少高耗能建筑

发展装配式建筑是建造方式的重大变革，是形成可持续发展居住空间的重要路径，作为首批国家装配式建筑示范城市之一，深圳要充分发挥制造业优势，增强建造体系革新能力，以科技化创新、信息化管理、数字化生产、装配化建造促进建筑产业链板块间的整合，提升产业链现代化水平，推动城市居住质量提升。强化装配式建筑标准体系建设，大力推行标准化设计，大力推进深圳技术标准体系与粤港澳大湾区其他城市深度对接。拓展装配式建筑应用场景，明确政府投资项目及社会投资项目中装配式建筑应用范围，积极推动装配式钢结构建筑技术在重点抗震设防类公共建筑、大型公共建筑等建筑中应用，明确新建民用建筑、工业建筑（研发用房或产业用房）原则上全部采用装配式建筑方式建设。大力加强装配式建筑技术创新，支持骨干企业联合高校、科研机构组建创新联合体；鼓励优势产学研单位围绕装配式建筑标准化、智能化、信息化等相关技术，推动部品部件智能工厂、数字化车间和智能生产线建设，加强关键技术攻关，推进装配式建筑技术集成与示范应用。

3.加大污染治理力度，完善城市生态系统

充分运用行政和市场机制相结合的方式，合理推动解决水、空气和土壤等的污染问题，通过创新碳排放税和碳排放权交易等市场机制，有力遏制水体和大气污染。同时，构建安全生态网络，逐步修复和构建城市生态系统，保障城市生态环境的持续改善。通过健全环境应急管理机制，最大限度减少环境突发事件带来的损害。重点发展新能源和互联网产业，创新电网体制，促进电网和新能源的有机结合，推动清洁能源的广泛应用。通过转变能源消费模式，改变生产和生活方式，推动绿色宜居城市的建设，提升居民的生态幸福指数。

深圳以污染治理为重要抓手，致力于构建生态友好型城市，通过综合运用行政和市场手段，创新碳排放管理机制，持续推进水、空气和土壤等污染问题的治理。同时，积极推进新能源和互联网产业发展，促进绿色能源的应用，推动城市生态系统的构建与完善，全面强化环境应急管理，减少环境突发事件的影响。深圳将持续努力，为市民打造更美好的生态环境，提高城市居民的幸福感和生活质量。

（三）加强数字技术应用

1.利用数字赋能，助力全域生活工作环境增值

利用数字化技术将城市的各类设施、基础设备和公共服务与信息通信技术相连，实现对城市内各个领域进行科学调度和智能管理，为居民提供更高品质的生活与工作环境。通过数字化地图和卫星遥感技术，实现对环境污染源的快速定位和监测，进而采取精准治理措施，提高城市环境质量；通过智能交通系统，实现交通流量监测、拥堵预警、智能导航、无人驾驶等，优化交通管理和出行体验；通过智能照明系统，实现对公共场所照明的精确控制和节能管理，提升能源利用效率；通过智能电网、分布式能源系统等，实现对能源的高效利用和智能管理，推动清洁能源的应用和可持续发展；通过视频监控、智能传感器等技术手段，实现对城市安全状况的精确监测和对安全问题的迅速反应，提升公共安全水平；通过虚拟现实、游戏等技术，创造更具互动性和体验感的环保教育与宣传内容，进一步提高公众参与城市环境治理工作的积极性。

2.发挥科技和金融优势，加快完善碳交易市场体系

据国家工业信息安全发展研究中心统计，深圳有数据要素相关企业12万家。截至2022年12月31日，深圳数据交易所累计交易规模超过12亿元，预计在2025年将超过100亿元，数据交易市场潜力巨大。目前，针对数据交易方面存在的行业合规标准体系缺失、数据交易合规成本高、监管难度大等问题，深圳要加快完善数据交易基础制度，建立数据交易合规评估认证制度，开展数据交易合规评估认证试点，出台数据交易合规"深圳标准"和有关认证认可配套办法，允许并鼓励社会第三方机构制定评估认证规则和操作程序，通过交易场所的合规引领，加速倒逼场外交易合规建设。建立数据交

易跨部门协同监管机制，依托数据交易平台动态合规评价体系，持续对数据交易行为进行长周期监管，识别预警交易异常行为。支持将信用工具引入数据交易市场合规体系建设，以数据交易市场关键主体的动态化评级替代传统"入场一次评估一次"的静态合规模式，降低入场交易的合规成本。

第十四章　建设智慧城市，优化管理品质

城市治理成效与人民群众的获得感、幸福感、安全感密切相关。随着城市规模不断扩大，城市结构日益复杂多元，治理难度也日益增加。为建设人民城市，必须转变思路，让人民群众成为治理的主角，依法治理城市，提供优质服务。同时，应对城市治理中的各种难题正需要以数字技术赋能城市治理、提升治理能力，通信系统、物联网设施、新型基础设施建设等都被纳入智慧城市建设中。因此，城市品质建设中应体现以数字智能系统来搭建完善智慧信息平台、创新更新治理体系，以管理智慧化建设来带动管理品质建设，同时促进城市动态监测和管理精细化，进而促使城市治理获得质的提升，实现城市高质量发展。

一　成就：积极开拓基层治理新模式

1.城市管理服务不断升级迭代

深圳作为超大城市和改革创新的领头羊，城市管理服务不断升级迭代，以"智慧城管"为引擎推动精细化管理。城管部门坚持以"服务至上，精益求精"为理念，建设国内领先的城管智慧中心，构建新型智慧城市模式下的"城市大脑"，实现全市城市管理的互联互通、指挥调度与便民服务的一体化，工作效率和服务质量显著提升。同时，创建"美丽深圳公益基金会"，关心环卫工人，推动形成共建、共治、共享的城市管理格局。

城市管理也积极开拓基层治理新模式，全面推广"街区制"城市管理改革。以龙岗街道为例，采用"管理精细到点，责任落实到人"的工作思路，将街道辖区科学划分为32个街区，打破部门壁垒，构建了"1中心5部7站"的管理新架构。通过整合街道执法、城管、市政、社区、城市管家等5支队

伍到街区，明确街区员履行"巡查、处置、监督、协调、宣传"的职责，将街区打造为城市管理的微单元。采用日通报、周分析、月总结及绩效考核等机制，强化全过程管控和结果运用，问题解决率达97%，群众满意度大幅提升。2022年，街道环卫指数测评结果排名由2021年的全市第64名提升至第35名，进步指数全区第一、全市第二。"街区制"改革项目荣获龙岗区2022年度优秀改革项目称号，并被评为"中国式现代化深圳实践——圳治2022"党建引领基层治理优秀案例。

2.积极创新治理思维，引领基层社区高效能治理

党的十八大以来，深圳在基层治理领域不断探索，形成了党建引领的"深圳经验"，构建了以智慧化为技术支撑的标准化党建模式，将党的领导这一根本制度优势转化为治理效能，通过组织嵌入与人员、资源和服务下沉，实现了社区高效能治理。2018年，深圳发布全国首个党建质量地方标准《党建质量指标体系（机关）》。这一党建质量标准的发布，是深圳全面提高基层党组织党建工作标准化、精细化和科学化水平的创新之举。紧随时代技术发展，深圳党群工作方式不断推陈出新，从政务网站的信息公开到政府信箱的单向民意民情收集，再到政务微博的双向信息沟通和当前智能终端信息平台的搭建，深圳不断探索优化数字化党群服务关系。另外，创新基层治理思路，以微党建作为大都市与异质化社区党建引领的突破口，将小区、城中村、楼栋作为微型党组织的形成基础和治理单元，实现管理、服务、资源的精准下沉，同时，发挥微单元中党组织和党员力量，培育物业、居民等微主体的自治能力，将微治理系统中的市场性力量、政府性力量与社会性力量有效整合，实现居民在微事务中的自我管理和自我服务，最终提升服务的精细化与精准化水平。及时总结、提炼深圳高质量党建推动社区高效能治理的探索实践经验，形成制度化、可推广示范的"深圳经验"，可为"中国之治"提供党建与党建引领的"特区之智"。

3.深入推进法治政府建设

积极扛起习近平总书记、中央全面依法治国委员会赋予的历史使命，深圳努力成为中国特色社会主义法治先行示范城市。全面贯彻落实党中央、国务院、省委、省政府有关法治政府建设的部署和要求，扎实推进依法行政，

努力展现新气象、取得新成效。在2021年度法治广东建设考评中，深圳市蝉联全省第一，获得优秀等次。市政府自觉接受人大依法监督和政协民主监督，2022年，办理市人大代表建议847件、市政协提案560件；提请市人大常委会审议法规草案12件，出台政府规章8件，并制定重大行政决策程序实施办法。同时，市政府推进包容柔性执法，共推出减免责任清单事项332项，并发布全国首个行政复议领域地方标准，出台"八五"普法规划。

深圳市加强党对法治政府建设的领导，市领导班子对深圳市法治政府建设专门做出批示，强化工作统筹指导。市委、市政府印发《深圳市法治政府建设实施方案》，部署10个方面的38项重点任务，扎实有序推进法治政府建设。持续加强作风建设，真抓实干推动国家重大政策措施落地见效，培育发展战略性新兴产业等8项工作获得国务院的督查激励。市政府积极回应市民关切，2022年完成了10项年度民生实事和1万余件民生微实事。同时认真抓好巡视、巡察、审计等，发现问题立刻整改，深入推进廉洁政府建设，严格落实中央八项规定及其实施细则精神，坚决整治形式主义和官僚主义。此外，统计、档案、民族、宗教、对台、侨务、双拥、国防动员、人防、打私、气象等工作也取得新进展。

二 对策建议：以前沿技术推动城市管理创新发展

作为我国经济特区和中国特色社会主义先行示范区，深圳以"更具全球影响力的经济中心城市"为发展目标，努力提高城市的管理水平，取得了显著的成果，但与国际大都市相比，依然存在不少薄弱环节，生态环境质量有待提高、公共交通网络分布不均衡、土地等自然资源短缺、公共服务还不完善等问题日益凸显，深圳城市管理工作面临越来越大的挑战和压力。针对这些矛盾和问题，必须与时俱进，不断完善城市管理体系。

1.加快城市制度化创新，实现多元共治

（1）以试点建设为抓手，加快推进平安深圳建设

习近平总书记在深圳经济特区建立40周年大会上强调，要树立全周期管理意识，加快推动城市治理体系和治理能力现代化，寻求适合超大型城市特点和规律的治理新路径（习近平，2020）。深圳应将建设全国市域社会治理

试点城市作为重要抓手，充分利用经济特区立法权，针对治理急需和群众急盼的制度，持续完善平安建设条例、个人破产条例、数据条例等法规，以良法引领改革、推动发展、保障善治。

应重视党的政治、制度、组织优势向治理效能的转化，积极高效地落实市委书记任组长的市域社会治理现代化试点工作领导小组的任务安排。在市、区、街道和社区四级均落实一把手责任的基础上，对标最高最好最优，努力推动深圳成为市域社会治理现代化标杆城市，发挥党的优势，使治理体系更加高效、科学，人民更加满意，加快城市治理现代化步伐，不断满足人民对安全和幸福生活的需求。

（2）坚持人民至上理念，实现多元共治

深圳应坚持以人民至上理念在城市治理中实现多元共治。治理者将民众需求置于首位，积极响应市民呼声，将行政服务下沉到社区，贴近居民，构建高效畅通的治理系统和服务网络。以群众满意度测评作为目标绩效考核的主要依据，推动各行政部门不断提升服务水平和能力。

同时，深圳充分发挥基层党建的引领作用，提升社区工作能力，鼓励社会组织协同合作，激发市民参与的积极性。通过公开渠道广泛征求市民意见，倾听各方声音，汇集智慧，实现精准施策。多方力量共同参与城市治理，形成共治格局，共同推动深圳城市治理取得更大成效。

（3）满足民众实际需求，切实提升生活品质

要切实提升生活品质，城市治理需满足民众实际需求，除了硬件设施，居民生活环境是否舒适安全也是重要考量标准。城市治理品质的衡量指标应包括风险承载与防范化解能力，提升这种能力，建设韧性城市是关键，需要完善城市安全体系，合理配置资源，提升城市抵御灾害、应对各种变化和冲击的能力，降低城市脆弱性，确保城市更加安全。同时，要关注民生问题，注重办好关系人民群众切身利益的事情，提高基本公共服务水平和质量，让人民群众享有更多的获得感和幸福感。加强城市公共设施建设，提高公共服务标准，满足教育、医疗、住房、养老、交通、就业等各方面的实际需求，提升市民生活质量。这样的城市治理将更加贴近民众需求，有助于实现市民生活的持续改善。

2.打造智慧城市，提高城市治理效率和水平

（1）加强城市顶层设计，超前谋划智慧设施建设

在新一代信息技术和知识社会创新环境的支持下，城市形态更注重安全、高效、有序、和谐、绿色和智慧，在新的发展阶段，我们应该积极加强城市的顶层设计，依托数字化和智能化的信息技术，构建线上线下一体化的政务服务平台、社区公共服务综合信息平台、智能医疗系统等。同时，建立兼具规划、建设、运营管理相关功能的CIM综合管理平台，以提升城市的智能化管理水平。

为了实现建设智慧城市的目标，我们还需要超前谋划智能设施建设，加快构建高速、安全的新一代信息基础设施，形成万物互联的网络空间。此外，还要构建未来智慧城市运营场景，通过人本化、数字化、生态化的智慧城市运营，打造智慧城市品质生活样板。这样的智慧城市将成为"善感知、会呼吸、满活力、有温度"的未来城市，其市民生活将成为美好智慧人居生活典范。通过加强城市顶层设计和智能设施建设，我们可以迈向更智慧、更绿色、更高效的城市生活。

（2）不断打破部门壁垒，实现智慧协同

需要打破部门壁垒，以解决"各自为政"的问题。在"民意速办"的基础上，继续积极推进政府各部门、各层级的有机整合，推动城市协同机制的发展。在政务服务及审批服务体系中，各个部门应该有机协同，通过再造业务流程来实现智慧化，从而打破部门、层级间的数据壁垒。智慧城市协同运行机制的建立有助于消除行政体制条块分割带来的弊端，让各个部门之间更加紧密地合作和沟通。通过整合数据和资源，政府部门可以更高效地进行协同决策和服务提供，为市民提供更便捷、高效的服务。

同时，智慧城市协同机制还能优化审批流程和政务服务，简化办事程序，提高办事效率，减少重复办理和不必要的跑腿，提升市民满意度。通过信息共享和数据互通，不同部门之间可以更加快速地交换信息，实现信息资源的共享和利用，从而实现智慧城市的协同发展。

（3）细化专业领域需求，打造未来智慧城市

为打造未来智慧城市，需要细化专业领域需求，并在交通、市政、物

流、地下空间管理等方面进行创新和发展。在交通领域，应建立智慧城市交通平台，整合无人驾驶巴士系统和城市轨道交通，提供便捷的城市交通服务；设立城市无人驾驶测试道路，推进智能网联汽车的发展和测试；引入飞行的士等交通方式，加强城市商务区域的交通互联。在市政领域，结合生态、智慧城市理念，引入能源中心和绿色市政综合体建筑，减少区域碳排放；通过前端监测设备的合理部署，实现市政管理业务系统的信息化和实时互动，提高市政服务的效率和质量。在物流领域，建设智慧物流环线，为城市社区和企业提供生活服务型与企业服务型物流配送网点和物流通道，形成智慧城市的生活服务智慧物流和企业服务智慧物流。在地下空间管理方面，通过智慧化设计，推进城市道路与绿地下方的地下综合管廊、地下变电和环卫设施、地下污水处理设施、能源设施等市政工程的建设；同时，打造整体地下停车资源智慧共享管理系统，实现实时停车信息的共享和管理，提升城市地下停车的便捷性。

3.打造便捷高效的服务体系，提高社区治理水平

（1）加强推进重点人群社会服务常态化

在社区提供帮扶、安全防范、医疗健康、紧急抢救、心理疏导等服务。建立健全具有深圳特色的民生兜底服务体系，全面加强基层兜底民生经办能力和社会工作服务能力建设，实现全市街道社会工作服务站100%覆盖、困难群众和特殊群众社会工作服务100%覆盖。完善孤儿基本生活养育标准，完善困境儿童医疗康养、辅具配置、教育、安全和关爱服务政策。

（2）提高社区公共服务水平

构建优质整合型医疗卫生服务体系，优化社康机构设置，加强社区医务人员队伍建设，完善居民健康管理制度。加强精神卫生和心理卫生健康服务，完善街道、社区心理健康服务网络，建设全方位和全覆盖的社会心理服务体系。以社区和家庭为基础，增强社区照顾体系的普惠性，以养老托育为重点提升社区和家庭护理服务水平，加快形成"市-区-街道-社区"养老服务网络。增强社区法律顾问履职能力，提升法律服务质量，推进社区公共法律服务工作室标准化建设，增强服务力量，打造更多民主法治示范社区。完善社区教育网络，推进区、街道社区学院建设，加大社区经费投入力度，利

用现代化信息技术发展"互联网+社区教育"，尽快在全市范围内实现"学习型社区"全覆盖。持续加强社区公共文化设施建设，优化"15分钟文化圈"。

（3）打造邻里守望的互助志愿服务体系

健全基层党组织领导下的基层群众自治制度，健全社区议事协商平台，组织居民参与社区服务项目协商、决策、实施和监督，切实解决社区居民关切问题；鼓励居民小组、小区、网格、楼栋等单位成立居民互助组织，开展维护管理和互帮互助活动。继续完善社区社会组织的登记注册和备案制度，探索以街道为责任主体的管理体制。依托街道社会工作服务站和社区综合服务设施，完善补充志愿服务和慈善捐赠站点或平台，推进慈善、志愿服务和社会工作融合发展。

（4）打造专业化的社区服务队伍

一是完善薪酬待遇体系和职业晋升机制：建立科学合理的社区工作者岗位等级序列，制定动态调整的薪酬体系，根据工作绩效和职业发展情况进行薪酬调整，激发社区工作者的积极性和创造性。二是建立专业发展体系：构建基于岗位等级的晋升机制，为社区工作者提供明确的职业发展路径和晋升通道，鼓励他们不断学习和提升自己的专业能力。三是加强专业化队伍建设：加强驻社区的专业服务人员队伍建设，包括法律顾问、心理咨询师、社会工作者、人民调解员、社区教育人员、家政服务人员、家电维修人员、体育指导员等，提高社区服务的专业化水平。四是完善社工职业资格认证制度：建立健全社会工作者职业资格认证制度，确保社区工作者具备相应的专业知识和技能，提供高质量的社区服务。五是实现政府购买服务项目社工全员持证上岗：确保所有从事社区服务工作的人员都具备相应的职业资格证书，实现政府购买服务项目中社工全员持证上岗，提高服务的专业水平和质量。

第十五章　激活城市创新能力，做强经济品质

判断一个国际大都市经济品质高低的第一个重要指标，就是要素市场建设情况，即能否通过各种有形和无形的市场对生产要素进行合理配置，主要包括资金、商品和人力资源等的配置水平。资金配置表现为国际货币、外资、外汇和金银等交易中心的分布情况；商品配置主要涉及各类商品期货和期权市场，通过交易和投资这些商品，可以实现资源的优化配置和风险管理；而人力资源配置则更加关注各类人才的合理分配和利用，特别是高知识、高技术含量人才和其他专门人才的集聚。另外，总部聚集的密度和规模，可以看作衡量城市经济品质的第二个指标。只有创造出适宜总部企业发展壮大的投资营商环境，才能吸引总部集聚，根据《中国总部经济发展报告》，影响总部集聚的因素具体包括经济实力、基础设置、人口与就业、环境条件等基础条件，以及商务设施、研发能力、专业服务、政府服务和开放程度等。第三个指标是科技创新能力，是衡量一个城市核心竞争力的重要指标，尤其是对制造业强市来说，技术创新能力不足很容易导致其在日趋激烈的国际城市竞争中败下阵来，而技术创新作为推动一个城市经济社会科学发展的直接动力和源泉，是全面提升城市整体实力、增强城市竞争力和吸引力的重要支柱。

一　成就：多措并举促进经济高质量发展，多年保持工业第一大市地位

1.多措并举稳步促进经济高质量发展

一是深圳积极推进重点投资项目指挥调度机制，建立联合审批服务专班，加快重大项目和深圳湾超级总部基地等重点片区建设。推进国家基础设施高质量发展试点，2022年，固定资产投资约为9000亿元，其中，基础设施

投资超2000亿元；利用地方政府债券665亿元、政策性开发性金融工具163亿元，发行不动产投资信托基金48亿元。

二是深圳主动实施稳外贸"28条"，2022年，进出口总额3.7万亿元，增长3.7%，其中出口增长13.9%，总量已连续30年居内地城市首位；服务贸易进出口额达1123亿美元，增长15.8%，跨境电商进出口额达1914亿元，增长2.4倍，天然气贸易额额达336亿元，增长39.2%，新能源汽车出口4.2万辆。克服深港跨境运输堵点，开通供港运输"海上快线"，深港水路运输量增长49.6%。

三是深圳大力联动生产端促消费，实施促消费"30条"，社会消费品零售总额增速高于全国、全省，消费市场有序恢复。2022年，社会消费品零售总额达9708亿元，汽车、通信器材销售额分别增长13.5%、40.3%，网络零售额增长20.9%。新增首店、旗舰店、新概念店268家，开业运营20个大型商业项目。同时，深圳积极持续加大惠企助企力度，全面落实国家、省稳增长政策，2022年连续实施助企纾困"30条"、稳增长"30条"等组合措施，深入开展"万名干部助企行""我帮企业找市场"行动，为各类市场主体减负1596亿元；新增小微企业首贷户3.1万户，普惠小微贷款、制造业贷款、科技型企业贷款分别增长23.8%、15.9%、31.9%，占贷款余额比重分别提高2.2、0.7、1.8个百分点。

四是深圳近年来不断优化营商环境，助推老百姓创业创新，打造最佳营商环境。结合商事主体关注的问题，在降低成本、提升便利、优化服务、助力升级等方面，积极出台《深圳市市场监督管理局关于激发市场活力 促进高质量发展的若干措施》《关于进一步支持中小微企业纾困及高质量发展的若干措施》等多项政策，优化民营企业发展环境，促进民营经济发展壮大。加快数字化建设，率先搭建"开办企业一窗通"平台，推进"一网通办"，在全市部署108台商事登记智慧终端，打造"10分钟商事登记圈"，设立"企业开办专区"，实现一窗办理、一窗出件。截至2023年3月底，深圳市商事主体达到400.51万户，其中包括企业249.37万户、个体户151.14万户。2022年，深圳新增国家级"小巨人"企业275家，境内外上市公司42家，世界500强企业增至10家。

2.工业稳增长和原始创新成效显著，产业结构持续优化

在促进工业稳增长、推动先进制造业集群发展、实施产业基础再造工程、保持制造业比重基本稳定等方面，深圳取得明显成效。到2021年，连续5年获得国务院办公厅督查激励，传统产业改造提升、智能制造试点示范等工作也获得优先支持，深入推进产业转型升级，着力增强产业链韧性，进一步夯实产业发展基础。

一是工业基础雄厚。2022年，深圳规上工业总产值达4.55万亿元，规上工业增加值达1.04万亿元，工业增加值占地区生产总值比重提高到35.1%，实现规上工业总产值、全部工业增加值全国城市"双第一"。战略性新兴产业增加值达1.33万亿元，占地区生产总值比重提高到41.1%。现代服务业增加值达1.52万亿元，占服务业增加值比重提高到76.3%。

二是现代化产业体系竞争力强。战略性新兴产业引领作用突出。2022年，出台实施"20+8"战略性新兴产业集群和未来产业行动计划，建立"六个一"工作体系，制定产业发展政策，战略性新兴产业增加值增长7.0%，部分细分产业增加值保持两位数增长。

三是从资本引导和空间保障两端发力推动工业发展。2022年，工业投资达1636亿元，新增制造业单项冠军20个，中芯国际12英寸线、华星光电T7二期、联想南方智能制造基地等项目建成投产。积极拓展工业空间，加快先进制造业园区建设，规划建设"工业上楼"优质厂房空间，完成工业用地整备4.7平方公里。

四是产业金融服务业发展不断优化。2022年，金融业增加值达5138亿元，新增持牌金融机构11家，新增风投创投机构67家。创新举办"深圳创投日"活动，设立产业专项基金，深交所股票成交金额亚洲第一、全球第三。

五是招商引资全面加强。2022年，编制招商引资清单，制定面向重点国家和地区企业投资合作三年行动方案，实施产业链招商专项行动。成功举办2022年全球招商大会，新引进315个重大项目，签约金额达8790亿元。

六是原始创新能力稳步提高。2022年，出台基础研究规划，基础研究投入增长67.4%，企业基础研究经费占全国企业基础研究经费的47.9%。协

同创新能力增强，新增中小试基地、概念验证中心26个。举办国际人才交流大会、全球创新人才论坛等活动，新增全职院士17人，拥有高层次人才累计超过2.2万人。

二 对策建议：不断夯实科创基础，打造生产要素全球配置中心

1.巩固生产要素国际配置中心的地位

（1）以制度创新为突破口优化要素环境

提升城市在经济品质上的核心竞争力关键在于优化资源配置，这需要进一步发挥市场机制和政府引导的双重作用。积极争取国家制度支持，通过专门立法支持或授权深圳进行先行先试，率先在前海进行试点，以前海优先发展带动全市整体发展。深化投融资体制改革，进一步扩大社会投资领域，逐步开放公用事业的建设和运营市场。提升金融品质和创新经营模式，加快发展金融后台服务产业，健全土地资产市场，促进土地资源有效流转和高效配置；建立市场监管机制，推动社会信用体系建设。允许在国家经济类法律制度和规则容许范围内开展法律和制度上的适度探索，在前海继续探索"境内关外"政策的具体落地方式，鼓励深港人员的双向自由流动，实现深港间货物、人员的完全无障碍流动。

（2）与香港共建世界级金融中心

全力支持深交所加快建设多层次资本市场，运用收购兼并、整体上市、股权积累等创新工具，做大做强深圳主板市场；借鉴国外模式，在深圳设立"国际基金产业园区"，为国内外基金产业聚集深圳提供良好条件。加快全国保险创新发展试验区建设，在火灾公众责任保险、环境责任保险、医疗责任保险和建筑安全责任保险等领域建立强制保险制度，完善安全管理体系。积极推进深港金融圈建设，推进深港建立服务于两地贸易结算、柜台交易等方面的金融基础设施，探索与香港共同建立石油、煤炭等大众商品期货交易所；探索两地共建资本市场学院，吸引包括香港证监会、香港交易所在内的机构参与建设。

（3）加强与国际体制机制接轨的人才环境建设

除了提供宜居宜业的居住环境和政策环境，还需要积极对标国际大都市，营造国际化的软环境。这包括建设具有多元语言环境、多元文化背景的

国际交流平台，并运用立法权制定国际化生活环境规范。例如，修订道路交通标志、路面广告等的相关管理法规，以提升城市形象和便利性。同时，深圳应创造具有多元化语言环境和多元文化背景的国际化社区，为国际友人提供国际化的生活服务网络和平台，这将有助于吸引更多国际人才来到深圳并促进跨文化交流。深圳还需要探索外籍人士国际化管理的新模式，以使他们更好地融入本地社区。

在人才激励方面，深圳要完善创新人才激励机制，积极开展股权激励试点。鼓励高校、科研院所开展职务科技成果所有权、股权和分红激励试点，对为科技和经营管理做出贡献的人员进行多种形式的激励，包括期权激励、技术入股、股权激励等。进一步完善知识产权保护相关法律，加强深港两地执法部门在知识产权保护方面的合作。这将有助于保护知识产权，提高创新环境的竞争力。加快社会信用体系建设，建立统一信用体系信息平台，营造良好的市场信用环境。这将为吸引国际投资和人才提供可靠的保障，推进深圳的国际化进程。

2.打造全球一流总部集聚地

（1）持续发挥产业优势，做强总部经济

发展总部经济意义重大，可以缓解土地短缺、减轻日益增大的劳务成本压力，加快统一大市场建设、创造巨额税收，带来明显的产业带动效果，并解决大量人员就业问题，持续促进消费能力的提升。因此，深圳要大力发展总部经济，发挥深圳优势，持续推进全市高科技、金融、生物医药、物流业的发展，并不断增强在珠宝业、钟表业、服装业等传统产业上的优势。正确引导产业结构调整，因势利导，采取经营与生产分离等方式，鼓励更多企业将决策、研发设计、管理、财务等功能部门留在深圳，而更多加工环节可以依托"工业上楼"留下，或者有序转移到周边城市或地区。

（2）发挥营商环境等的比较优势，做好精准匹配

对于大型企业，尤其是跨国公司来说，企业地区总部选址要求十分苛刻。除了交通、通信和信息服务要便捷高效外，企业地区总部对金融、信用、政务体系和人居环境也有高要求。深圳在进行针对总部的招商引资活动时，必须将满足对"宜生活、宜工作、宜创业"环境的需求作为改善城市环境的重要目标。为使全市范围内各地区差异化精准匹配不同类型的企业总

部，可以结合各区在"20+8"产业集群政策中的产业发展方向和功能定位，精准匹配不同类型的企业总部，如福田区侧重金融业、南山区侧重研发中心与科技创新总部、龙华区主打数字经济等。

在企业层面，要在深入了解总部经济形成和发展规律的基础上，发挥全球资源配置能力，制订具有深圳特色的"全球营运商计划"。这将有助于进一步集聚高能级的市场主体、高层次的人才以及全球的资金，推动企业做大市场份额、做大产业增量、做强企业实力，为深圳总部经济的发展培育内在动力、减少外在阻力，提升发展潜力。针对每个培育对象的个性化需求，可设计"一企一策""一企一档"的"点对点"精细化、全方位支持方案，形成政府与企业双向沟通、共同磋商的机制。这将促进深度合作，为企业提供定制化支持，助力企业总部经济的持续健康发展。

（3）推动总部经济升级发展，顺应产业规律

随着深圳产业竞争力的不断提升，产业也在价值链中不断攀升，总部经济的职能正在向更高端的领域延伸，从传统的地区总部和功能总部拓展至涉及研发创新、品牌价值等环节的总部。为了顺应产业发展规律，未来需要进一步明确总部企业的认定方式和标准，完善总部企业的支持政策，增强原始创新能力，并积极发挥在公共数据、企业数据和社会数据等数据要素方面的优势。

需要实施"总部研发+高端制造"战略，重点推动"管理+研发+生产+销售型总部"项目的落地。同时，要加快总部基地的建设，提升企业在全球资源配置方面的能力。积极推动总部企业向平台化、生态化方向发展，以总部的"中心平台"资源为依托，加速孵化面向垂直领域的新业务，逐步发展形成一个个"小总部"。要推动总部经济与平台经济、数字经济、服务经济等发展融合。逐步实现总部企业向平台企业、生态企业的转变，推动深圳总部经济不断蜕变和升级。这将有助于进一步提升深圳的产业竞争力，推动经济持续健康发展，打造更具活力和竞争力的总部经济体系。

3.建设成为粤港澳大湾区国际科技创新中心的重要引擎

（1）持续增强科技创新能力

加速聚集、培育壮大科技创新生态体系的主体，推进高水平、研究型机构的布局和建设。同时，积极争取国家创新资源，并基于国家发改委对未来

10年科技基础设施建设的规划布局，争取更多国家级省级重点实验室、工程实验室和工程技术中心落户。加快提升基础科学研究、战略高技术研究和应用技术研究能力。此外，深圳还需打造优势技术链条，着眼于深圳产业技术基础，瞄准国际科技前沿，遵循产业演进规律，抓住科技创新战略重点，选准技术突破方向。同时，深圳要充分发挥企业技术创新主体作用，弥补关键技术节点的缺失，形成一批世界级的自主知识产权和技术标准。

（2）坚定不移做好科技人才队伍建设

在基础研究、应用研究、成果转化、科技服务等领域，大力培养领军人才、学科带头人、创新团队、核心技术骨干、高技能人才和复合型人才。同时，深圳还需不断优化人才发展环境，发挥深圳独具特色的移民文化优势，开阔培养和吸引人才的思路，营造敢于冒险、崇尚创新、追求成功和宽容失败的宜居、宜聚、宜创的人才环境。

（3）强化科技创新服务支撑

加强科技资源与金融资源的深度对接，发挥深圳金融市场发达和创业资本活跃的优势。政府应引导金融机构和资本市场积极参与科技创新，同时加快技术转移，培育技术交易机构、经纪机构、投融资服务机构、技术集成和经营机构、技术评估机构、技术经纪人。深圳还应完善公共技术服务平台的运营管理模式，统筹规划建设生物医药、新材料、信息技术和新能源等领域的科技发展急需的专业技术服务平台，并加大国家公共技术平台的招引力度，鼓励企业技术平台对外开放。

（4）加快以科技推动产业转型升级

开展以应用基础技术为主的战略性、前瞻性技术研究，引进尖端技术产业化项目，突破制约产业发展的技术瓶颈。同时，深圳还应紧抓科技发展交叉融合的新趋势，加强原始创新、集成创新，引导消化吸收再创新，并布局代表未来发展方向的新技术研究。深化科技向文化、旅游、金融等产业的渗透，不断催生新业态，并集中力量发展"20+8"产业集群。在产业发展过程中，深圳还将加强信息技术、制造业、服务业、传统产业的深度融合，增强人力资源、创新技术等软要素对产业发展的驱动力，着力发展软件、创意等资源节约型的都市型产业，提升经济可持续发展的能力。

参考文献

著作类

陈秉钊，2001，《上海郊区小城镇人居环境可持续发展研究》，科学出版社。

何艳玲，2013，《变迁中的中国城市治理》，格致出版社。

黄亚平，2002，《城市空间理论与空间分析》，东南大学出版社。

霍利斯·钱纳里、谢尔曼·鲁宾逊、摩西·赛尔奎因，1986，《工业化和经济增长的比较研究》，上海三联书店。

加尔布雷斯，约翰·肯尼思，2009，《富裕社会》，赵勇、周定英、舒小昀译，江苏人民出版社。

李德华主编，2001，《城市规划原理》（第三版），中国建筑工业出版社。

李培林，2013，《社会转型与中国经验》，中国社会科学出版社。

李志刚、顾朝林，2011，《中国城市社会空间结构转型》，东南大学出版社。

倪鹏飞、彼得·卡尔·克拉索，《全球城市竞争力报告（2011~2012）》，社会科学文献出版社。

倪鹏飞，2015，《中国城市竞争力报告（No.13）——巨手：托起城市中国新版图》，社会科学文献出版社。

饶会林，1998，《城市经济理论与实践探索》，东北财经大学出版社。

饶会林，2003，《城市治理新论》，经济科学出版社。

孙荣、徐红、邹珊珊，200，《城市治理：中国的理解与实践》，复旦大学出版社。

孙施文，1997，《城市规划哲学》，中国建筑工业出版社。

孙施文，2007，《现代城市规划理论》，中国建筑工业出版社。

屠启宇，2014，《国际城市发展报告（2014）》，社会科学文献出版社。

王国平，2013，《城市学总论》，人民出版社。

王建国，1999，《现代城市设计理论和方法》，东南大学出版社。

习近平，2020，《在深圳特区建立40周年庆祝大会上的讲话》，人民出版社。

向春玲，2014，《社会治理创新与新型城镇化建设》，中国人事出版社。

徐继承，2013，《德意志帝国时期城市化研究——以普鲁士为研究视角》，中国社会科学出版社。

阳建强，2012，《西欧城市更新》，东南大学出版社。

张波，2004，《中国城市成长管理研究》，新华出版社。

张冠增，2011，《西方城市建设史纲》，中国建筑工业出版社。

中国城市发展研究院、中国房地产研究会、中国国家经济交流中心、中国战略文化促进会，2014，《2013中国城市科学发展综合评价报告——城市与人》，中国社会科学出版社。

周春山，2007，《城市空间结构与形态》，科学出版社。

周春山等，2011，《在城市建设和管理中提高城市品位研究》，载《中国广州城市建设发展报告（2011）》，社会科学文献出版社。

周天勇、旷建伟，2014，《中国城市创新报告（2014）》，社会科学文献出版社。

周振华，2009，《城市转型与服务经济发展》，格致出版社。

朱光磊，2010，《城市公共服务体系建设纲要》，中国经济出版社。

期刊类

曹晟、唐子来，2013，《英国传统工业城市的转型：曼彻斯特的经验》，《国际城市规划》第6期。

曹万军、王玉华、雒海伊，2023，《四川省：加快完善住房保障体系 加速提升城市建设品质》，《城乡建设》第5期。

柴彦威、陈零极、张纯，2007，《单位制度变迁：透视中国城市转型的重要视角》,《世界地理研究》第4期。

常绍舜，2006,《论系统功能》,《系统科学学报》第2期。

常绍舜，2011,《从经典系统论到现代系统论》,《系统科学学报》第3期。

陈荻、张昱镇，2023,《城市滨水景观更新中提升人群参与度策略研究——以宜兴双氿三河滨水空间品质提升一期工程为例》,《园林》第4期。

陈海燕、贾倍思，2006,《紧凑还是分散——对中国城市在加速城市化进程中发展方向的思考》,《城市规划》第5期。

陈江源，2021,《城市规划管理对城市规划设计的影响——以泉州市西华洋片区为例》,《四川水泥》第11期。

陈立俊，2008,《中国城市化发展现状的探析与思考》,《经济论坛》第11期。

陈林华、潘捷良，2020,《芝加哥体育城市发展的经验与启示》,《体育科研》第3期。

陈眉舞，2002,《中国城市居住区更新：问题综述与未来策略》,《城市问题》第4期。

陈明星、叶超、周义，2011,《城市化速度曲线及其政策启示——对诺瑟姆曲线的讨论与发展》,《地理研究》第8期。

陈雪初、尤怡靖、陈小勇，2021,《面向城市生态品质提升的复合生态廊道建设探讨》,《园林》第8期。

陈艺荣，2023,《品质提升阶段的城市夜景照明建设》,《光源与照明》第3期。

陈勇、Dellea Damie，2015,《瑞士酒店与旅游管理教育概述：引证于洛桑酒店管理学院的教育经验》,《旅游学刊》第10期。

陈雨蒙，2021,《城市街巷式公共文化空间探析——基于泉州西街的调研》,《文化产业》第29期。

成德宁，2012,《改革农村土地征收制度，优化城市扩展模式》,《学习与实践》第5期。

杜立柱、杨韫萍、刘喆、刘珺，2017,《城市边缘区"城市双修"规划策略——以天津市李七庄街为例》，《规划师》第3期。

傅行行、甄峰、罗桑扎西，2023，《城市访客活动时空分布特征及其影响因素研究——以南京为例》，《现代城市研究》第2期。

葛文静，2022，《南京都市圈：历程、发展与展望》，《中国投资（中英文）》第Z3期。

龚志兴，2011，《德国公共服务的管理与改革》，《社会主义论坛》第2期。

顾朝林、张勤，1999，《经济全球化与中国城市发展对策》，《特区与港澳经济》第9期。

管曼玲、孙世界，2023，《城市创新空间的集聚特征及影响因素研究——以南京主城为例》，《城市规划》，https://kns.cnki.net/kcms2/article/abstract?v=PT3z46FIkGlpDxOH4LD0ostrhtdeXWM28XLds9kRgE1PPbTcgZenQOp5kP2fQv50lYMtLT9A_jykpJbHeFHUwNFpG0Mu_Wbfjz9V4u36668oyoM8gFmckXesWgQm5tpRQXaimfzs0KM=&uniplatform=NZKPT&language=CHS，最后访问日期：2023年11月20日。

韩孟缘，2022，《横滨21世纪未来港：城市更新背景下日本产业遗产保护及活用研究》，《北京规划建设》第1期。

贺建军、张维维，2014，《我国县域城市品质评价指标体系构建与实际测度——以浙江省慈溪市为例》，《现代城市研究》第2期。

胡迎春、曹大贵，2009，《南京提升城市品质战略研究》，《现代城市研究》第6期。

黄安、田莉，2020，《后疫情时代规划议题与规划应对的国际国内进展》，《西部人居环境学刊》第5期。

黄文华，2006，《城市经营与城市管理和城市治理的关系》，《当代财经》第12期。

黄秀英，2021，《城市文化功能品质提升》，《美与时代》（城市版）第1期。

蒋建峰，2023，《苏州城市轨道交通发展与区域经济的耦合实证研究》，《城市轨道交通研究》第7期。

金牧芊、沈晓鸣，2023，《消落带与城市——消落带影响下沿江城市景观品质提升研究》，《建筑与文化》第3期。

靳美娟、张志斌，2006，《国内外城市空间结构研究综述》，《热带地理》第2期。

康联国、马国纲、童景盛等，2023，《基于街道理念的城市道路品质提升设计方法研究》，《城市道桥与防洪》第3期。

柯善咨、赵曜，2014，《产业结构、城市规模与中国城市生产率》，《经济研究》第4期。

李博亚、张弦，2018，《东京湾横滨市对宁波城市转型发展的经验启示》，《中国工程咨询》第9期。

李博洋，2021，《文化旅游区：北京城市副中心公共空间品质管控研究》，《北京规划建设》第5期。

李超，2023，《粤港澳大湾区优质生活圈建设方略》，《开放导报》第3期。

李程骅，2012，《现代服务业推动城市转型：战略引领与路径突破》，《江海学刊》第2期。

李浩，2013，《城镇化率首次超过50%的国际现象观察——兼论中国城镇化发展现状与思考》，《城市规划学刊》第1期。

李和平、付鹏，2022，《城市更新中精准化的社区品质提升》，《世界建筑》第11期。

李康，2007，《宜居城市：如何认识和评价》，《北京规划建设》第1期。

李蕾，2021，《浅谈城市规划的高质量编制——以金华市为例》，《浙江国土资源》第4期。

李丽萍、郭宝华，2006，《关于宜居城市的理论探讨》，《社会学问题》第2期。

李玲等，2012，《城市发展转型研究进展及展望》，《地域研究与开发》第2期。

李璐颖，2013，《城市化率50%的拐点迷局——典型国家快速城市化阶段发展特征的比较研究》，《城市规划学刊》第3期。

李晓蕾、辛国庆、王祝根，2022，《共享城市理念下的文化空间协同规划——以南京为例》，《现代城市研究》第8期。

李昕、慕蓉、彭琪帜，2021，《芝加哥工业保护规划对珠三角城市工业用地区划探索的启示》，《南方建筑》第2期。

李在军、姜友雪、秦兴方，2020，《地方品质驱动新时期中国城市创新力时空演化》，《地理科学》第11期。

梁峰、郭炳南，2015，《旅游产业国际运营模式与竞争力研析——以瑞士为例》，《改革与战略》第11期。

梁志刚，2023，《高质量发展背景下的城市更新与建筑设计》，《城市建筑空间》第3期。

廖威、卢一华、李嘉等，2017，《城市配送时空特征量化分析及空间布局研究——以宁波市为例》，《城市发展研究》第3期。

林福永、吴健中，1997，《一般系统结构理论及其应用（Ⅱ）》，《系统工程学报》第3期。

临汾市住房和城乡建设局，2023，《山西省临汾市：提升城市品质 改善民生福祉 在"爱临汾 赢未来"中书写城乡宜居新画卷》，《城乡建设》第5期。

刘畅宜、朱利民、朱晴等，2023，《将品质与韵味注入城市更新》，《中外建筑》第2期。

刘慧、张雅俊、杨昊雯，2023，《以城市低碳绿色消费支撑高品质生活的路径》，《企业经济》第4期。

刘俊祥，2010，《论城市社区的民主合作治理》，《云南行政学院学报》第5期。

刘欣葵、袁晓芳、贾彤，2014，《首都环境建设体现文化特色的对策》，《城市管理与科技》第2期。

刘以鸣、许还幻、周岩，2023，《基于公共艺术视角的数字创新驱动城市公共空间品质提升研究》，《城市发展研究》第1期。

罗小龙、许璐，2017，《城市品质：城市规划的新焦点与新探索》，《规划师》第11期。

马航、Uwe Altrock，2012，《德国可持续的城市发展与城市更新》，《规划师》第3期。

马仁锋、焦会莹、姜文达等，2021，《全球法语国家与地区旅游高等教育研究的述评与展望——基于中国研究的视角》，《旅游研究》第3期。

马仁锋、袁雯、王益澄等，2020，《宁波中心城区城市特色的甄别、构成与基质》，《中国名城》第11期。

梅耀林、张培刚，2007，《产业发展理论回顾及应用研究——以盐城市盐都区产业发展定位为例》，《河南科学》第6期。

闵家胤，2011，《系统和系统科学》，《系统科学学报》第4期。

牛梦云、刘慧军、裘萍等，2021，《城市设计纳入控规管控的路径探索——以宁波市控规实践为例》，《城市发展研究》第10期。

潘盛艺，2020，《泉州市综合交通体系构建浅析》，《砖瓦》第7期。

彭华烨，2020，《泉州市城市道路与高速公路融合发展浅析》，《福建交通科技》第1期。

邵钰涵、林晖虎、殷雨婷，2023，《情绪引导的城市公园视听品质优化设计研究——以成都环城生态区为例》，《园林》第6期。

沈俊超，2009，《转型期传承城市空间特色的规划对策——以南京市"特色意图区"规划研究为例》，《江苏城市规划》第10期。

沈清基，2014，《论城市转型的三大主题：科学、文明、生态》，《城市规划学刊》第1期。

沈宇轩、马永俊，2023，《历史风貌保护对提升城市品质的影响——以青岛市为例》，《城市学刊》第1期。

宋保兴、王文刚、贾永州等，2022，《城市空间品质视角下公共空间活力提升研究》，《中国住宅设施》第12期。

孙然好、闫明，2023，《构建城市生态品质监测评价技术标准的思路》，《质量与认证》第6期。

孙瑞丰、王语嫣，2021，《城市街道空间品质评价体系构建研究》，《安徽建筑》第3期。

孙一仰、焦晓云，2015，《我国城镇化建设取得的成就与基本经验》，

《技术经济与管理研究》第 10 期。

　　唐子来、王来，2013，《城市转型规划与机制：国际经验思考》，《国际城市规划》第 6 期。

　　《特大城市新城交通品质提升研究》，2022，《交通与港航》第 5 期。

　　田银生、陶伟，2000，《城市环境的"宜人性"创造》，《清华大学学报》（自然科学版）第 S1 期。

　　田永英，2023，《提升城市品质 增进人民福祉》，《建设科技》第 2 期。

　　汪坚强、韦婷娜、邓昭华等，2022，《面向高品质空间营建的城市设计审查制度构建——英国威尔士经验解析及镜鉴》，《城市规划》第 4 期。

　　王佃利、王玉龙，2015，《美国新城市化时期城市理论转型及其启示》，《北京航空航天大学学报》（社会科学版）第 6 期。

　　王佃利，2023，《流量时代品质城市建设的价值追求与行动路径——基于"淄博烧烤"现象的思考》，《国家治理》第 11 期。

　　王国新，2009，《城市生活品质客观评价指标体系构建与运用——基于杭州和南京的比较研究》，《经济地理》第 9 期。

　　王纪武、沈慧琪、胡雪薇，2023，《基于数据增强设计的城市街道空间品质评价与更新对策研究——以杭州市上城区为例》，《西部人居环境学刊》第 3 期。

　　王凯，2023，《实施城市更新行动营造高品质空间》，《中国名城》第 1 期。

　　王兰，2013，《纽约城市转型发展与多元规划》，《国际城市规划》第 6 期。

　　王琪、孙立坤，2014，《民主与科学同构的逻辑：一个微观层次参与式民主的探讨》，《甘肃行政学院学报》第 3 期。

　　王蕊、李琳钰，2023《国际消费中心城市：共性分析、发展模式与政策建议》，《西华大学学报》（哲学社会科学版）第 3 期。

　　王晓晓、周颖、陆宇婷，2022，《行政区划调整对城镇协调发展的影响研究——以苏锡常地区为例》，《现代城市研究》第 12 期。

　　王旭鹏，2023，《基于法治建设的城市空间品质提升研究——以兰州市宪法大道建设项目为例》，《房地产世界》第10期。

王志威、卿前龙，2011，《城市化进程中农民工休闲的缺失与应对——基于英国经验的思考》，《内蒙古农业大学学报》（社会科学版）第4期。

韦宛薪、蔡建军、任庚坡等，2023，《基于东京都23区生活垃圾管理机构运行模式经验借鉴》，《上海节能》第4期。

吴丹、钟琳，2012，《赣州加快建设品质城市研究》，《科技广场》第8期。

吴晗、丁炜，2023，《南京工业遗产保护现状与转型策略研究》，《城市建筑》第8期。

吴嘉琦、杨潇、郑颖，2023，《欧洲城市形态学研究综述：存量规划下城市设计转型的理论支撑》，《城市建筑》第3期。

吴良镛，1996，《关于人居环境科学》，《城市发展研究》第1期。

吴文治、赵斌、郭林娜，2023，《城市软实力视域下南京西路历史文化风貌区美学特质研究》，《东华大学学报》（社会科学版）第1期。

吴亚男，2021，《生态文明背景下的城市修补探究——以山水格局为例》，《智能建筑与智慧城市》第8期。

吴永才，2023，《高品质城市休闲要素体系的构建——以潍坊市中心城区休闲要素体系规划为例》，《建设科技》第6期。

夏镜朗、吕正华、王亮，2016，《新时期面向品质提升的城市设计工作思路探讨——以沈阳金廊核心段城市设计为例》，《城市规划》第S1期。

萧颖琦、贾涵迪、吴怡哲等，2021，《人本视角下基于空间句法的城市老城区道路开放研究——以宁波海曙区为例》，《建筑与文化》第12期。

徐林、曹红华，2014，《城市品质：中国城市化模式的一种匡正——基于国内31个城市的数据》，《经济社会体制比较》第1期。

徐志林，2011，《城市化进程中社会治安问题的系统性风险及其防控》，《公安研究》第7期。

薛依欣、赵艳莉、周鹏飞等，2022，《空间规划视角下宁波建设韧性城市的对策建议》，《宁波经济（三江论坛）》第5期。

闫明、敖嫩、陈利顶等，2023，《城市生态品质公众感知与现状的定量指标研究》，《生态学报》第 12 期。

闫明、陈利顶、孙然好，2023，《城市生态品质的内涵及其核心指标体系构建》，《应用生态学报》第 6 期。

阳建强、朱雨溪、张倩，2021，《面向空间品质提升的城市更新》，《时代建筑》第 4 期。

杨贵庆，2014，《大都市多元开放空间对宜居生活的保障——德国法兰克福"莱茵 - 美茵"国际设计工作营选题与启示》，《城市规划学刊》第 2 期。

杨俊宴、胡昕宇，2013，《城市空间特色规划的途径与方法》，《城市规划》第 6 期。

姚博文，2021，《城市街道空间品质影响因素研究综述》，《城市建筑》第 11 期。

叶强、钟炽兴，2017，《乡建，我们准备好了吗——乡村建设系统理论框架研究》，《地理研究》第 10 期。

殷成志、弗朗兹，2005，《德国建造规划的技术框架》，《城市规划》第 8 期。

殷洁、罗小龙，2013，《尺度重组与地域重构：城市与区域重构的政治经济学分析》，《人文地理》第 2 期。

殷洁、罗小龙，2013，《从撤县设区到区界重组：我国区县级行政区划调整的新趋势》，《城市规划》第 6 期。

殷洁、罗小龙，2015，《大事件背景下的城市政体变迁：南京市河西新城的实证研究》，《经济地理》第 5 期。

应盛、刘冰，2016，《亚太城市报告 2015：城市转型从量到质》，《城市规划学刊》第 3 期。

袁建峰，2015，《美国老工业城市匹茨堡产业转型分析及规划思考》，《国际城市规划》第 B05 期。

张斌，2023，《城市更新背景下滨水空间的景观实践——以宁波奉化县江景观改造工程为例》，《建筑与文化》第 5 期。

张春祥，2005，《试论我国可持续发展与城市规划的互促机制》，《经济丛刊》第 1 期。

张得银、顾友坠、董绍增，2023，《苏州市港口物流与城市经济协同发展研究》，《合作经济与科技》第4期。

张迪、万洁琼、郭文华等，2021《东京都市圈土地利用分析——兼与北京上海的比较》，《国土资源情报》第2期。

张飞相、陈敬良，2011，《国外城市转型的趋势及经验借鉴》，《企业经济》第5期。

张红、孙艳艳、张敏等，2019，《英国米尔顿·凯恩斯新城城市品质提升经验与启示》，《全球科技经济瞭望》第10期。

张莉，2014，《国外城市治理的八个启示》，《新重庆》第9期。

张宁、李玲，2015，《亦城亦乡，城乡相融——德国城镇规划建设启示》，《规划师》第11期。

张松、镇雪锋，2013，《城市保护与城市品质提升的关系思考》，《国际城市规划》第1期。

张微，2020，《德国城市更新模式及其启示》，《探求》第1期。

张文忠，2007，《宜居城市的内涵及评价指标体系探讨》，《城市规划学刊》第3期。

张文忠，2016，《宜居城市建设的核心框架》，《地理研究》第2期。

张宇星、李培、李贵才，2023，《东京湾区和粤港澳大湾区规划体系比较研究——基于"发展"与"空间"的视角》，《热带地理》第5期。

张宇星，2014，《从设计控制到设计行动 深圳城市设计运作的价值思考》，《时代建筑》第4期。

赵洪祝，2012，《深入推进新型城市化 加快形成城乡一体化发展新格局》，《政策望》第7期。

赵勇，2022，《产城深度融合视角下的城市更新路径探析——以宁波文创港核心区为例》，《宁波经济（三江论坛）》第8期。

郑春荣、望路，2015，《德国制造业转型升级的经验与启示》，《人民论坛·学术前沿》第1期。

郑国、秦波，2009，《论城市转型与城市规划转型——以深圳为例》，《城市发展研究》第3期。

《重庆出台设计导则提升城市道路品质》，2023，《未来城市设计与运营》第1期。

周春山、高军波，2011，《转型期中国城市公共服务设施供给模式及其形成机制研究》，《地理科学》第3期。

周春山、罗利佳、吴虑等，2021，《城市品质系统框架建构与实践——以广州为例》，《城市观察》第4期。

周春山、叶昌东，2013，《中国城市空间结构研究评述》，《地理科学进展》第7期。

周俭、张仁仁，2015，《传承城市特征，营造生活品质——法国巴黎的2个城市设计案例分析》，《上海城市规划》第1期。

周建军，2011，《转型期中国城市发展转型特征与方向》，《规划师》第8期。

周麟，2020，《"十四五"时期高质量发展视角下的工业用地配置优化》，《中国软科学》第10期。

周霞、李青青、曹逢羽，《高质量发展背景下我国大城市品质测度研究》，《北京建筑大学学报》第2期。

周一星，2002，《新世纪中国国际城市展望》，《城市开发》第6期。

周作江，2022，《高品质视角下城市设计数字化管控实践——以珠海市为例》，《城乡规划》第6期。

朱臣，2022，《以人民为中心 加快构建高品质城市》，《建筑》第24期。

其他类

陈明珠，2016，《发达国家城镇化中后期城市转型及其启示》，博士学位论文，中共中央党校。

程玲，2013，《日本城市规划制度确立期的城市化剖析（1912—1935年）》，硕士学位论文，苏州大学。

郭磊，2008，《全球化时代的城市发展类型（七）》，《城市规划通讯》第12期。

靳燕鹏，2012，《城市文化与室外空间》，多元与包容——2012中国城市规划年会论文，云南昆明。

孔柏梅，2006，《长沙市城市文化建设中体育文化的发展研究》，硕士学位论文，湖南师范大学。

石崧、王林、陈琳等，2012，《世界城市转型对中国城市发展的启示与借鉴》，多元与包容——2012中国城市规划年会论文，云南昆明。

伍江，2014，《新型城镇化中该如何保护和传承历史文化》，《人民日报》3月26日。

习近平，2022，《在〈生物多样性公约〉第十五次缔约方大会第二阶段高级别会议开幕式上的致辞》，《人民日报》12月16日。

徐呈程，2014，《基于品质目标的山东沂水城市规划策略研究》，硕士学位论文，浙江大学。

张晓松、朱基钗、杜尚泽，2020，《蹚出新路子　书写新篇章——习近平总书记山西考察纪实》，《人民日报》5月14日。

英文文献

Alfken, C., T. Broekel, R. Sternberg. 2015. "Factors Explaining the Spatial Agglomeration of the Creative Class: Empirical Evidence for German Artists." *European Planning Studies* 23（12）.

Asami, Y. 2001. Residential Environment Methods and Theory for Evaluation . University of Tokyo Press.

Cantril, H. 1965. *The Pattern of Human Concerns*. New Brunswick: Rutgers University Press.

Clark, T. N. 2004.*The City as an Entertainment Machine*. New York: Elsevier.

Dolnicar, S., G. I. Crouch, T. Devinney, et al. 2008."Tourism and Discretionary Income Allocation. Hetero Geneity among Households." *Tourism Management* 29(1).

Evans, P. 2002. *Livable Cities: Urban Struggles for Livelihood and Sustainability*. Berkeley: University of California Press.

Jordan, S. J., S. E. Hayes, D. Yoskowitz,et al. 2010. "Accounting for Natural Resources and Environmental Sustainability: Linking Ecosystem Services to Human Well-Being." *Environmental Science & Technology*, 44(5).

Lotfi, S., M. J. Koohsari.2009. "Analyzing accessibility dimension of Urban Quality Of Life: Where Urban Designers Face Duality between Subjective and Objective Reading of Place." *Social Indicators Research* 94(3).

Pacione, M. 2003. "Introduction on Urban Environmental Quality and Human Wellbeing." *Landscape and Urban Planning* 65(1-2).

Senlier, N., R. Yildiz ,E. D. Aktas. 2009. "A Perception Survey for the Evaluation of Urban Quality of Life in Kocaeli and a Comparison of the Life Satisfaction with the European Cities."*Social Indicators Research* 94(2).

Weziak-Bialowolska, D. 2016. "Quality of Life in Cities-Empirical Evidence in Comparative European Perspective." *Cities* 58.

图书在版编目（CIP）数据

迈向高质量发展之路：新时代大都市城市品质建设 /
张国平著. -- 北京：社会科学文献出版社, 2023.12
（深圳学人文库）
ISBN 978-7-5228-3006-3

Ⅰ.①迈…　Ⅱ.①张…　Ⅲ.①城市建设-研究-深圳
Ⅳ.①F299.276.53

中国国家版本馆CIP数据核字（2023）第236813号

·深圳学人文库·

迈向高质量发展之路：新时代大都市城市品质建设

著　　者 / 张国平

出 版 人 / 冀祥德
组稿编辑 / 任文武
责任编辑 / 张丽丽
文稿编辑 / 陈彩伊
责任印制 / 王京美

出　　版 / 社会科学文献出版社·城市和绿色发展分社（010）59367143
　　　　　　地址：北京市北三环中路甲29号院华龙大厦　邮编：100029
　　　　　　网址：www.ssap.com.cn
发　　行 / 社会科学文献出版社（010）59367028
印　　装 / 三河市龙林印务有限公司

规　　格 / 开　本：787mm×1092mm 1/16
　　　　　　印　张：15.25　字　数：244千字
版　　次 / 2023年12月第1版　2023年12月第1次印刷
书　　号 / ISBN 978-7-5228-3006-3
定　　价 / 98.00元

读者服务电话：4008918866